アメリカ合衆国における

才能教育の
現代的変容

―― ギフテッドをめぐるパラダイムシフトの行方 ――

関内 偉一郎

Sekiuchi Iichiro

三恵社

序　文

　アメリカは、才能教育の先進国として知られているが、わが国ではアメリカの才能教育に関する総合的な研究書はこれまでなかった。本書『アメリカ合衆国における才能教育の現代的変容―ギフテッドをめぐるパラダイムシフトの行方―』は、その最初のものとなる。この度、関内偉一郎さんがこれまでのご研究をまとめ、著書として出版されるとのこと。指導教員として大変うれしく思い、序文としてその意義を紹介したい。

　アメリカでは、狭い意味での才能教育、すなわち、特別な才能を持つ子どもたちの教育に関する蓄積があることは周知のとおりである。同時に、同国では広い意味での才能教育、すなわち、すべての子どもたちの多様な能力の伸長を図るという意味での才能教育も広く行われている。そして、そうした狭義と広義の才能教育をいかに統合した形で提供するのかがアメリカの才能教育の課題であり、本書の研究課題でもある。

　本書の特長は次の３点にまとめることができよう。

　第１は、上述の通り、本書がわが国におけるアメリカの才能教育に関する最初の総合的な研究書であるということである。もちろん、アメリカについては、松村暢隆先生や岩永雅也先生など、先行研究も少なくないが、そうしたものも総合して、アメリカの才能教育を論じている。

　第２は、アメリカの才能教育の現代的変容を論じている点である。わが国では才能教育というとごく一部の才能児の教育ととらえられがちであるが、今日のアメリカでは、すべての子どもたちを対象とした才能教育が実施されている。この点は、わが国において才能教育を考えるためにも重要なポイントとなろう。

第3に、狭義の才能教育と広義の才能教育を統合したモデルを提示している点である。それがギフテッド対応型RTIモデルである。ごく限られた者の才能教育とすべての者の才能開発がどのように統合されうるのか、そのモデルは本書で確認していただきたい。

　筑波大学は教育学の長い伝統を誇りとしており、そのため多くの研究室がある。関内さんの所属していたのは教育制度研究室であるが、本書は制度的な側面にとどまらず、カリキュラム論や特別ニーズ教育論など、多面的な研究領域を横断している点も特長といえよう。

　本書を出版するまでに、関内さんは、多くの学会で発表を重ねており、日本教育学会、日本カリキュラム学会、日本特別ニーズ教育学会、アメリカ教育学会の学会誌に掲載された論文等によって本書が構成されていることは、その研究の質の証左ともなっている。ただし、アメリカの才能教育は各州によっても取り組みは様々であり、各州でも様々なプログラムが開発されている。その意味では本書はその一端を明らかにしたということになろう。今後の関内さんの研究のますますの発展を望む所以である。

　　　　　　　　　　　　　　　　　　　　筑波大学教授
　　　　　　　　　　　　　　　　　　　　博士課程　教育基礎学専攻長
　　　　　　　　　　　　　　　　　　　　　藤井　穂高

目　次

序章　研究の目的と課題

第1節　問題の所在と研究目的

　本研究の目的は、アメリカ合衆国（以下、アメリカ）における「才能教育（gifted and talented education）」[1]の特質を、才能概念の変化と教育内容の質的転換を伴う拡大・多様化の動きに着目して分析することで、ごく少数の知的才能児に対する特別教育としての役割のみならず、全ての子ども達の多様な能力の伸長も同時に図ろうとするアメリカの才能教育の今日的意義と課題を考察するものである。

　我が国では、戦後一貫して全ての子ども達に平等な教育条件を与えることを重視してきたため、優れた才能をもつ子ども達に対する特別な教育的対応はほとんど行われてこなかった[2]。しかし近年、学校教育の画一性や硬直性が問題視されるようになり、グローバル化や知識基盤社会に対応しうる人材育成の必要性から、子ども達の優れた才能を積極的に伸長させようとする才能教育的施策が次々と政府によって導入されている。その代表例としては、高校2年修了者に認められる大学早期入学制度、いわゆる「飛び入学」や、理数系教育を重点的に行うスーパー・サイエンス・ハイスクール（SSH）などが挙げられる。また、高大連携による早期専門教育プログラムの実施や学校外の学修による単位認定、中高一貫校による実質的な早期履修など、才能教育の盛んな諸外国に比べればまだまだ限定的ではあるものの、ここ20年ほどの間に優れた才能をもつ子ども達に対する特別な教育の機会は徐々に拡大・整備されてきた[3]。

　もっとも、こうした子ども達に対する例外的な教育措置は、それぞれが別個独立して存在し、才能の伸長を目指した組織的・体系的な繋がりや連続性を有していないため、学校教育において「才能教育」という固有の教育領域を獲得するまでには至っていない。しかし、優れた素質や能力を持つ子ども

達に対する教育的対応の必要性が認識され、その方法が模索されている今日の政策動向を踏まえれば、今後それらの体系化に向けた基礎研究として、先行する海外の代表的な事例、とりわけ才能教育が最も盛んとされているアメリカの現状を分析し、その制度的位置付けや理論、実践面での特質を包括的に把握することが必要不可欠と言えるだろう。

　アメリカの才能教育全体に関する我が国の代表的な先行研究としては、松村暢隆（2003）[4]の研究が挙げられる。認知心理学者として教育心理学的視点からアメリカの才能教育の理論・実践についての概念整理を行った松村は、現在のアメリカが、才能児の心理学的ニーズに対する特別支援としての役割を重視していることを明らかにしている。しかし、松村の研究では、才能教育におけるカリキュラム類型や教育プログラムの種類などについて幅広く言及されているものの、才能教育の政策動向や具体的な実施状況などについては十分な検討がなされていない。そのため、当初ごく少数の才能児を対象とした特別教育として形成された才能教育がどのように展開してきたのかという点や、そうした動きが通常教育や障害児教育といった才能教育以外の教育領域にどのような影響を及ぼしているのかといった点については明確にされておらず、我が国の才能教育の今後の在り方について示唆を得るためには、制度や実践面でのより詳細な分析を行う必要がある。

　それでは本研究でアメリカの才能教育を論じるにあたり、分析のポイントをどこに求めるべきであろうか。これに関しては、アメリカの才能教育の歴史を把握することが糸口になると思われる。アメリカにおいて才能教育の歴史は古く、20世紀初めに各都市の公立学校で高い知能指数を示す子ども達のための特別学級が設置され[5]、「早修（acceleration）」や「拡充（enrichment）」[6]と呼ばれる内容や進度において通常とは異なる特別な教育が行われるようになってから既に100年以上が経過している。そして現在、アメリカでは、公立学校に通う子ども達（約4990万人）のうち、約330万人（全体の6.6%）の子ども達が、才能児を表す「ギフテッド（gifted）」

に認定されて様々な才能教育プログラムに参加しており[7]、諸外国の中で最も才能教育が盛んな国の一つとなっている。

　もともとアメリカの才能教育は、障害児教育と同様、特別な配慮を必要とする「例外的な（exceptional）」子ども達のための特別教育として、通常教育とは分離した形で形成されたため、才能教育は通常教育と対峙する別個の教育領域として捉えられていた[8]。しかし、20世紀後半になるとそうした閉鎖的な才能教育の在り方に変化が生じる。才能教育の理論的根拠として大きな影響を与えてきた知能や才能に関する概念が、新しい心理学理論によって拡張・多元化されたことで、知能検査を基に認定される知的才能児だけでなく、全ての子ども達の多様な能力の伸長が目指されるようになったのである[9]。

　現在、優れた知的才能児のための特別プログラムは依然として存在するものの、通常教育の一環として、より多くの子ども達の多様な才能の発見と伸長を目指した教育プログラムが数多くの公立学校で実施されている。そして、こうした才能教育の実施においては、特にマイノリティなどの社会経済的に弱い立場の子ども達が不利にならないよう意識され、選抜方法に様々な工夫がなされるなど才能教育へのアクセス拡大が意図的に図られている[10]。

　更に1980年代以降、才能と発達障害を併せ持つ2E（twice-exceptional）と呼ばれる子ども達のために、障害を補償しながら才能の伸長を図る特別な教育、いわゆる2E教育も全米各地で実践されており、才能教育は健常児のみならず、発達障害を持つ子ども達にもその適用範囲を広げている[11]。

　こうした才能教育の拡大・多様化の動きは、才能教育の対象となる子ども達の単なる量的拡大にとどまらず、才能概念の拡張や教育内容の質的転換を伴うダイナミックな教育的変革の動きであったため、オルゼフスキーとトムソン（Olszewski-Kubilius, P. & Thomson, D., 2012）のように、才能教育に「パラダイムシフト（paradigm shift）」が起こったと捉える研究者は少なくない[12]。そして、ボーランド（Borland, J. H., 2005）が「才能児なき

才能教育（gifted education without gifted children）」の実現を主張したように[13]、従来の特殊で例外的な教育としての位置付けから脱却し、全ての子ども達に卓越性と公正性を実現しようとする近年の才能教育の動向は、一見すると21世紀における望ましい才能教育の在り方を示しているように思われる。

　しかしその反面、多元的な能力観に基づく才能教育の一般化は、通常教育から分離・独立し、固有の教育領域を築くことで優れた才能の伸長を可能にしてきた才能教育そのものを希薄化させ、結果として特別教育としての独自性やその存在意義を失わせることに繋がるのではないかといった疑念も生じる。才能教育の拡大・多様化によって、果たして本当に才能児を含む全ての子ども達に卓越性と公正性をもたらすことが出来るのであろうか。また、仮にそれが実現可能であるとすれば、そのために必要な制度的仕組みや教育的手法は如何なるものであろうか。

　本研究では、こうした課題意識の下、才能教育における現代的変容の要因とその具体的な内容、及びそれらが学校教育にもたらす影響について、教育制度論的視点のみならず、教育方法論やカリキュラム論的視点も交えながら多面的に考察し、現在のアメリカの才能教育を規定する新しい概念的枠組み（パラダイム）とそれに基づく多様な教育プログラムの特質について明らかにしていきたいと考える。

第2節　研究課題と方法
1．研究の課題

　次に、本研究の目的を達成するため、設定すべき研究の課題を検討する。

　まず、才能教育の拡大・多様化の動きを考察する前提として、才能教育の歴史的展開を理解した上で、才能教育の変容が、いつ、どのような理由で始まっているのかを明らかにする必要がある。また、拡大・多様化の特徴を解明にするためには、才能教育という特別教育のカテゴリー内部における構造

変革の具体的な内容を把握することが必要不可欠である。そこで、アメリカの才能教育を特徴付ける「早修」と「拡充」という二つの重要なカリキュラム類型に着目し、それぞれどのような変化が見られるのかを考察することにする。早修に関しては、近年特に高大接続段階における早修制度の拡大・多様化の動きが顕著であり、その目的も才能の伸長のみにとどまらなくなっている。また、拡充に関しては、「全ての」子ども達を対象とした拡充型カリキュラムモデルが開発されたり、知的能力に限らず多様な才能に対応した教育がなされたりするようになったことで、才能教育の対象となる子ども達が飛躍的に増加している点が注目される。

　次に、才能教育の現代的変容が与える影響を明らかにするためには、異なる教育領域との関係性にも着目する必要がある。そこで、才能教育の内部構造の変化が学校教育体系にどのような影響を与えているのかを、特に、才能教育と対峙する形で位置付けられる障害児教育および通常教育との関係性から考察する。例えば、障害児教育との関係では、近年、才能と発達障害を併せ持つ子ども達の存在が認識され、そうした子ども達に対する特別な学習支援が行われるようになっている。また、通常教育との関係では、両者の近接・融合化が進み、才能教育が通常の学校教育の一環として実施されるようになった結果、才能教育プログラムにおいて一般教員の役割が増大している。

　そして最後に、こうした複数の教育領域にまたがるダイナミックな変容の全体像を理解するためには、才能教育をめぐる個々の動きを踏まえた上で、才能教育全体が今後どのような方向に進もうとしているのかを把握する必要がある。この点、従来の才能教育の枠を超え、才能児を含む全ての子ども達を対象とした新たな包括的学習支援システムを通常教育を起点として構築しようとする動きが、近年、全米各地で見られるようになっており、今後の才能教育の方向性を占う上で注目される。

　以上の検討を踏まえ、本研究における研究課題として次の4つを設定することにした。

課題1　才能教育の現代的変容が起こった背景は何か。

課題2　才能教育の変容に伴い、「早修」や「拡充」はどのように変化したのか。

課題3　才能教育の変容はその他の教育領域にどのような影響を及ぼしたのか。

課題4　才能教育の拡大・多様化を進める新しい実践的枠組みとはどのようなものか。

2．研究の方法
（1）分析の視点

　次に、上述した4つの研究課題ごとに、課題究明のための分析の視点を示す。

　　＜課題1について＞

　アメリカの才能教育は、知能検査の発明によって才能児の認定が行われるようになるなど、特に心理学との関連性が強い。また、古くから公教育の一環として制度化されていることから、教育改革などの連邦政策の影響も強く受けており、更に、「特別ニーズ教育」や「インクルーシブ教育」といった新しい教育理念が提唱されたことで、特別な教育的ニーズを有する才能児の人権保障的側面も意識されつつある。

　そこで、才能教育の歴史を振り返りつつ、①知能に関する心理学研究の進展、②学力向上を目指す教育改革の影響、③特別ニーズ教育としての重要性の認識、といった三つの側面から、現代的変容が生じた背景を明らかにする。具体的には、まず才能教育に影響を与えた知能や才能に関する心理学上の理論・実践研究を踏まえた上で、能力観の変化によって才能の定義や才能児の認定方法がどう変化したのかを明らかにする。また、深刻な経済不況を背景として1980年代に始まった一連の教育改革の影響によって、それまでの閉

鎖的な才能教育がどのように拡大・開放化の方向に転換されていったのかを当時の社会状況や政治的背景を分析しながら明らかにする。更に、1994 年のサラマンカ声明によって世界中に広まった「特別ニーズ教育」「インクルーシブ教育」という新たな教育理念が、障害児教育の枠を超えて才能教育に与えた影響についても考察する。

　＜課題 2 について＞
　才能教育の主要なカリキュラム類型である「早修」と「拡充」ごとに、その具体的な内容を把握した上でそれぞれの現代的変容の特徴を明らかにする。早修制度に関して言えば、1980 年代以降、認定された才能児のみならず、より多くの学業優秀な子ども達にも広く才能教育的手法が取り入れられるようになった結果、早修制度の中でも特にアドバンスト・プレイスメント（Advanced Placement：AP）や二重在籍プログラムなどの高大接続に関わる部分早修制度の拡大・多様化が著しい。そこで、こうした早修制度がどのように一般化されていったのか、またそれと同時に、才能の伸長という本来の目的や機能が一般化に伴いどのように変容していったのかを、早修制度の類型ごとに検討する。
　一方、拡充教育プログラムについては、才能教育の変容に伴い、ごく少数の才能児のみならず、一般の多くの子ども達も参加出来る拡充型のカリキュラムモデルが開発され、マイノリティをはじめとする社会経済的に不利な子ども達のアクセスを拡大させるための工夫も重視されている。そこで、代表的なカリキュラムモデルを比較しながら、全ての子ども達のアクセスを可能とする拡充型カリキュラムモデルに共通する特徴を明らかにする。また、その中でも特に、社会経済的に不利な子ども達のために近年新しく開発された拡充型カリキュラムモデルである "U-STARS~PLUS" に焦点を当て、アクセス拡大に向けた独自の工夫とその有効性について検討する。

＜課題3について＞

　まず、才能教育と同じ特別教育の枠内にある障害児教育との関係性については、1980年代以降広がりつつある、才能と発達障害の両方を併せ持つ「2E」と呼ばれる子ども達のための特別教育（2E教育）を中心に考察する。具体的には、障害児教育に関する法制度を確認し、障害児と才能児との法的保護の違いを明らかにする。その上で、2E児の特徴や2E教育の実施状況などについて検討する。

　一方、才能教育との近接・融合化が進む通常教育においては、一般教員の役割も以前と大きく異なり、才能教育の専門家との連携の下、直接、才能児や才能教育に関与する機会が増加している。そこで、才能教育の拡大・多様化に伴う通常教育への影響を明らかにする視点として、才能教育における一般教員の役割の変化に着目する。具体的には、才能教育の変容が始まる以前と現在とを比較し、一般教員の役割についてどのような違いが見られるのかを考察した上で、実際の才能教育プログラムを例に、一般教員の役割や求められる指導法について検討する。

＜課題4について＞

　才能教育の変容を背景に、才能教育と通常教育、障害児教育などを統合したギフテッド対応型RTIモデルという新たな才能教育の実践的枠組みが州レベルで開発されており、学校教育現場で全ての子ども達の能力の伸長を目指した包括的な才能教育の実践が進んでいる。そこで、もともと学習障害児の診断のために開発されたRTIモデルが、なぜ才能教育の領域でも有用とされるのか、また、多層指導構造を特徴とするRTIモデルを活用することで、通常教育や障害児教育との統合がどのように促進され、その結果、どのような教育支援が可能になるのかを考察する。

（2）研究の素材

　最後に研究の素材についてであるが、本研究は、アメリカの才能教育の形成・展開過程を歴史的に考察し、才能教育を規定する才能概念の変化や理論的枠組みを明らかにした上で、20 世紀後半に起こった才能教育におけるパラダイムシフトの様相を、カリキュラムを中心とする内部構造の変化だけでなく通常教育や障害児教育との関係性も含めて検討するものである。特定の州や地域で実施されている才能教育の実践的取り組みや個別の制度に焦点を当てた事例研究ではなく、マクロ的な視点で歴史的経緯を振り返りながらアメリカの才能教育全体に共通する概念的枠組みや教育プログラムの特質を明らかにすることを主眼としている。そのため、研究方法としては、アメリカの才能教育に関する論文、学術書を中心とした文献資料の調査・分析を基本とする。具体的には以下の通りである。

　1）課題 1 を明らかにするための主な分析資料

　才能教育の歴史的展開に関するものとしては、才能教育の歴史に関する書籍類の他、才能教育の成立に貢献したルイス・ターマン（Terman, L. M.）やリタ・ハリングワース（Hollingworth, L. S.）といった 20 世紀前半の才能教育研究者の伝記や評伝なども分析の対象にする。また、20 世紀後半からの変容の要因を明らかにするための素材としては、3 つの分析の視点に応じて以下の資料を用いる。まず、才能概念の拡張と心理学理論の進展という視点からは、ハワード・ガードナー（Gardner, H.）の多重知能理論をはじめとする著名な心理学者の知能や才能概念に関する理論的見解を記した文献資料を用いる。次に、教育改革の影響に関しては、その発端となった連邦審議会報告書『危機に立つ国家（Nation at Risk）』をはじめ、連邦教育政策に関する各種報告書や才能教育関係者の反応を示した文献資料などを用いる。また、特別ニーズ教育としての重要性の認識に関しては、才能児の心理特性やカウンセリングの研究・実践に関する文献の他、才能児の心理学的研究を行っているアイオワ大学のベリン・ブランク国際才能教育センター

（The Belin-Blank International Center for Gifted Education and Talent Development）など各研究機関の公開資料も対象とする。

2）課題 2 を明らかにするための主な分析資料

「早修」や「拡充」に関する理論的枠組みやその内容に関しては、アメリカの大学院の才能教育専門課程で用いられるテキスト類や才能教育専門誌に掲載された各種論文、ジョセフ・レンズーリ（Renzulli, J. S.）などのアメリカの才能教育の発展に大きく貢献した人物の論文集などを用いる。分析に用いる主要な才能教育専門誌の具体例としては、1957 年に創刊された全米才能児協会（National Association for Gifted Children：NAGC）の学会誌 "Gifted Child Quarterly" や特殊教育学会（Council for Exceptional Children）の一部門である才能教育協議会（Association for the Gifted）の機関紙 "Journal for the Education of the Gifted"、才能教育関連図書を数多く出版するプルフロック・プレス（Prufrock Press）が発行する専門誌 "Gifted Child Today" などが挙げられる。また、全米才能児協会が保護者向けに発行している "Parenting for High Potential" や、才能教育学校ローパー・スクールを運営するローパー協会（The Roeper Institute）が発行する才能教育関連雑誌 "Roeper Review" なども分析資料とする。

また、特に早修的措置・制度の有効性に関しては、これまでの研究成果を総合的に分析したナショナルレポートとして、"A Nation Deceived: How Schools Hold Back America's Brightest Students" 及び "A Nation Empowered: Evidence Trumps the Excuses Holding Back America's Brightest Students" がテンプルトン財団からそれぞれ 2004 年と 2015 年の二度にわたって公刊されており、それらの資料も併せて活用する。

3）研究課題 3 を明らかにするための主な分析資料

通常教育との近接・融合化の動きについては、オハイオ州コロンバスを事

例対象とし、インターネットを介して具体的な才能教育サービスの内容や実施状況に関する資料の収集に努める他、一般教員を対象とした才能教育に関する研修制度を明らかにするため、オハイオ州の州法規定や政策文書などの公的資料の分析も行う。また、一般教員に求められる才能教育の指導法の解明には、キャロル・トムリンソン（Tomlinson, C. A.）の「個に応じた指導（Differentiated Instruction : DI）」に関する文献に焦点を当て分析を行う。

　次に、障害児教育との関係性に関して言えば、2E 児の障害面での法的保護の範囲を分析するため、障害児教育に関連する主要な連邦法について整理する。また、2006 年に『二重に特別というジレンマ（The Twice-Exceptional Dilemma）』という啓発用冊子が発行されたことで数多くの教師が 2E 児の存在や 2E 教育の必要性を認識するようになったが、出版されている論文・学術書はそれほど多くない。そこで、こうした冊子の他、各州のガイドラインや状況報告書、2E 教育の支援団体によって行われたアンケート調査などの各種資料を通じて 2E 教育の実態について分析を行う。

　4）研究課題 4 を明らかにするための主な分析資料
　学習に困難を抱えている子ども達のために用いられる通常の RTI モデルの場合と異なり、才能児にも対応可能な RTI モデルに関しては、出版されている論文・学術書が少ない。そのため、ジャンセン（Johnsen, S. K.）ら才能教育における RTI モデルの有用性を主張する研究者の文献資料だけでなく、オハイオ州やモンタナ州をはじめ RTI モデルを才能教育に取り入れることを推奨している州教育省のガイドライン（例えば "Response to Intervention and Gifted and Talented Education"（モンタナ州））なども積極的に活用する。また、4 層構造の RTI モデル "Utah's Four-Tier Model for Gifted and Talented Instruction" を提唱しているユタ州については、通常の 3 層モデルとの違いや実施状況を知るために、州教育省や才能教育関連団体であるユタ州才能児協会（Utah Association for Gifted Children）と連絡

を取り、必要な情報の収集に努める。

　その他、アメリカ全体における才能教育の現状を知るため、カレッジボードなどのプログラム実施団体や全米才能児協会（NAGC）、国立才能教育研究所（National Research Center for the Gifted and Talented : NRC／GT）といった専門機関による調査資料や報告書も、研究課題全体を通して適宜分析に用いる。特に、全米才能児協会が才能教育プログラム州監督官協議会（the Council of State Directors of Programs for the Gifted : CSDPG）と共同して行った才能教育に関する全米調査報告書（State of the States in Gifted Education: Policy and Practice Data）、及び、デイビッドソン才能開発協会（the Davidson Institute for Talent Development）の調査データは各種文献資料の中でもしばしば言及されており、その重要性は高い。

　なお、こうした文献資料の調査・分析の過程で生じた疑問や不明な点は、各行政機関や専門機関、才能教育の専門家などへ適宜メールで問い合わせるなど、必要な情報の収集を行うものとする。

第3節　先行研究の検討と本研究の意義
1．日本における先行研究

　第二次世界大戦以降、我が国では公教育制度として才能教育が実施されてこなかったこともあり、才能教育に関する研究はそれほど多く蓄積されているわけではない。内容的にも、才能児の才能伸長を目的とした直接的な実践研究は管見の限りほとんど見られず、我が国における才能教育研究の多くは、教育社会学者の岩永雅也をはじめ、才能児を対象とした諸外国の特別な教育制度に関心を寄せる少数の研究者を中心に、専ら国際比較研究という形で行われてきた[14]。その中でも才能教育の先進国であるアメリカは、主要な研究対象国の一つとなっている[15]。

　特に日本の才能教育研究の第一人者とされる松村暢隆は、アメリカの才能

教育に大きな影響を与えたハーバード大学の心理学者、ハワード・ガードナーの多重知能理論や、国立才能教育研究所（NRC／GT）のジョセフ・レンズーリらが開発したカリキュラムモデル、「全校拡充モデル」に関する訳書を手掛け[16]、それらを基にアメリカの才能教育の内容を幅広く紹介している[17]。また、近年、松村は認知心理学者としての立場から、発達障害と才能を併せ持つ子ども達を対象とした 2E 教育に焦点を当てて研究を進め[18]、特別ニーズ教育としての才能教育の重要性を明らかにしている。

　RTI モデルに関しては、海津亜紀子[19]や清水貞夫[20]らが学習障害（LD）研究の立場から RTI の概要と RTI 導入に至る政策的経緯を明らかにしている。また羽山裕子は、「カリキュラムに基づく測定（Curriculum Based Measurement：CBM）」が学習障害の診断と指導の繋がりを重視して開発された評価方法として RTI 成立に大きな影響を与えていることを示すとともに[21]、既存の読み書き介入指導との関係に着目して RTI における指導の在り方を考察している[22]。しかし、これらの先行研究は学習障害児を対象とした従来の RTI に関する論考であり、才能児や学業優秀児（advanced learners）に対する RTI は取り上げられていない。本論文のテーマである才能教育と RTI との関連性を示す日本の先行研究としては、野添絹子が発達障害児の才能面に着目した 2E 教育の新しい支援の在り方としてコロラド州の RTI の事例を取り上げている他[23]、松村暢隆も 2E 教育との関連で RTI モデルに言及している[24]。しかし両者とも、専ら発達障害を持つ子ども達にどのような才能教育的手法を用いて障害面を補償するかという視点から論じられており、優れた才能児にも対応しうるギフテッド対応型 RTI モデルの活用については十分な考察はなされていない。

　これまでの才能教育に関する先行研究で中心となっているのが、個々の才能教育プログラム（または才能教育的要素を多分に含む教育プログラム）についての制度・事例分析である。特に、早修制度に関する研究は、AP プログラム（福野 2009；小野寺 2010 など）[25]を中心に、二重在籍（河合 2010）

²⁶や早期カレッジ（田中 2005）²⁷などある程度蓄積されているものの、その大部分が才能教育プログラムとしての位置付けが明確にされておらず、早修制度としての機能やプログラム相互の関連性、体系性に関する制度論的な考察が不十分である。また、才能教育の歴史的展開に着目した先行研究に関しても、これまでの文献のほとんどが大まかな通史的記述にとどまっており、特定の年代に焦点を当てて史的考察を行った先行研究としては、才能教育の形成過程の特質を能力観の変化といった視点から明らかにした宮本健市郎の研究²⁸や、才能教育の形成に影響を与えた 20 世紀前半の人物達の業績を中心に考察した本多泰洋の研究²⁹などが僅かに存在するのみである。

　その他、才能教育の実施状況については、深堀聡子が中等教育段階について明らかにしているが³⁰、初等教育段階についての詳しい検討は未だなされていない。更に才能教育の法制面についても、本多泰洋がオーストラリアや日本との関係でアメリカの法制度を比較・検討しているものの、あくまでオーストラリアの才能教育が分析の中心となっている³¹。

　このように、我が国の才能教育に関する先行研究では、早修プログラムを中心とした個別の制度・事例の検討が最も多く、才能教育全体の拡大・多様化の動きに焦点を当て、通常教育や障害児教育との関連性を含めたマクロ的かつ長期的な視野に立った包括的研究はこれまでほとんど行われてこなかったと言える。

2．アメリカにおける先行研究

　アメリカにおける才能教育の研究は、才能教育の行政的基盤が整備されるとともに、新しい教育プログラムが次々と開発されるようになった 1970 年代以降、盛んに行われるようになった³²。才能教育関連学会の設立や、才能教育専門雑誌の発刊によって、発表される論文数は飛躍的に伸びたが、特に、才能教育の研究拠点として 1990 年に国立才能教育研究所（NRC／GT）が設立されると、所長のレンズーリを中心に、才能教育に関する理論・実践

研究が広範囲にわたって実施されている[33]。

　才能教育の主な研究領域としては、1）才能それ自体を対象とした認知心理学的研究、2）才能児の認定プロセスや評価方法に関する研究、3）教育プログラムの開発など才能教育の内容・方法に関する理論的研究、4）カリキュラムや指導方略など教育実践に関わる研究、5）才能教育プログラムの教育評価に関する研究、などが挙げられ、才能の伸長に焦点を当てた実践的な研究がその多くを占める[34]。但し、才能児の心理特性に起因する学業不振問題や人種的マイノリティの社会経済的格差に起因するアクセス不均衡問題といった才能教育の実施に伴って考慮すべき様々な問題を取り上げた研究も少なくない[35]。

　しかしその一方で、アメリカでは合衆国憲法修正第 10 条によって教育の権限が州政府に委ねられており、才能教育は国家レベルの統一的な公教育制度として位置付けられているわけではないため、才能教育全体の制度や政策動向について詳細に検討した先行研究は少なく、全国の才能教育の実施状況を調査・分析した報告書[36]の他は、NCLB 法に対する批判的論考[37]や才能教育の法的課題を考察した論考[38]などが散見される程度である。

　本研究に関して言えば、1980 年代以降、アメリカの才能教育に見られる拡大・多様化の動きを直接論じた文献は管見の限り見当たらないが、それぞれの研究課題に対応する先行研究は少なからず存在する。例えば、通常教育との連続性が重視された結果どのような新しい才能教育の実践的枠組みが開発されたのか、という論点については、ジャンセン（Johnsen, S. K.）らが才能児にも対応可能な RTI モデルに関する研究を行っているし[39]、才能教育の拡大が障害児教育の領域にどのような影響を及ぼしたのか、という論点については、近年、学習障害など様々な障害を併せ持つ才能児（2E）に関する研究が盛んに行われるようになってきている[40]。また、拡充型カリキュラムモデルの開発動向やその特徴に関しては、アメリカで広く実践されている「全校拡充モデル」[41]やコールマン（Coleman, M. R.）らが開発し

た最新のカリキュラムモデル "U-STARS~PLUS" [42]など、全ての子ども達を対象とした拡充型カリキュラムモデルの内容やその効果を記した文献が参考になる。

　しかし、こうした先行研究はマクロ的な視点が乏しく、才能教育の拡大・多様化という大きな流れの中で個々の研究内容がどのような意味を持ち、また、相互にどのような関係性を有しているのかといったことは明らかにされていない。その主な原因としては、才能教育に関する研究が、専ら才能教育を専門とする教育心理学者を中心に行われており、その他の教育学研究者にとっては才能教育に対する関心がそれほど高くないという点が挙げられるだろう。これまで、知能や才能に関する心理学的見地から様々なカリキュラムモデルが開発・実践され、それらの有効性についての検証は積極的になされてはいるものの、そうした才能教育の実践が、学校教育や社会全体において一体どのような意味を持つのかといった点についてはあまり意識されていないように思われる。そのため、1980年代以降、特別教育と通常教育といった従来の二分法的な教育カテゴリー構造に大きな変化が起こっているにもかかわらず、それをもたらした要因やその具体的な内容、及びそれらが学校教育全体にもたらす影響などについて十分に解明されているとは言い難い状況にある。

3．本研究の意義

　これまでの先行研究を踏まえた上で、本研究の意義を2点示すこととする。
　一つ目は、「才能教育」という、アメリカの特別教育において障害児教育と並ぶ重要な位置を占めながら我が国では十分な理解がなされていない教育領域について、多元的能力観に基づく拡大・多様化の流れという動的な視点から考察することで、法制度や実施プログラムの現状分析といった静的な視点からだけでは分からない教育領域固有の特質を把握しようとしている点である。ごく少数の知的才能児のための特別教育として形成された才能教

育は、20 世紀後半以降、その教育理念を大きく転換させ、より多くの子ど
も達の多様な能力の伸長を目指した教育へとダイナミックに変容しつつあ
る。本研究は、そうした変化が、才能教育の方法や内容にどのような影響を
与えているのかを分析することで、対象となる子ども達の量的拡大と教育内
容の質的転換の様相を明らかにしようとしている。

　二つ目は、子ども達一人ひとりの特性に応じた学習支援が、通常教育を起
点としてどのように具体化されつつあるのかを明らかにしようとする点で
ある。20 世紀後半に起こった才能教育のパラダイムシフトは、通常教育を
中心にあらゆる教育領域との近接・融合化をもたらし、その結果、従来の才
能教育の枠組みにとどまらない包括的な学習支援システムが構築されよう
としている。本研究は、才能教育の現代的変容が単に才能教育内部の構造変
化にとどまらず、インクルーシブ教育の流れと連動し、学校教育全体にも大
きな影響を与える可能性があることを明らかにするものである。

第4節　本書の構成

　本研究は、才能教育の萌芽期である 19 世紀後半から現在までを考察の範
囲としているが、その中でも特にアメリカにおいて才能教育の量的拡大と質
的転換が明確に見られるようになった 1980 年代以降を分析の中心としてい
る。本書の構成としては、序章の他、本論 6 章及び終章から成り立っており、
具体的には以下のような内容となっている。

　第 1 章では才能教育の歴史に焦点を当て、まず、20 世紀前半における才
能教育が、当時の心理学研究の影響を多大に受けており、遺伝的要素を重視
した固定的能力観に基づいて形成されていったことを示す。次に 1980 年代
から 90 年代にかけての転換期に焦点を当て、心理学理論の進展による能力
観の変化と学力の底上げを目指す教育改革の影響によって才能教育の多様
な実践が始まるとともに、1990 年代以降、世界中に広まった「特別ニーズ
教育」「インクルーシブ教育」概念の影響によって、才能教育が通常クラス

における学習の個別化を起点として行われるようになったことを明らかにする（課題1に対応）。

　第2章からは第1章で明らかにした才能教育の現代的変容の3つの要因と関連付けながら、より詳細に拡大・多様化する才能教育の特徴を考察する。具体的には、第2章と第3章において、才能教育の内容・方法に関する二大類型である「早修」と「拡充」に焦点を当てて、カリキュラム面での変化を明らかにする。才能教育の変容は、1980年代の学力の底上げを目指す教育改革を契機に始まっており、その学問的支柱として多重知能理論などの知能を多元的に捉える心理学理論の進展がある。そこでまず第2章では、1980年代以降、学力の底上げを優先した教育改革の影響を受け、ごく少数の才能児のみを対象とした従来の完全早修制度が圧迫される一方で、APプログラムなどの部分早修制度が一般的な教育制度として通常教育に取り入れられ、才能の伸長という本来の目的の他に円滑な教育接続の手段としての機能も重視されるようになったことを明らかにする。また第3章では、才能教育の質的転換をもたらしたとされる「才能開発」概念について明らかにした上で、才能児の認定を前提としない拡充型のカリキュラムモデルを比較しながら、拡充教育プログラムにどのような変化が見られるようになったのかを考察する。特に、才能教育の拡大・多様化に伴い才能教育プログラムにおけるマイノリティの在籍率の低さが問題となっていることから、マイノリティ・アクセスの向上を目指した新しいカリキュラムモデル "U-STARS~PLUS" の特徴を分析し、TOPSと呼ばれる教師用の観察ツールが幼い子ども達の潜在的才能の認識・発見に重要な役割を果たしていることを明らかにする（課題2に対応）。

　第4章と第5章では、才能教育とその他の教育領域との関係性を論じる。第4章では、才能教育の現代的変容の表れの一つとして、才能と発達障害を併せ持つ子ども達に対する特別教育、いわゆる2E教育を取り上げ、才能教育の障害児教育への近接・融合化の流れを検討する。才能児に対する心理的

支援の必要性はハリングワースらによって既に 100 年ほど前から指摘されているが、発達障害に対する理解が進むにつれ、才能と発達障害を二重に併せ持つ子どもの存在が知られるようになっている。本章では、まず、障害児教育に関する法制度を確認し、同じ特別教育に位置付けられる障害児教育と才能教育との関係性について考察する。次に、2E 児の特性を明らかにした上で、子ども達一人ひとりの認知特性に応じた学習支援の在り方を検討する。また、州レベルでの 2E 教育の実施状況や関係者の現状認識を分析し、実施面での課題を考察する。

　一方、第 5 章では、才能教育における一般教員の果たす役割に着目し、通常教育との近接・融合化の動きについて考察する。具体的には、形成期における一般教員の役割が、通常クラスに在籍する才能児を発見・認識することにとどまり、才能児の認定や才能教育の実施に関与することは稀であったことを指摘した上で、その後の才能教育の一般化に伴い増大する一般教員の役割を、才能児の認定の場面と才能教育の実施場面の二つの側面から明らかにする。そして、オハイオ州コロンバスの事例を取り上げ、実際の教育サービスにおける一般教員の役割を具体的に分析する（課題 3 に対応）。

　第 6 章では、才能教育と通常教育との一体化を進める新たな実践的枠組みとして、2000 年代後半から州レベルでの開発が進むギフテッド対応型 RTI モデルを検討する。学習障害の診断システムとして開発された RTI モデルが、なぜ才能教育にも取り入れられるようになったのか、その要因を考察するとともに、ピラミッド型の多層指導構造を基本とする RTI モデルの特徴を把握し、早修や拡充プログラムが実際にそうした枠組みの中でどのように機能しているのかを明らかにする。また、RTI モデルに親和するカリキュラムモデルの特徴についても検討する（課題 4 に対応）。

　終章では、第 1 章から第 6 章までの論考を踏まえた上で、研究の成果として、4 つの研究課題に対する結論をそれぞれ示すとともに、本研究の今後の課題についても明らかにする。

1 本研究では "gifted and talented education" の訳語として、松村暢隆の先行研究（『アメリカの才能教育─多様な学習ニーズに応える特別支援』東信堂、2003年）などにならい「才能教育」という用語を用いることにする。この点、日本では優れた素質や能力を持つ子ども達への特別な教育を指す言葉として「英才教育」が一般的であるが、「才能」は幅広い能力を包括的に示し、「英才」ほどエリート主義的なニュアンスを含まないため、近年、学術用語として「才能教育」を用いることが多くなっている。また、「ギフテッド（ギフティッド）教育」という訳語は、「非常に優れた知的才能児のための特別教育」という狭い意味でイメージされることが多く、その実体を正しく伝えるのが困難なため、本稿では避けることにする。

　なお、公教育の一環として体系的な才能教育を実施している国や地域に、アメリカ、カナダ、オーストラリア、ニュージーランド、イギリス、シンガポール、韓国、台湾、香港などが挙げられる。

2 山内乾史（2012）「才能教育について（概説）─日本における状況─」『比較教育学研究』第 45 号, pp.3-21.

3 この他、数学オリンピックなどの国際科学技術コンテストに向けた国内予選や「科学の甲子園」といった各種イベント、コンクールなども盛んに行われている。

4 松村暢隆（2003）前掲書。

5 才能児のための最初の特別学校は、1901 年にマサチューセッツ州のウスター（Worcester）において開設されている。Davis, G. A., Rimm, S. B., & Siegle, D. (2014). *Education of the Gifted and Talented (6th ed.)*. Essex, England: Pearson Education Limited, p.4; 岩永雅也・松村暢隆編（2010）『才能と教育─個性と才能の新たな地平へ─』放送大学教育振興会, p.227.

6 「早修」とは、既存の教育プログラムを通常よりも速く、あるいは早期に履修させる教育的措置であるのに対し、「拡充」とは通常のカリキュラムよりも体系的で深化した幅広い教育を行うことを指し、飛び級や飛び入学を伴わない点で早修と異なる。

7 詳細は連邦教育省公民権局の統計資料（2013-2014 Gifted and Talented Enrollment Estimations）を参照のこと。

　（https://ocrdata.ed.gov/StateNationalEstimations/Estimations_2013_14, 2017年 5 月 4 日取得）

8 Jolly, J. L. (2018). *A History of American Gifted Education*. New York, NY: Routledge.

9　Dai, D. Y. (2017). A History of Giftedness: A Century of Quest for Identity. In S. I. Pfeiffer, (Chief Ed.), *APA Handbook of Giftedness and Talent* (pp.3-23). Washington D.C., American Psychological Association.

10　例えば、才能教育へのアクセスの拡大を重視した代表的なカリキュラムモデルとして、レンズーリらが開発した「全校拡充モデル」が挙げられる。Renzulli, J. S., & Reis, S. M. (2014). *The Schoolwide Enrichment Model: A How-to Guide for Talent Development (3rd ed.)*. Waco, TX: Prufrock Press Inc.

11　Kaufman, S. B. (Ed.) (2018). *Twice Exceptional: Supporting and Educating Bright and Creative Students with Learning Difficulties.* New York, NY: Oxford University Press.

12　Olszewski-Kubilius, P. & Thomson, D. (2012). Gifted Education Programs and Procedures. In I. B. Weiner, W. M. Reynolds, & G. E. Miller (Eds.), *Educational Psychology* (pp.389-410). Handbook of Psychology (2nd ed.), Volume 7, Psychology Press ; Feldman, D. H. (1992). Has there been a paradigm shift in gifted education? In N. Colangelo, S. G. Assouline, & D. L. Ambroson (Eds.), *Talent development: Proceedings from the 1991 Henry B. and Jocelyn Wallace National Research Symposium on Talent Development* (pp. 89-94). Unionville, NY: Trillium Press ; Renzulli, J. S. (1999). What is this thing called giftedness, and how do we develop? A twenty-five year perspective. *Journal for the Education of the Gifted*, 23 (1), pp.3-54.

　　なお、「パラダイムシフト」とは、もともとアメリカの科学史家クーン（Kuhn, T. S.）が自然科学の歴史をいくつかの革命によって画される断続史として捉えるために用いた概念であるが、現在では一般に「ある時代・集団を支配する考え方が、非連続的・劇的に変化すること」（大辞泉）の意味で用いられる。

13　Borland, J. H. (2005). Gifted Education Without Gifted Children: The Case for No Conception of Giftedness. In R. J. Sternberg, & J. E. Davidson (Eds.), *Conceptions of giftedness (2nd ed.)* (pp.1-19). New York, NY: Cambridge University Press.

14　麻生誠・岩永雅也編著（1997）『創造的才能教育』玉川大学出版部；山内乾史編著（2018）『才能教育の国際比較』東信堂；石川裕之（2011）『韓国の才能教育制度―その構造と機能―』東信堂；岩永雅也・松村暢隆編著（2010）前掲書など。

15　田中義郎（2012）「アメリカの才能児・生徒教育―伝統的平等主義の今日的理解

と今後の課題―」『比較教育学研究』第 45 号, pp.80-96；野添絹子（2005）「マイノリティ教育における才能教育の意義―多様性の中の特別支援教育として―」『アメリカ教育学会紀要』第 16 号, pp.56-65；野添絹子（2008）「アメリカにおける才能のある学習困難な子供への学校教育の取り組み」『BERD』11 号，ベネッセ教育研究開発センター, pp.36-41；深堀聰子（2011）「才能児の教育ニーズへの対応」江原武一・南部広隆編著『現代教育改革論』放送大学教育振興会, pp.53-68.

16 ガードナー, H.（2001）『MI：個性を活かす多重知能の理論』（松村暢隆訳）新曜社［原著 1999 年］；レンズーリ, J. S.（2001）『個性と才能をみつける総合学習モデル』（松村暢隆訳），玉川大学出版部［原著 1995 年］。

17 松村暢隆（2003）前掲書。

18 松村暢隆（2007）「才能のある学習困難児のための教育プログラム―2E 教育の基礎固めのために」『関西大学文学論集』57（3）, pp.97-113；松村暢隆（2013a）「発達障害学生の才能を活かす学習支援―アリゾナ大学ソルトセンターの実践から―」『関西大学文学論集』63（1）, pp.133-153；松村暢隆（2013b）「発達障害生徒の才能を活かす高度な特別支援―アメリカの特別学校キングズベリ校の実践から―」『関西大学文学論集』63（2）, pp.71-94.

19 海津亜希子（2004）「米国での LD 判定にみられる大きな変化―RTI モデルへの期待と課題―」『LD 研究』第 14 巻 3 号, pp.348-357；海津亜希子（2005）「日本における LD 研究への示唆―米国での LD 判定にみられる変化を受けて―」『LD 研究』第 15 巻 2 号, pp.225-233.

20 清水貞夫（2008）「『教育的介入に対する応答（RTI）』と学力底上げ政策」『障害者問題研究』第 36 巻 第 1 号, pp. 66-74.

21 羽山裕子（2012）「アメリカ合衆国における学習障害児教育の検討―RTI の意義と課題―」『教育方法学研究』第 37 巻, pp.59-69.

22 羽山裕子（2013）「米国の Response to Intervention における指導の在り方に関する一考察―既存の読み書き介入指導との関係に着目して―」『SNE ジャーナル』第 19 巻 1 号, pp.77-86.

23 野添絹子（2009）「発達障害と才能を併せ持つ子どものための教育方法の工夫―2E 教育の新しい支援の在り方 RTI について―」『アメリカ教育学会紀要』第 20 巻, pp.31-44.

24 松村暢隆（2016）「アメリカの 2E 教育の新たな枠組―隠された才能・障害ニーズの識別と支援―」『関西大学文学論集』66（3）, pp.143-171.

25　福野裕美（2009）「米国アドバンスト・プレイスメント・プログラムにおけるアクセス拡大に関する一考察―全米レベルの取り組みに焦点をあてて―」筑波大学大学院人間総合科学研究科教育基礎学専攻『教育学論集』第5集, pp.153-173；小野寺香（2010）「アメリカにおける高大接続プログラムの比較研究―大学の単位認定に着目して」『東北大学大学院教育学研究科研究年報』第59集第1号, 2010年, pp.415-433.

26　河合久（研究代表者）（2010）『米国における高大接続プログラムの実態に関する研究―単位の取得と活用を中心に』国立教育政策研究所、平成19年度～21年度科学研究費補助金（基盤研究C）研究成果報告書。

27　田中義郎（2005）「高校から大学への接続プロモーション―アーリーカレッジ・ムーブメントの動向を中心として」荒井克弘・橋本昭彦編著『高校と大学の接続―入試選抜から教育接続へ』玉川大学出版部, pp.214-226.

28　宮本健市郎（2005）「アメリカにおける英才教育の出現過程―開放的英才概念から閉鎖的英才概念へ―」『アメリカ進歩主義教授理論の形成過程』東信堂, pp.81-97.

29　本多泰洋（2012）「米国における才能教育の歴史的考察―黎明期から第二次世界大戦まで―」『帝京短期大学紀要』第17号, pp.63-75.

30　深堀聰子（2003）「アメリカ中等学校における才能教育の実施状況」小松郁夫（研究代表者）『知識社会におけるリーダー養成に関する国際比較研究（最終報告）』国立教育政策研究所, pp.59-72.

31　本多泰洋（2008）　前掲書。

32　但し、20世紀前半において既に才能に関する文献は相当数存在し、才能に関する最初の主な出版目録には、過去30年間の参照文献として450件が掲載されていた。Stephens, T. M., & Wolf, J. S. (1978). The Gifted Child. In N. G. Haring (Ed.), *Behavior of Exceptional Children: An Introduction to Special Education (2nd ed.)* (pp.387-405). Columbus, OH: Charles E. Merrill Publishing Company, A Bell & Howell Company, p.400.

33　レンズーリの代表的な研究論文を集めた論文集として、Reis, S. M. (Eds.) (2016). *Reflections on Gifted Education: Critical Works by Joseph S. Renzulli and Colleagues,* Waco, TX: Prufrock Press Inc. がある。

34　例えば、才能児や才能教育に関する様々な研究論文を領域ごとに分類・整理し採録した論文集としては、以下のものが挙げられる。Kerr, B. (Ed.) (2014).

gifted and Talented Education, vol.1~4. London, U.K., SAGE Publications Ltd. ; Pfeiffer, S. I. (Chief Ed.) (2017). *APA Handbook of Giftedness and Talent.* Washington D.C., American Psychological Association.

[35] 才能教育におけるマイノリティ・アクセス問題に関しては、以下の文献を参照のこと。Ford, D. Y. (2014). Underrepresentation of African American and Hispanic Students in Gifted Education: Impact of Social Inequality, Elitism, and Colorblindness. In J. P. Bakken, F. E. Obiakor, & A. F. Rotatori (Eds.), *Gifted Education: Current Perspectives and Issues,* Advances in Special Education vol.26, UK: Emerald Group Publishing Limited, pp.101-126 ; Gagné, F. (2011). Academic Talent Development and the Equity Issue in Gifted Education. *Talent Development and Excellence* , Vol.3, No.1, pp.3-22 ; Payne, A. (2010). *Equitable Access for Underrepresented Students in Gifted Education*, Arlington, VA: The George Washington University Center for Equity and Excellence in Education.

[36] NRC/GT や NAGC による近年の代表的な全国調査として次のようなものが挙げられる（特に NRC/GT は小学校から高校までの学校段階ごとに調査しており、その統計資料的価値は高い）。

Callahan, C. M., Moon, T. R., & Oh, S. (2013a). *States of Elementary Gifted Programs 2013.* National Research Center on the Gifted and Talented, The University of Virginia, Curry School of Education ; Callahan, C. M., Moon, T. R., & Oh, S. (2013b). *States of Middle School Gifted Programs 2013.* National Research Center on the Gifted and Talented, The University of Virginia, Curry School of Education ; Callahan, C. M., Moon, T. R., & Oh, S. (2013c). *States of High school Gifted Programs 2013.* National Research Center on the Gifted and Talented, The University of Virginia, Curry School of Education ; National Association for Gifted Children and The Council of State Directors of Programs for the Gifted. (2015). *2014-2015 State of the States in Gifted Education: Policy and Practice Data.*

[37] Beisser, S. R. (2008). *Unintended Consequences of No Child Left Behind Mandates on Gifted Students.* The Forum on Public Policy, p.10 ; Jolly, J. L. & Makel, M. C. (2010). No Child Left Behind: The Inadvertent Costs for High-Achieving and Gifted Students. *Childhood Education,* 87 (1), pp.35-40.

[38] Castellano, J. A., & Matthews, M. S. (2014). Legal Issues in Gifted Education. In J. P. Bakken, F. E. Obiakor, & A. F. Rotatori, *Gifted Education: Current Perspectives and Issues*, Advances in Special Education vol.26, UK: Emerald Group Publishing Limited, pp.1-19.

[39] Coleman, M. R., & Johnsen, S. K. (Eds.) (2011). *RtI for Gifted Students*. Waco, TX: Prufrock Press Inc. ; Coleman, M. R. & Johnsen, S. K. (Eds.) (2013). *Implementing RtI With Gifted Students: Service Models, Trends, and Issues*. Waco, TX: Prufrock Press Inc. ; Johnsen, S. K., Sulak, T. N., & Rollins, K. (2012). *Serving Gifted Students Within an RtI Framework: A Practical Guide*. Waco, TX: Prufrock Press Inc.

[40] Trail, B. A. (2011). *Twice-Exceptional Gifted Children: Understanding, Teaching, and Counseling Gifted Students*. Waco, TX: Prufrock Press Inc. ; Davis et al., *op.cit.*, pp.361-383.

[41] Renzulli, J. S., & Reis, S. M. (2014). The Schoolwide *Enrichment Model: A How-to Guide for Talent Development (3rd ed.)*. Waco, TX: Prufrock Press Inc.

[42] Coleman, M. R., & Shah-Coltrane, S. (2010a). *U-STARS~PLUS Science & Literature Connections*. Arlington, VA: Council for Exceptional Children ; Coleman, M. R., & Shah-Coltrane, S. (2010b). *U-STARS~PLUS Family Science Packets*. Arlington, VA: Council for Exceptional Children.

第1章　才能教育の歴史と拡大・多様化の背景

　現在、アメリカでは 300 万人以上の子ども達が、早修や拡充教育を中心とする多様な才能教育プログラムを受けており、才能教育はアメリカの特別教育（special education）の領域において、障害児教育に次いで重要な位置を占めている[1]。しかしながら、これまでの日米の先行研究では、当初、ごく少数の子ども達を対象とした特殊な教育であった才能教育が、いつ、如何なる理由でこのような大きな変容を遂げたのか、その拡大・多様化の時期や背景が十分に解明されているとは言い難い。

　そこで第1章では、才能教育の現代的変容の様相を明らかにする前提として、才能教育の歴史を振り返りながら、アメリカにおいて才能教育がいつ頃、どのような形で形成され、その基本構造が政治的・学術的影響を受けながらどのように変化してきたのかを考察する。具体的には、まず初めに、19 世紀後半から現在までのアメリカの才能教育の歴史を時系列的に概観し、才能教育の形成・展開過程に関する流れと公教育制度としての位置付けを把握する。その上で、才能教育の理念や方法が大きく転換する 1980 年代以降に焦点を当て、知能に関する心理学理論との関係性や学力の底上げを重視した教育改革による影響などをより詳細を分析しながら、「パラダイムシフト」と評されるほどの近年の変容に影響を与えた複数の要因について明らかにする。

第1節　才能教育の形成と展開
　本節では、才能教育の拡大・多様化の動きが起こった時期や要因を明確にするため、アメリカにおける才能教育の歴史に関して、いくつかの時代区分を設けて概観しながら、萌芽期から現在までの流れを把握する。

　具体的には、知能検査の発明やスプートニク・ショックなど、先行研究[2]に
おいて才能教育の歴史に大きな影響を与えたとされる複数のトピックを時
代区分の核として捉え、その上で、才能教育の歴史を、①知能検査の発明に
よって才能教育の先駆的な取り組みがなされた 20 世紀前半（萌芽期）、②ス
プートニク・ショックによって才能教育の必要性が論じられ、政府主導によ
る才能教育が積極的に実施された 1950 年代後半（形成期）、③連邦法によっ
て才能に関する本格的な定義がなされ、才能教育が大きく進展した 1970 年
代（発展期）、④深刻な経済不況に見舞われ才能教育の在り方が大幅に見直
された 1980 年代（転換期）、⑤教育改革の影響を受けながら、より多くの
子ども達の多様な能力の伸長を重視するようになった 1990 年代以降（変容
期）、の五期に分けて検討することにする[3]。

1．萌芽期

　まず、19 世紀後半から 20 世紀前半にかけては、才能教育の先駆的取り組
みがなされており、才能教育の萌芽期と言える時期である。

　アメリカでは 19 世紀後半になると各州で公教育制度が整えられたが、優
れた才能をもつ子ども達に対し教育上の例外措置を講じようとする発想は
あまりなく、一部の学校でわずかに飛び級や特別学級の措置が行われる程度
であった[4]。中でも才能教育の先駆的事例として多くの文献で取り上げられ
るのが、ミズーリ州セントルイスの事例である。セントルイス市の教育長ハ
リス（Harris, W. T.）は、多数の中途退学者への対応として進級の間隔を短
くするとともに、進級に際して能力に応じて学級を編成する方法を実施した。
いわゆるセントルイス・プランである[5]。1 学期を 5～10 週間とし、各学期
の終了時ごとに能力に応じた進級と学級の編成替えを行うことで、優秀な生
徒は学期ごとに進級することが可能であり、弾力的な学年・学級編成がその
特徴と言える。

　また、マサチューセッツ州ケンブリッジで実施された、いわゆるケンブ

リッジ・プランでは、9年制の小学校の第4学年から第9学年を、6年分の
カリキュラムを6年で修了する普通児用コースと、4年で修了する優秀児用
コースという、二つのコースに分けることで、優秀児は7年間で小学校を修
了出来るようになっており、また、状況に応じてコースを変更することも認
められていた[6]。

　これらの実践事例は、子ども一人ひとりが、その時々の状況に応じて進級
やコースを決められる点で、1年ごとの一斉進級という画一性をある程度緩
和したものであり、学業優秀な子どもにとっては早期進級が可能なことから、
現在の早修制度の原型と考えられる。19世紀末頃においては、こうした短
期進級法の他にも、学級内に能力別集団を作る方法（能力別分団法）[7]や、
能力や個性に合わせて個別に指導する方法（個別教授法）[8]などが個人差へ
の対応方法として実践されていたとされる[9]。

　もっとも、こうした短期進級法などによる教授の個別化は、あくまで才能
児のみを対象としたものではなく、意図的な才能教育の方法と見ることは出
来ない。才能教育の嚆矢とされるこの時期の諸実践は、通常学級では対応出
来ない特別な子ども達[10]への対策、及び学校経営効率化を目指した時間と
経費の節約が主な目的であり、才能教育としての目的や方法の検討は不十分
であった。そのことは、当時はまだ才能の概念が極めて曖昧であったことの
表れでもあると言えるだろう[11]。

　しかし20世紀に入ると、才能概念が明確化されるようになり、その結果、
才能児を対象とした特別教育が全米各地で行われるようになる。1901年に
最初の才能児のための特別な学校がマサチューセッツ州ウスター
（Worcester）において開設され[12]、1920年頃になると、大都市のほぼ3
分の2で、特別学級など、何らかの才能教育プログラムが実施されるように
なったとされる[13]。

　才能教育の基礎となる才能概念に大きな影響を与えたのが知能検査の発
明であった。心理学的研究として、ルイス・ターマン（Terman, L. M.）は

1916 年にアメリカで最初の知能検査、「スタンフォード＝ビネ知能尺度（Stanford-Binet Intelligence Scale）」を作成した[14]。そして 1922 年に知能指数（intelligence quotient：IQ）得点を利用して 1,000 人の「天才児（genius）」を識別し（IQ135 以上）、その後彼と共同研究者達によって、数十年に渡って追跡研究が行われた[15]。

　また、コロンビア大学教育学部（Columbia University Teachers College）で教育心理学を教えていたハリングワース（Hollingworth, L. S.）は、1922 年にニューヨークの公立学校に才能児のための実験的な特別クラスを設け、才能教育プログラムの実践を試みるなど、才能児の心理、教育面での研究に力を注ぎ、1926 年にはその研究の成果を『才能児—その特性と育成（Gifted Children: Their nature and nurture）』という本にまとめている[16]。更に、1936 年には才能児のための公立の実験校を「スパイア（Speyer）小学校」として開設し、高 IQ（IQ130〜200）の子ども達に拡充教育プログラムやカウンセリングを実施して、その後の才能教育の先駆的なモデルとなった[17]。

　このように、20 世紀の前半は、知能検査の結果を基に才能児の認定方法の開発が進められ、新たな教育領域としての才能教育の在り方が模索された時代であったと言えるだろう。

２．形成期

　1950 年代後半から 1960 年代前半にかけては、国力増強の観点から才能教育の必要性が論じられ、政府主導による才能教育が積極的に実施された時期である。

　1957 年に旧ソ連が人工衛星の打ち上げに成功すると、科学技術の人材育成に危機感を抱くスプートニク・ショックが広がり、翌 1958 年には「国家防衛教育法（National Defense Education Act：NDEA）」が制定される。それまで州や学校区が独立した権限を持っていた学校教育に連邦政府が関与を強め、数学・理科・外国語のカリキュラムの現代化が目指されたが、そ

れとともに才能教育の必要性も人材育成の面から初めて強調され、特に数学・理科の適性を見出して大学進学を促進する才能教育プログラムが、連邦の資金によって実施された。そして、才能教育の拡大に伴う教員研修の必要性に対応するため、大学や大学院では、「才能児の教育」「才能児に対する教育方法や教材」といったタイトルのワークショップや夏期講習が行われるようになった[18]。

　この時期の才能教育の特徴としては、初等教育よりも中等教育段階の生徒に対するプログラムの開発・実践が重視されていた点が挙げられる。旧ソ連との科学技術競争に勝つためには、高度な研究を行う大学へと直結する中等教育段階の教育改革が最も重要であると考えられ、優秀児クラス（honor class）の設置の他、大学主催の夏期プログラムや大学への早期入学などが積極的に実施された[19]。また、高校と大学に同時に在籍出来る二重在籍プログラムやAPプログラムなどもこの時期に初めて制度化されている[20]。

　但し、国家防衛教育法制定の目的は、あくまで数学・理科・外国語を中心に初等・中等教育を改革することで国家全体の人材育成機能の質の向上を図ることにあり、単に認定された才能児のみを対象としたものではないことに留意する必要があるだろう[21]。それは、この下院法案の共同執筆者の一人で特別教育小委員会の議長を務めたカール・エリオット（Elliott, C.）下院議員が、「全ての子ども達のために教育の質を改善することは、学問的に優れた才能児にとっても大いなる助けとなるだろう」と述べていることからも読み取れる[22]。そして、この法律をきっかけに、全ての子ども達を対象にして指導の個別化が目指され、伝統的な一斉授業に代わり、子ども達の学習適性や学習スタイル、レディネスや到達度に応じた個別指導の導入が図られている[23]。

　しかし、その後宇宙開発の成功もあって、こうした理数系人材の育成を重視した教育改革は次第に下火となる。代わって1960年代には公民権運動が高まり、全ての子ども達に最低限の学力を公正に保障しようとする「公正性」

（equity）理念が重視され、マイノリティや社会経済的に不利な層を対象とした「ヘッドスタート計画（Project Head Start）」等の補償教育に関心が移っていく。そして、才能教育プログラムに参加する子ども達の多くは、白人で中流以上の家庭の出身者で占められていたため、社会経済的に不利な子ども達やマイノリティの子ども達がそうしたプログラムに公正に参加出来ないことが批判の的となった[24]。

　この時期、才能教育に対する国民の関心は薄いものの、連邦政府内では、才能教育に対する関心が、全く失われたわけではないことに注意する必要があるだろう。例えば、才能教育に関する法整備としては、1969年に改正された初等中等教育法（Elementary and Secondary Education Act：ESEA）で初めて「才能児に関する条項（Provisions related to gifted and talented children）」が付け加えられている（P. L. 91-230, Section 806）。この条項は、才能児や才能教育に対して何ら付加的な財政支援を行うことはせず、また、州政府に対して才能教育サービスの提供を求めるものでもなかったが、初等中等教育法の「タイトルⅢ」及び「タイトルⅤ」における資金援助の対象に才能児を新たに加えることで、才能教育のモデル・プログラム開発や州教育省内における担当職員の配置に連邦補助金を支給することを可能にするものであった[25]。

　もっとも、この当時、連邦レベルのみならず州レベルにおいても才能教育に関する優先度は低く、実際にこの法改正によって才能児や才能教育のために連邦政府の資金援助を受けようとした州は数少なかった[26]。しかし、初等中等教育法に才能児に関する条項が付け加えられた意味は大きく、これを契機に、才能教育に対する連邦政府の関与は、初等中等教育法の改正という形でそれ以降も断続的に続いていくことになる[27]。

3．発展期

　次に、1970年代から1980年代にかけての才能教育の展開についてみる

と、この時期の特徴としては、連邦政府により財政支援と行政組織の整備がなされ、各州でもそれに基づく才能教育の法制化やプログラム開発が進んだことが挙げられる。

　知能テストや学業成績によって才能児を識別することの問題点は1940年頃から指摘されていたが、1969年改正初等中等教育法に「才能児に関する条項」が加えられ、才能教育に関する審議会が設置されたことを契機に、才能の定義に関する本格的な検討が行われるようになった。

　1969年の改正初等中等教育法によって義務付けられた才能教育に関する調査は、才能教育研究者、実践家、教育行政関係者をはじめ多くの協力者の下、全米規模で進められ、1972年に、当時の連邦教育局長官のマーランド（Marland, S. P. Jr.）によって連邦議会に提出された。この審議会報告書『才能教育（Education of the Gifted and Talented）』（通称マーランド報告）では、例えば次のような問題点が指摘されている[28]。

　①1968年の時点で、アメリカには約5,160万人の子ども達が学校に通っているが、そのうちの150万から250万人が才能児であると推測された。しかし、その時点で連邦教育局は才能児に対し何ら直接的な資金援助を行っておらず、才能教育を担当する職員もいない。②連邦政府のみならず、州や地方においても才能教育に対する優先度は低い。21州で才能教育に関する法律が存在するが、ほとんど有効性が認められない。③認定にかかる費用だけでなく、才能教育に対する教師やカウンセラー、心理学者達の無関心な態度や反感が、才能児の認定を妨げている。

　そして、現時点ではごく限られた者しか特別プログラムの恩恵を受けていないとして、才能の定義を広げ、才能教育を拡大するよう勧告がなされた。その結果、1972年に連邦教育局は、マーランド報告において示された才能の定義を初めて公的な定義として採用している（具体的な内容は次節で詳述する）。その後、才能の定義は、1978年に修正された上で連邦法規定としてESEAに取り入れられ、その後も表現の微修正を経ながら今日まで踏襲され

ている。

　また、マーランドは議会に対し、才能児のための教育プログラムの開発を支援するよう訴え、その結果、1974 年に第 93 回議会は「タイトルIV、セクション 404、才能児」の立法化を認めた[29]。この立法化によって 1975 年には連邦教育局に「才能児担当部（the Office of Gifted and Talented）」が設置され、才能教育サービスの開発のために 1976 年から 1978 年までの 3 年間にわたって毎年 256 万ドルの財政支援がなされた[30]。更に、1978 年の初等中等教育法の改正では、ジェイコブ・ジャビッツ（Javits, J. K.）上院議員とカール・パーセル（Purcell, C.）下院議員によって、「才能児教育法（Gifted and Talented Children's Education Act, P. L. 95-561）」の導入が図られ、1979 年から 1981 年までの 3 年間、毎年約 620 万ドル（総計 1,830 万ドル）が才能教育の改善のために資金供与された[31]。それにより各州は相次いで才能教育行政のための部局と予算を整備し、才能教育プログラムの開発や教員研修の実施などに着手している。

　連邦教育局の才能児担当部は、ナショナル／ステート・リーダーシップ訓練協会（the National／State Leadership Training Institute）[32]とともに、プログラムの開発や州計画の作成の援助において主導的な役割を果たした。その結果、例えば 1980 年の時点では、45 の州が才能教育プログラムを有し、教育省内部にこれらのプログラムを実施・監督する人員を配置しており、また 39 の州では地方行政区に対し才能教育プログラムを実施するよう求めている。また、少なくとも 3 つの州で、才能教育の教師には、特別な資格や承認が必要とされたが、才能教育の専門家や専門教員を養成する機会として、52 の高等教育機関が修士の学位プログラムを提供し、28 の大学で才能教育に関する博士課程を設けていたとされる[33]。

　こうした連邦政府による財政支援と行政組織の整備によって 1970 年代後半からは才能児のための特別プログラムが盛んに開発・実践され、才能教育研究が最も進展した時期となった。

4．転換期

　1980 年代前半から 1990 年代前半にかけては、アメリカが深刻な経済不況に見舞われ、才能教育の在り方が大幅に見直された時期にあたる。

　1982 年には、緊縮財政の下で才能児教育法が廃止され、才能児担当部も閉鎖された[34]。そして、1983 年に公刊された連邦審議会報告書『危機に立つ国家（Nation at Risk)』では、アメリカのグローバル経済における国際競争力低下の主要因として教育水準の低さが問題視され、学力の底上げを標榜する教育改革が展開されるようになる。

　『危機に立つ国家』によって、マイノリティや社会経済的に不利な子ども達の学力保障が最優先とされた結果、才能教育に対する連邦政府の補助金は失われ、多くの才能教育プログラムが廃止・縮小を余儀なくされた。『危機に立つ国家』の公刊は、才能教育に対し極めて好ましくない影響をもたらし[35]、基礎学力の底上げを目指す一連の教育改革はレンズーリらによって「才能教育の静かな危機」と認識された[36]。

　そうした教育改革の圧力の中で、才能教育は全ての子ども達の卓越性を実現する方向へと変化する必要性に迫られることになる。これまでのごく少数の才能児に限定された特別プログラムから、より多くの子ども達にも開放された「才能開発（talent development)」プログラムへと方向転換を果たすため、一般の子ども達も参加出来る才能教育の新しいカリキュラムモデルが次々と開発された。また、従来の才能教育プログラムにおいても、才能児の認定方法に関し、英語が不自由な子ども達のために非言語検査が用いられるなど、教師や認定者のバイアスを排除するための工夫がなされ、特にマイノリティや社会経済的に不利な子ども達の認定率の向上が強調された。更に、知的能力だけでなく、多様な能力や才能を認識・評価するための新しい認定方法も模索された。

　こうして、子ども達の多様な能力・興味・学習スタイルのプロフィールに

基づいて、その潜在的能力を最大限に伸ばそうとする方向へと変化した結果、多様な手段によって潜在的な才能を見出し、才能児も含めた全ての子ども達の学習の個性化を図ろうとする教育プログラムが計画・実施されるようになった。これは、知能検査の結果によって選別されたごく少数の知的才能児に対し、その生得的な能力を特別な教育によって伸長させようとする従来の才能教育の在り方とは異なる方向性を持つものであった[37]。このように、才能教育を障害児教育や個性化教育と並んで、より多くの子ども達の教育的ニーズに応える教育支援の一類型に位置付けようとする考えが才能教育関係者の間で広まり始めたのが、この時期の大きな特徴と言えるだろう[38]。

　こうした中、連邦政府は再び才能教育の必要性を認め、特に、マイノリティ等の社会経済的に不利な子ども達を支援することを重視した法律が制定されることとなる。1988 年に、改正初等中等教育法の改正条項（タイトルIV・パート B）としてジャビッツ才能児教育法（Jacob K. Javits Gifted and Talented Students Education Act）が制定され（1994 年と 2001 年に再採択）、また、同法に基づいて 1990 年に設置された国立才能教育研究所（NRC／GT）は、レンズーリを所長として、才能の潜在性に関する理論研究とモデル開発に重要な役割を果たすこととなった。また同法に基づく才能教育基金は、「ジャビッツ才能教育プログラム」と連動し、マイノリティや低所得層の中から比較的優秀な子ども達を見出して重点的に支援することに充てられ、1988 年度から 1993 年度まで、毎年 790 万ドルが拠出されている[39]。

5．変容期

　1990 年代に入ると、より多くの子ども達の才能伸長を目指した才能教育プログラムは学校教育の現場で広く受け入れられ、インクルーシブ教育の理念を背景に、通常教育や障害児教育との近接・融合化も見られるようになる。そして、連邦政府もそうした動きを後押しするように、才能教育の重要性を訴えている。例えば 1993 年の連邦教育省報告書『国家の卓越—アメリカの

才能を伸ばす主張（National Excellence: A Case for Developing America's Talent）』では、才能児があらゆる文化的集団、経済的階層、活動領域に存在することが強調され、才能教育を幅広く提供することの意義が示された。報告書は、才能教育の理念に反し、現実の教育の実施状況や財政的基盤が不十分であることを指摘するとともに、才能教育を統合する通常教育の改善を要求した。また、「才能児のためのプログラムは、教授・学習法の革新的な実験場の役目を果たしてきた」（p.23）と述べ、才能の広い定義を取り入れ、才能教育のノウハウが通常教育でも有効に利用されるよう提案した[40]。

　しかし、実際には基礎学力の底上げを重視するスタンダード教育改革の影響を受け、1990 年代以降、全米的な標準学力テスト最優先の圧力に晒されるようになる。特に 2001 年改正初等中等教育法、別名「一人の子どもも置き去りにしない法（No Child Left Behind Act：NCLB）」は、標準学力テストによる学業達成のモニタリングと学力不振の子ども達への重点的支援によって、全ての子どもの学力の底上げを図ろうとするものであった。この連邦政府主導の下に強力に推進された学力格差の克服を目指す教育改革は、教育の標準化に馴染まない才能教育を軽視する方向に作用した。特にジャビッツ才能児教育法に基づく連邦補助金は年々削減され 2011 年から 2013 年までの 3 年間は連邦政府からの財政支援が全く失われるという事態に陥り、新たな才能教育プログラムの開発プロジェクトを大幅に減少させた。

　このように才能教育の実施は、連邦や州の教育政策の変化や財政状態に左右され、研究や教育実践のための財政基盤は不安定で変動している。しかしその一方で、"U-STARS~PLUS" などのマイノリティや貧困層の子ども達のアクセス拡大を積極的に目指したカリキュラムモデルも開発されており、社会経済的に不利な子ども達に対するアクセス不均衡問題を改善しながら才能教育の拡大を図ろうとする動きも活発である。

　また、特別教育としての才能教育と障害児教育との関係にも新たな展開が見られる。即ち、1980 年代後半になると才能と学習障害などの発達障害を

併せ持つ子ども達、いわゆる 2E 児の存在が認識されるようになり、現在、そうした子ども達に対しては、ハワード・ガードナー（Gardner, H.）の多重知能理論などを基に、障害面の補償を行いつつ才能の伸長を図ろうとする特別教育（2E 教育）が実践されている。こうした同じ特別教育のカテゴリーにあって、才能教育の対極に位置すると考えられてきた障害児教育との融合は、障害の有無に関わらず、より多くの子ども達の多様な能力の伸長を目指す才能教育の現代的変容の一つの表れとも言える。

そして、通常教育と障害児教育、才能教育の三者を繋ぐ新たな学習支援の実践的枠組みとして注目されるのが、2000 年代後半から各州で開発が進むギフテッド対応型 RTI モデルである。ギフテッド対応型 RTI モデルは通常教育を核として才能教育と障害児教育のインクルージョンを可能にする多層指導モデルであり、才能教育の一般化を促進する重要な役割を果たすと考えられる。ギフテッド対応型 RTI モデルを利用することで、才能の伸長と並行して行動面の問題を改善したり、障害面の補償を行ったりすることが可能となるため、オハイオ州などでは学習面にとどまらない包括的な支援システムの核として RTI モデルを活用する動きが見られる。

このように現在の才能教育は、優れた知的能力を持つごく少数の子ども達を対象とした従来の才能教育プログラムを維持しつつ、より多くの子ども達の多様な能力の伸長も重視することで通常教育や障害児教育との近接・融合化が図られており、そうした意味で才能教育のユニバーサル化が目指されていると言えるだろう[41]。

第2節　才能教育における現代的変容の背景

第 1 節では才能教育の歴史を概観し、20 世紀後半からその在り方が大きく変化してきたことを確認した。そこで本節では、20 世紀後半に起こった才能教育の現代的変容の背景やその要因について、以下の視点に基づき、詳細に分析していくことにする。

まず、才能教育の歴史を振り返ってみると、才能教育は知能検査の発明・普及とともに固有の教育領域を形成してきた。才能教育を実施するためには、対象となる優れた才能を持つ子ども達を選び出す必要があるが、そのための客観的な基準として知能検査に基づく知能指数が重要な役割を果たすと考えられたからである。こうした才能教育と心理学との密接な関連性は、才能教育の形成期にとどまらず、20世紀後半の大きな転換期においても同様に認められ、現代的変容の主な要因となっていると考えられる。そこでまず初めに、知能に関する心理学的理論の進展が才能教育にどのような影響を与えているのかを明らかにする。

　また、20世紀後半は、アメリカにおいて学力の底上げを目指す一連の教育改革が強力に押し進められた時期でもあり、そうした政策動向も才能教育の変容に大きな影響を与えたと推測される。そこで次に、教育改革と才能教育との関係性に着目して、才能教育の変容の背景を考察する。

　更に、20世紀後半は、インクルーシブ教育や特別ニーズ教育といった新しい教育概念が広く世界に広まり、特別教育と通常教育との関係性に大きな変化が生じ始めた時期でもある。そして、特別教育には障害児教育だけでなく才能教育も含まれることから、こうした教育的潮流も才能教育に何らかの影響を与えたと考えられる。そこで最後にこうした教育思想の広がりが才能教育の変容に与える影響にも目を向けることにする。

１．才能概念の拡張と心理学理論の進展
（１）固定的能力観から多元的能力観へ

　20世紀前半に成立した才能教育は、知能を生涯変化することのない固定的な能力と捉えた上で、知能検査によって選ばれたごく少数の知的才能児に対し特別クラスを設けるなど、知能指数を重視した固定的能力観に基づく閉鎖的な教育を特徴としている[42]。こうした固定的能力観は、個人の能力の特徴と限界が遺伝的要素によって決定されるとする優生学（eugenics）と、

人間の潜在的能力は知能検査によって正確に測定出来ると考える当時の心理学的見解とが一体となって結びつくことで生み出されたものであった。ヘンリー・ゴダード（Goddard, H. H.）やターマン、ハリングワースといった当時の主要な研究者たちは、「才能」を「高い知能指数」と同義に捉えており、知能検査の妥当性は、アチーブメントテストの得点や学問的能力に対する教師の判断と合致するかどうかで測られるとしたため、才能の定義は必然的に学問的領域の潜在能力に限られていた[43]。また、20 世紀の初めから1960 年代の初めまでは、専ら知能検査によって才能児か否かが判断され、才能児の認定に関する議論の中心は、才能児の基準とする IQ 値をどの数値に設定するか、という点であった。

　例えばターマンは、IQ130 を基準とし、2～3%の子ども達を才能児と認定したほか、様々な概念を獲得しそれを巧みに扱う能力（知能）においてトップ 1%の子どもを才能児と定義した[44]。彼はまた、"giftedness" は "talent"や創造性とは異なるものと考えた。彼によれば、"talent" は高い IQ 値と組み合わされた時のみ、並外れた成績を保障するものとして見なされるが、創造性は、個人的な特性であって、"giftedness" や "talent" とは区別されるとした[45]。

　但し、才能児の知的才能は一義的に知能指数の測定で示された結果に拠るとするターマンやハリングワースの見解に批判的な学者も少なからず存在した。例えばイリノイ州ノースウエスタン大学教授で心理学者のポール・ウィッティ（Witty, P. A.）は、1924 年から長期間にわたって IQ140 以上の才能児約 100 人を対象に研究を行い、才能児を認定するための手段として知能検査だけでは不十分であることを指摘した。そして、才能児を特徴付ける要素として、優れた能力の他に、自己を駆り立てる力（drive）や、知性の発現の機会（opportunity）などが重要であると主張した[46]。

　また、ボルチモアのモーガン州立大学の学長を務めたマーチン・ジェンキンス（Jenkins, M. D.）は、1934 年からアフリカ系アメリカ人の才能児を

対象とした先駆的な研究を行い、高い能力を持ったアフリカ系アメリカ人の子どもは、知能指数で示された成績と学習成績の間に差があり、人種・民族差別という社会的制限によって白人の子どもとは異なった反応を示すことを明らかにしている[47]。

　1950年代に入ると、こうした研究を基に才能の定義の再検討が行われ、知能指数にとらわれない新しい才能の定義が提唱されるようになった[48]。例えばウィッティ（1958）は、従来の知能指数に基づく定義では、芸術や文学、社会的リーダーシップなど特定の領域において優れた能力を有する広範囲の子ども達を才能児として認定することが出来ないとして批判した上で、才能の定義を拡張し、努力する価値のあるあらゆる分野において絶えず注目すべきパフォーマンスを示す子どもを才能児と見なすべきであるとしたが[49]、これは、人間社会が幅広い分野で様々な価値ある活動を行っていることを理由に、芸術分野のパフォーマンスや職人技といったような学業成績では測れないパフォーマンスも才能概念に含めようとするものであった。

　その他にも、1959年にはフリーグラーとビッシュ（Fliegler, L. A., & Bish, C. E., 1959）が、才能の定義に「潜在能力」を組み入れて全校生徒の15〜20%が才能児であるとし、また、才能の表れとして創造的能力を含める考えを示した[50]。知能指数や学業成績では測定出来ない才能として、創造性の重要性を強調する考えは、1950年代にギルフォード（Guilford, J. P.）が知能検査は拡散的思考を測定しないと指摘したことから始まっている。ギルフォードは因子分析の手法によって知能の構造化を試みたが、1960年代に入ると創造性の心理学的研究が進み、トーランス（Torrance, E. P.）らによって、創造性テストが考案され、才能の多様な認定領域の一つとして創造性が考慮されるようになった[51]。また、特に1980年代以降、後述するガードナーやスターンバーグ（Sternberg, R. J.）らによって知能に関する新しい心理学理論が提唱され、才能の多元性が主張されるようになると、才能教育の拡大・多様化が一層進み、才能教育の変容へとつながっていくことになる。

（2）才能の多元性を重視した心理学理論の進展

　才能児の認定において、知能テストは、特に学問領域における才能児を識別する主要な方法として、学業成績とともに、今なお利用され続けている。しかし、才能の領域は多岐にわたり、スポーツや芸術などの分野における才能児の識別基準としては限界がある。こうした才能の多元性に着目した代表的な心理学者が、ハーバード大学の心理学者ハワード・ガードナーである。

　ガードナーの多重知能理論（MI 理論）は、1983 年に彼の著書『心の構造（Frames of Mind）』で初めて提唱されたが、知能を「単一で汎用の知性」とは考えず、「一つ以上の文化的な場面で価値があると見なされる問題を解決したり成果を創造する能力」あるいは「情報を処理する生物心理学的な潜在能力であって、ある文化で価値のある問題を解決したり成果を創造したりするような、文化的な場面で活性化されることが出来るもの」と定義することで、芸術家やスポーツ選手などの知能テストでは測れない能力も文化的に価値のある能力として、知能テストで測れる能力と同等に扱おうとしたところに大きな特徴がある[52]。

　また、知能には、①言語的、②論理数学的、③音楽的、④身体運動的、⑤空間的、⑥対人的、⑦内省的、⑧博物的知能という少なくとも 8 つ（当初は博物的知能を除く 7 つ）の独立した領域があり、誰もがそれらを固有の強弱（得意・不得意）の組み合わせ（プロフィール）で備えており、社会生活の様々な場面で多様に駆使しながら、問題解決や創造の作業に取り組んでいるとガードナーは考えている（表 1-1）。

　MI 理論に対しては、多重知能の妥当性をテストする方法がなく、それを裏付ける実証的証拠に乏しいといった批判がなされているが[53]、ガードナーのように知能を多元的に捉える考えは、知能テストや学業成績によって一義的に才能を測定出来るとする従来の固定的能力観に基づく才能教育に大きな影響を与え、学問領域のみならず様々な領域の才能にも目が向けられ

表 1-1 多重知能理論における 8 つの知能と関係する能力

---

① **言語的知能**

　話し言葉・書き言葉への感受性、言語学習・運用能力など

② **論理数学的知能**

　問題を論理的に分析したり、数学的な操作をしたり、問題を科学的に
　究明する能力

③ **音楽的知能**

　リズムや音程・和音・音色の識別、音楽演奏や作曲・鑑賞のスキル

④ **身体運動的知能**

　体全体や身体部位を問題解決や創造のために使う能力

⑤ **空間的知能**

　空間のパターンを認識して操作する能力

⑥ **対人的知能**

　他人の意図や動機・欲求を理解して、他人とうまくやっていく能力

⑦ **内省的知能**

　自分自身を理解して、自己の作業モデルを用いて自分の生活を統制す
　る能力

⑧ **博物的知能**

　自然や人工物の種類を識別する能力

（出典: ガードナー, H.（2001）『MI：個性を活かす多重知能の理論』(松村暢隆訳), pp.58-61, pp.66-73. [原著] Gardner. H. (1999). *Intelligence Reframed: Multiple intelligences for the 21th century*)

る契機となった。また、それとともに、才能の潜在性に関する研究も行われ、才能の定義や認定方法に関して新たな変化をもたらした。

　例えば、レンズーリは、「才能の三輪概念（Three-Ring Conception of Giftedness）」において、才能を、①普通より優れた能力、②課題への傾倒、③創造性、の合力として捉え、三つの要素が備わっている場合に初めて才能が顕在化するとした。そして、才能教育の役割は、三要素が備わった才能児をさらに高いレベルへと導くだけでなく、いずれかの要素が備わっていない

ために才能が顕在化していない子ども達にも働きかけ、バランスのとれた才能児へと育成することとしている[54]。

　また、レンズーリは、潜在的な才能児を識別する方法として、多面的かつ継続的な観察のアプローチを重視している。例えば、彼が開発した「回転ドア認定モデル（Revolving Door Identification Model）」[55]では、知能テストや学力テストの得点、学業成績のみならず、作品やパフォーマンス、学習行動の観察記録、才能チェックリスト、保護者や子ども本人の希望などを総合的に加味して才能教育の対象者が推薦され、その後専門チームの協議に基づき、学年の 15％程度の子ども達が才能教育の対象者として識別される。そして、子ども達の評価は才能教育開始後も継続的に行われ、プログラムの最適化が柔軟に図られている。

　才能教育に関するレンズーリの知見は、その後「全校拡充モデル（Schoolwide Enrichment Model : SEM）」としてまとめられ、全ての子ども達を対象にした才能教育の代表的なカリキュラムモデルとして現在でも広く実践されているが[56]、こうしたカリキュラムモデルの開発は、1970年代に連邦政府が多元的な才能の定義を認めたにもかかわらず、依然として才能児の認定に IQ が重視され続けたことに対する研究者達の強い批判の表れでもあった[57]。

　なお、1988 年に出版された特別教育の専門書には、才能児や才能教育に関する項目で、サマリーとして次のような記述がなされている（表 1-2）。才能の概念を広く捉え、知能検査に偏らない認定の在り方を示すなど、その記述内容からは、才能教育の多様化が始まった 1980 年代後半において、才能教育が、才能の潜在性や多元性を重視した心理学理論の影響を多分に受けていることが見て取れる[58]。

（3）連邦法の定義とその心理学的位置付け

　こうした才能概念の拡張を背景に、法制面では 1978 年改正初等中等教育

表 1-2　1980 年代における才能児・才能教育に関する専門家の認識

(1) 他の例外的な子ども達（exceptional children）と同様、才能児はその潜在能力を十分に開花させるためには、特別な教育的措置が必要である。

(2) 才能児は、並外れた知的能力、創造的能力、芸術的能力、特定の学問的能力、リーダーシップ能力を有し、特別な学校教育サービスが欠かせない。

・才能児と見なされるためには、学年で上位 3〜5％のパフォーマンスが必要。

・1981 年時点で、才能児のために IEP や適正手続きを義務付けている州は、17 州にすぎない。

(3) 多くの領域で突出した才能児もいれば、1〜2 の領域だけに特別な才能を持つ才能児もいる。才能児は決して完璧ではなく、その普通でない才能や能力によって逆に困難を抱えることもある。

(4) 多くの才能児は創造的である。普遍的な創造性の定義は存在しないが、創造的な子どもは豊富な知識を持ち、様々な方法でそれを調べ、その結果を批判的に分析し、そして自分たちの考えを伝えるということをする。

(5) 才能児を認定するには、いくつかの手順がある。そこには、知能検査や創造性検査、アチーブメントテストの他、教師や保護者、友人による推薦や自己推薦なども含まれる。

・参加するプログラムの目標と生徒がマッチすることが最善である。

・いかなる単一の認定手続きも、特別プログラムに対しある一定の効果が期待できる生徒を認定するためだけに用いられるべきであり、特別サービスを受ける子どもを制限するために用いるべきではない。

・ほとんどの学校区は才能児のためのプログラムを一種類以上持つ必要がある。

(6) 才能の概念は長年にわたって徐々に発展してきた。現在の概念は、従来の定義よりも幅が広い。

・19 世紀の研究では、天才に焦点が当てられたが、それは遺伝的に決定されると考えられていた。

・スタンフォード・ビネに始まる標準化された知能検査は、学校での成功を予測

したり、並外れて聡明な子ども達を認定したりするために、20世紀の大半を通じて用いられてきた。

・知能検査への過度の依存は、才能を高IQ値に限定することに繋がり、それはまた、白人、都市部、中流以上の社会、といった要素と密接に結び付く結果となった。

・ターマンやハリングワースの研究は、才能児に関する知見を大いに深め、一般的に信じられていた誤った先入観を払拭した。

・1950年代に、誰が才能児かを決定することにおいて、IQよりも多くのことを考慮すべきであると、ギルフォードが初めて提唱した。

・それ以降、才能の概念は拡張され、IQ値の他に、創造性やその他の要素も含むようになった。また、文化的多様性を持つ才能児や、女性の才能児、障害児の才能児等も認識されるようになった。

(7) 才能児に対する教育は、子どもの能力を可能な限り最大限に伸ばす方向で実施するべきである。

・才能児は、知識と、その知識を効果的に用いたり発展させたりする能力の両方が必要である。

・才能児は、どのように研究を実施したらよいのか、とか、学校を卒業した後、どのように学び続けたらよいのかといったことを含む、基礎的なスキルを知る必要がある。

・才能児を教育するための一般的なアプローチとして「早修」と「拡充」がある。

・才能児に対する教育モデルとして以下のものがある。

　① ブルームの「教育目標の分類（Taxonomy of Education Objectives）」

　② ギルフォードの「知の構造モデル（Structure of Intellect Model）」

　③ ウィリアムズの「認知効果モデル（Cognitive-Affective Model）」

　④ レンズーリの「拡充三つ組みモデル（Enrichment Triad Model）」

　⑤ メイカーの「統合カリキュラムモデル（Integrated Curriculum Model）」

・才能児の教師は柔軟性があり、好奇心旺盛、寛容で有能、自分に自信がなけれ

ばならない。

（8）才能児の教育には、多くの疑問点が残されており、もし才能児達が、急速に変化する社会におけるリーダーになりうるとするならば、我々は様々な領域を調査研究する必要がある。

（9）女性や多様な文化的背景を持つ子ども達や障害児の才能児を認定することの重要性が、現在、認識されつつある。我々には、こうした子ども達を認定し、評価し、教育し、勇気付けるためのより良い手続きが必要である。

（10）他の例外的な子ども達（exceptional children）に関して我々が目にしてきたように、もしわれわれが才能児の将来を改善しようとするならば、才能児に対する社会の態度を改善しなければならない。

（出典：Swassing, R. H. (1988). Gifted and Talented Students, pp.436-437 を基に筆者作成。なお、才能教育の現代的変容に関係すると思われる重要な箇所に下線を付した）

法において、初めて才能の多元性を意識した定義付けがなされ、その後の才能教育に関する財政支援や政策方針に重要な影響を与えている。

　才能教育が対象とする才能についての公的な定義付けは、1965 年に成立した初等中等教育法においてなされており、今日まで度々修正が加えられてきた[59]。才能に関する文言としては、1969 年改正初等中等教育法に「顕著な知的能力または創造的才能」（P.L. 91-230, Sec.806）といった記述が見られるが、この時点では才能に関する本格的な定義付けはまだなされていない。しかし、その後 1971 年にアメリカ連邦議会は、才能教育の現状やその必要性について、連邦教育局長官のマーランドに対し報告するよう指示したため、マーランドは翌 1972 年に、本編（Vol.1 Report）と背景説明（Vol.2 Background papers）からなる報告書『才能児教育』（通称マーランド報告）を議会に提出した。そして 1972 年に連邦教育局[60]は、マーランド報告においてなされた才能の定義[61]を初めて公的な定義として採用している。

　医学的見地に基づき客観的に診断される障害児と比べると、才能児の場合はその判断の基準となる科学的根拠は曖昧である。しかし、連邦教育局の定

連邦教育局における才能児の定義（1972年）

才能児とは、資格のある専門家によって認定された子ども達で、傑出した能力によって高いパフォーマンスが可能である。こうした子ども達は、自己や社会に貢献するために、通常の学校プログラムとして提供されるものよりも個別化された教育プログラムを必要とする。

子ども達は、以下のいずれかの項目について特に優れた成果や、あるいは潜在的能力を示す。

1. 一般的な知的能力
2. 特別な学問的適性
3. 創造的または生産的な思考
4. リーダーシップ能力
5. 視覚あるいは舞台芸術
6. 精神運動能力

義では、それまでの定義にはない具体性が見られる。例えばこの定義では、高い一般知能（high general intelligence）だけでなく特定の学問領域や芸術、更には創造性やリーダーシップ、精神運動能力（psychomotor ability）も才能として認識しており、才能の多元性を意識した定義となっている。また、才能教育の目的として、個々の才能児がその優れた潜在的能力を伸ばそうとするのを支援することと、社会に指導力や問題解決能力に富む専門的人材を輩出することの二点を挙げている。これは、才能教育が特別ニーズ教育としての側面と国家・社会に有用な人材育成を目的とした効率主義的な側面を併せ持つことを示したものと言える。更に、才能児は「通常の学校プログラムとして実施される教育の枠を超えた特別な教育を必要としている」とし、通常の学校プログラムと同様に才能教育プログラムの開発・実施がなされることを求めている。

その他にも、連邦教育局の定義では、「潜在的能力（potential ability）」にも言及しており、優れた業績や成果が表れていない（underachieving）

才能児にも配慮を示している[62]。

　こうした特徴をもつ 1972 年の連邦教育局の定義が、その後の合衆国連邦における公式の定義の基盤となっており、多様な才能に配慮することで、子ども達一人ひとりの特別な教育的ニーズに公平に対応しようとしている点で大きな意義を持つ。但し、具体的な才能の領域として 6 番目に掲げられていた精神運動能力に関する項目は、1978 年の初等中等教育法（ESEA）の教育修正条項（Educational Amendment of 1978, P.L. 95-561, IX (A)）においては削除されている。その理由として、ダンスやパントマイム（mime）といった芸術的な精神運動能力の才能は舞台芸術に含めることが出来る他、スポーツの才能に関しては、それを伸長する機会が、学校外に既に豊富に存在するため、学校教育の中であえて拡充する必要がないという実際上の理由からである[63]。また、その後 1988 年改正初等中等教育法（改正条項「ジャビッツ才能児教育法（the Jacob K. Javits Gifted and Talented Students Education Act of 1988)」）では表現が簡素化される一方で、才能の伸長が強調されている（P.L. 100-297, Sec.4103）[64]。

　なお、こうした連邦法における定義の他、才能教育関連団体による定義付けも行われている。例えば、全米才能児協会（NAGC）は、才能に関する統一的な定義は未だ存在しないとしながらも、2010 年において次のように才能者（gifted individuals）を定義している[65]。

全米才能児協会における才能者の定義

才能者は、一つ以上の領域（domain）で傑出した水準の素質（aptitude）（優れた判断・学習能力）や能力（competence）（上位 10 パーセント以内の成績や成果）を示すものである。領域には、固有のシンボル体系（数学、音楽、言語など）や感覚運動的技能（絵画、ダンス、スポーツなど）があり、いずれかの構造化された活動領域が含まれる。

　連邦法の定義と NAGC の定義と比較すると、才能に対する多元的な理解

を基にしている点では共通しているが、連邦法における定義では、公教育の一環として才能児に対する特別教育の実施を念頭に置いているため、「学校では通常提供されない特別な指導や活動を必要とする青少年である」という文言が入っている点や、「上位10パーセント以内の成績や成果」といった能力に関する具体的な基準は特に示されていない等の違いが見られる。しかし、いずれにせよ20世紀前半において一般的であった「才能児＝高IQ児」といった限定的な捉え方は、20世紀後半以降なされていないことが確認出来る[66]。

　それでは、才能や才能児に関する連邦法の規定は、心理学的な才能概念において、どのように位置付けられるであろうか。

　この点、1985年の論文において「才能」の定義の再検討を行ったフランソワ・ガニエ（Gagné, F.）は、才能の概念に関し、一般的な用法としては、"giftedness" と "talent" の間に明確な区別はないとしながらも、心理学上の概念としてこの二つの用語の関係性を含め、「才能」に関する学説上の見解を主に次の4つにまとめている[67]。

① "giftedness" と "talent" を区別しないで、この二つの用語を互換性があるものとして考える見解。
② 知能とその他の能力を概念的に分離し、"giftedness" を知能検査で測定可能な知的能力、"talent" を知能検査では測定出来ないその他の特定領域における素質や能力として捉える見解。
③ 近年有力視される、"giftedness" を「普通より優れた能力」「課題への傾倒」「創造性」の三要素の重なりと捉えるレンズーリのモデルや、"giftedness" を大きく三つの能力的カテゴリー（知的領域、芸術的領域、社会的領域）に分け、領域ごとに美術やリーダーシップといった特定の "talent" の要素（dimension）が更に細かく存在すると考えるコーン（Cohn, S. J.）らのモデル、及びそれらを統合したモデル。

④ IQ 値によって"gifted child"と "talented child"に分ける（IQ130～145 の範囲は "talented child"、IQ145～160 の範囲は "gifted child" とする等）といったその他の少数意見。

　また、ガニエ自身は、"giftedness"を人間のもつ平均以上の天性の素質・能力（知的能力、創造性、社会的情緒性、感覚運動性など）とし、"talent"を、学問、職業、レジャー、スポーツなどの特定のパフォーマンス領域において示される平均以上の成績や実績であるとして両者を明確に区別し、その上で子どもの発達過程において"giftedness"から"talent"への転換が起こるものとする。そのため、ガニエのモデルでは、子どもの学習の質を高め、"talent"への転換を促進させることが重要であると考えられている[68]。

　こうした様々な見解がある中で、連邦法の規定は、「才能児」を定義する際、"gifted"と "talent"を併置して「才能児（gifted and talented children）」を表記しており、条文上も特にこの二つの用語を区別していないことからも分かるように、"giftedness"と"talent"を特に区別することはしないとする見解に拠って立つ。

　この見解は教育学上も広く支持されている一般的な見解であるが[69]、批判が全く無いわけではない。例えば、現在の連邦法の規定のもとになった連邦教育局の定義（1972 年）に対しては、レンズーリらによって当時から次のような批判がなされている。まず、これまでの多くの研究結果から、創造的・生産的な行為の表出には、やる気や動機付けといった精神的側面が重要な役割を果たしていることが明らかにされているにもかかわらず、それらに対する言及がなされていないこと。また、連邦教育局の定義で言及されている 6 つの才能の領域は、性質的に「並列的（parallel）」なものではないこと。即ち、6 つの領域のうち「特別な学問的適性」と「視覚あるいは舞台芸術」の 2 つは、人間の努力といった側面に目を向けさせたり、一般的なパフォーマンス領域（general performance areas）に関連したりする点で、残りの 4

つとは性質が異なるとする[70]。

　しかし、"giftedness" と "talent" を区別しない連邦法の定義は、それまで重視されてきた IQ に基づく知的能力を絶対視せず、それ以外の多様な人間の能力も幅広く認めることで才能教育の領域を拡張しようとするものであり、1980 年代以降、新たに才能教育の重要な構成要素と見なされるようになった「才能開発（talent development）」という新しい概念[71]とも整合する定義となっている。

　以上のように、1980 年代以降、才能の多元性や潜在性に関する研究の進展によって、固定的能力観から多元的能力観へと能力・才能に対する見方が大きく変化し、その結果、才能の定義や才能児の識別方法、才能教育の役割は著しく変容してきた。その具体的な変化は次章以下で詳細に検討していくとするが、こうした固定的能力観からの脱却が才能教育の変容を推し進めた一つの大きな要因と言えるだろう。

2．教育改革の影響
（1）『危機に立つ国家』と「卓越性」概念
　才能教育の現代的変容は、前述したように心理学理論の影響を多分に受け、1980 年代から 1990 年代にかけて才能の多元的理解が進んだことがその大きな要因と考えられるが、奇しくもそれと同時期に進められた学力の底上げを目指す一連の教育改革も才能教育の変容に少なからぬ影響を与えたと考えられる。そこで、ここでは教育改革と才能教育との関係に焦点を当てて才能教育の拡大・多様化の背景を考察していくことにする。

　初めに、一連の教育改革の契機となった連邦審議会報告書『危機に立つ国家』の内容について簡単に確認しておく。「我が国は危機に直面している」という有名な文言から始まるこの報告書は、レーガン政権下の連邦教育省長官ベル（Bell, H. T）の諮問によって、「教育の卓越性に関する全米審議会（The National Commission on Excellence in Education）」がまとめたも

のである。この審議会は、1981 年にベルによって任命された 18 人の委員から成り、アメリカの学校における学業上の卓越性を促進するための、実際的な勧告を行うよう求められていた[72]。

　この報告書では、以下のようなデータを示しながら、13 項目にわたって当時の教育の危機的な状況が示されている[73]。

・大学入試委員会が実施する大学進学適性試験（Scholastic Aptitude Test: SAT）の平均点が、1963 年から 1980 年にかけて、言語テストでは 50 点以上、数学テストでは 40 点近く実質的に低下している。

・大学入試委員会が実施する学力試験も、近年は、物理、英語などの教科で一貫して低下している。

・1969 年、1973 年、1977 年に行われた科学的能力の全国評価によると、17 歳青年層の科学の得点は毎回低下している。

・1975 年から 1980 年にかけて、公立 4 年制大学では数学の補充指導授業が 72%も増えており、今ではこれらの大学での数学の授業の 4 分の 1 となっている。

・アメリカ成人のうち約 2,300 万人は、日常の読み、書き、理解に関する最も簡単なテストにおいてさえ、機能的に識字力がなく、また、その割合は、17 歳のアメリカ人では約 13%、少数民族では 40%に及んでいる。

・産業界や軍の指導者も、読み、書き、スペリング、計算などの基礎技能について、補充指導の教育・訓練計画を実施するのに、数百万ドルも費やしているとこぼしている。

　このように同報告書では、低迷するアメリカの教育状況を明らかにした上で、その解決を図るため、教育内容や学業水準の引き上げ、アカデミックな教科の時間数の増加、教師の経済的報酬と地位の改善など 5 つの項目の実現を勧告している[74]。これら 5 つの勧告は、「卓越性」を教育において実現す

るための具体策として示されたものであるが、それでは、『危機に立つ国家』は、教育改革が目指すべき「卓越性」をどのように捉えているだろうか。

この点、報告書は「教育における卓越性（Excellence in Education）」を次のように定義している。

「我々は『卓越性』を互いに関連するいくつかの事柄を意味する語として定義する。一人ひとりの学習者のレベルにあっては、学校や職場において個人の能力の限界を試し、これを押し広げるように一人ひとりの能力をその限界まで発揮させることを意味する。卓越性は、学校や大学においては、全ての学習者が高い期待と目標を設定し、彼らがそれを達成出来るようにあらゆる面で助力することを特徴とする。卓越性は、社会については、次のように特徴づける。即ち社会が上述したような方針を採用することである。そうすれば社会は、その国民の教育と技能によって、急激に変化する世界の挑戦に対応する体制を整えるであろう。我が国の国民と学校や大学は、これらすべての意味での卓越性の達成に専心しなければならないのである」[75]

このように報告書では、「卓越性」を「他者との関係性において群を抜いて優れた資質・能力」という相対的な意味ではなく、「全ての子どもの能力を最大限に発達させること」と捉えることで、卓越性と公平性は矛盾なく両立し、教育改革の目標として成り立つものと理解されている[76]。そして、こうした「卓越性の均等な達成」を重視する報告書では、それを実現するため、基礎的教科を重視し、全ての生徒がその能力を最大限に発揮できるように教育の基準を質的に高めることが、改革の方向として示されているのである[77]。

なお、『危機に立つ国家』の他にも、1970年代における「教育の人間化」によってもたらされた低学力とそれに伴う経済上の国際競争力の低下といった事態に対処するため、1980年代に入ると様々な教育改革に関する報

告書が相次いで出されている。例えば、「経済成長のための教育に関する全米研究班（The National Task Force on Education for Economic Growth）」が出した『卓越性を目指す行動（Action for Excellence)』、「大学入試協議会（The College Entrance Examination Board）」が出した『大学への入学準備教育（Academic Preparation for College)』、「21世紀財団」が出した『基準の達成（Making the Grade)』などは、『危機に立つ国家』と並び、とりわけ世間の注目を惹いたとされる[78]。

　これら4つの報告書に共通する重要な特徴は、これらがエリート主義に偏らないことを明言している点である。報告書では、才能児のためのプログラムを広範に採用することや、早期のテストの得点でクラス分けを復活させること、高い学力の生徒のために特別な数学や科学の科目を導入することなどは求めておらず、その代わり、基礎技能を再定義し、学校が与えるべき基礎的能力の向上を提言している。つまり、教育資源の集中によるエリートの養成といった効率主義的な教育改革ではなく、平均的な生徒の学力を向上させることで経済的競争力を回復しようとしている点で、卓越性だけでなく公平性や平等性を重視した内容となっている[79]。そして、こうした報告書が契機となって、アメリカの教育改革はその後、「卓越性」と「公平性」という二つの目標の実現を目指しながら大きく展開していくことになるのである。

（2）教育改革がもたらす圧迫と阻害

　1980年代前半から始まった学力の底上げを目的とするアメリカの教育改革は、端的に言えば、それまでの才能教育の在り方に、二つの大きな影響を与えたと考えられる。一つは「卓越性の均等な達成」を重視する教育改革の理念を反映し、ごく少数の知的才能児のみならず、全ての子ども達の得意な部分にも着目し、その特性に応じて優れた部分を伸ばそうとする才能教育へと転換が図られた点。もう一つは、才能教育プログラムにおける教育機会の公平性が重視され、社会経済的に不利な子ども達に対する配慮が積極的にな

されるようになった点である。但し、全ての子ども達を対象とする才能教育
への転換は、政府主導で行われたのではなく、一連の教育改革によって従来
の才能教育が圧迫されたことによる影響が大きい点に留意する必要がある
だろう。

　前述の通り、1980 年代になるとアメリカは深刻な経済不況に見舞われ、
才能教育もその影響を受けて厳しい予算の削減が行われた。特に 1983 年に
公刊された連邦審議会報告書『危機に立つ国家』で、アメリカのグローバル
経済における国際競争力低下の主要因として、教育水準の低さが問題視され、
学力の底上げを標榜する教育改革が展開されるようになると、ごく一部の知
的才能児を対象とした従来型の才能教育はエリート主義的で、資源の不平等
な配分を助長するプログラムとして批判されるようになった。

　『危機に立つ国家』によって、マイノリティや社会経済的に不利な層の学
力保障が最優先とされるようになった結果、多くの才能教育プログラムは廃
止・縮小され、関連予算の削減とともに才能教育は再び冬の時代を迎えるこ
とになる。『危機に立つ国家』を契機として始まった一連の教育改革は、そ
れまでの才能教育を軽視し、圧迫する方向で作用したが[80]、中でも NCLB
法の影響は大きく、2000 年代に入ると、全米的な標準学力テスト最優先の
圧力と苦闘するようになる。

　NCLB 法に対しては、これまで多くの専門家が才能教育に対する数々の
悪影響（例えば、①膨大な時間、お金、エネルギーが NCLB 法のために使
われ、才能児のためのカリキュラム開発が犠牲となっている。②才能児のア
カデミック・パフォーマンスやテストの得点が低下している。③才能児は既
にマスターした内容の復習を強制され、適切なカリキュラムが実施されない
でいる。④教室内での拡充教育のための時間が十分に取れない。⑤才能児達
は NCLB 法の求める学業レベルに達しているので、学校区は才能教育に関
心を持たない。⑥教師たちはテストの準備に追われ、才能児の対応にまで手
が回らない等）を指摘している[81]。

こうした教育現場における批判や混乱だけでなく、才能教育の軽視による教育予算の削減は、2000 年代に入ってからも断続的に続き、才能教育プログラムの開発にも大きな影響を与えた。例えば、才能教育に関する連邦政府の財政支出は 2007 年だけで 1,130 万ドルから 760 万ドルに削減されているが、特にジャビッツ才能児教育法に基づくジャビッツ才能教育プログラムに対しては、「極めて限定された効果しか生み出さない無駄な財政支援である」との議会での強い批判[82] もあって助成金は年々削減され、2010 年にはついに新たな教育プログラムに対する連邦政府からの財政支援が全く失われるという事態に陥った。そうした状態は 2013 年まで続き、才能教育の現場に大きな衝撃と反発をもたらした後、2014 年になってようやく、連邦政府による財政支援（500 万ドル）が再び行われるようになっている[83]。

　このように、才能教育の実施は連邦や州政府の政治的立場や財政状況に左右され、研究や教育実践のための財政基盤は常に不安定であるが、特に教育のスタンダード化とアカウンタビリティを重視する NCLB 法の影響は大きく、2000 年代後半からは才能教育に関する唯一の連邦法として才能教育の公平性の実現に大きな役割を果たしてきたジャビッツ才能児教育法の存在意義が失われかねない危機的な状況にあったと言えるだろう。「一人の子どもも置き去りにしない」ことを目的とした NCLB 法の下で、しばしば才能児が「置き去りにされている（Left Behind)」と指摘されるのは正にこのためである[84]。

（3）全ての子ども達を対象とする才能教育への転換

　しかし、こうした厳しい状況の中でも、才能教育に対する教師や保護者、研究者たちの熱意は失われることなく、様々な研究や教育実践が続けられており[85]、逆にこうした厳しい状況だからこそ、才能教育は、全ての子ども達に「卓越性」と「公平性」を実現しようとする教育改革の理念に沿った形で広がり続けていると考えられる。

　例えば第 3 章で詳述するように、認定された知的才能児を中心とした従来の才能教育の概念的枠組みは、全ての子ども達の多様な能力に目を向けた「才能開発」概念へと転換され、才能ある子ども達の識別方法やプログラムの在り方が大幅に見直されただけでなく、才能児を含む全ての子ども達を対象としたカリキュラムモデルも積極的に開発されるようになっている。そして、才能教育にこうした「パラダイムシフト」と評されるほどの大きな変革が起こった理由について、レンズーリは、一連の教育改革によって才能教育が教育の公平性に関する様々な批判（「エリート主義的」「教育資源の不均衡な配分をもたらす」等）に晒されるようになり、そうした批判を乗り越える必要性があったことを指摘している[86]。

　また、第 5 章で詳述するように、通常学級における拡充教育の実施や個に応じた指導法の広がりは、教育のスタンダード化といった画一的な手法で卓越性を実現しようとする教育改革に対する一種のアンチテーゼとしての意味も込められている。例えば現在、認定された才能児に限らず、より多くの子ども達に対しガードナーの多重知能理論を基にした拡充教育を行う、いわゆる「MI スクール」と呼ばれる学校が全米各地に広がっているが、その最初の学校である「キー・スクール（Key School）」（現在ではキー・ラーニング・コミュニティ（Key Learning Community）と呼ばれる）が 1980 年代後半に設立された背景には、標準学力テスト重視の教育改革に対する教育者達の強い危機意識があったとされる[87]。

　更に、2014 年から再び財政支援が行われるようになったジャビッツ才能教育プログラムの現在の動向を見ると、2014 年以降、毎年 10 件程度のプロジェクトが採択され、全米各地で先進的な取り組みが継続してなされていることが分かる（2015 年度は全部で 11 件のプロジェクトが採択され、総計で 4,036,750 ドルが供与されている）[88]。これらは、州教育省が主体となって実施するもの（Javits Statewide Grants Project）と、地方教育行政機関や大学の研究機関が中心となって実施するもの（Javits Demonstration

表 1-4　ジャビッツ才能教育プログラムの具体例（2015 年度）

・プロジェクトの名称

　「優れた教師教育を通じて英語学習者の優秀性を引き出す（English Leaner Excellence eVolving through Advanced Teacher Education: ELEVATE）」

・実施主体

　セミノール郡公立学校（Seminole County Public Schools）

・初年度資金援助額：500,000 ドル

・概要

　セントラルフロリダ大学と連携して実施。マイノリティや経済的に不利な子ども達、その中でも特に英語学習者に焦点を当てて才能教育のための認定・サービスモデルの改善を目指す。具体的には、英語に不自由な子ども達にとって不利にならないような才能児の認定に関する代替的な方法を明らかにすること、コアとなる教科領域において文化的・国際的に対応したカリキュラムや発展的な学習内容を定めること、オンラインを含め新しい技術を用いた職能開発の方法を開発すること、等を目的としている。プロジェクトは、1−2 年目は 5 つの小学校（児童数 3,748 名）で実施され、3−5 年目は英語学習者の多い 2 校の中学校を含む 7 校（児童生徒数 6,075 名）にまで拡大して実施される。

・プロジェクトの名称

　「ミドルスクールでの学習を加速させるオンライン・カリキュラム共同体（Online Curriculum Consortium for Accelerating Middle School: OCCAMS）」

・実施主体

　オハイオ州教育省

・初年度資金援助額：323,088 ドル

・概要

　ノースウエスタン大学才能開発センター、ウイリアム＆メアリー才能教育センター、及びオハイオ州の 5 つの多様な学校区の協力の下に実施。経済的に不利な子ども達の学業成績を向上させ才能児の認定率を高めることや、才能児と認定されながらも現在才能教育サービスを受けていない子ども達の学習環境を改善することを目的に、持続可能なオンライン学習のインフラ整備を目指す。具体的には、

第 7 学年と第 8 学年の生徒を対象に、コンパクトなオンライン国語学習カリキュラムを開発してオンライン学習を促進し、特に経済的に不利な子ども達の学習を支援する。参加者は、才能児の認定基準を満たしていない生徒 250 人と、すでに才能児と認定されている生徒 250 人。各学校区の教師には、オンライン学習カリキュラムの実施をサポートするための質の高い教員研修が実施される。

・プロジェクトの名称

「学問的潜在能力伸長プロジェクト（Reaching Academic Potential Project）」

・実施主体

ケンタッキー州教育省

・初年度資金援助額：363,853 ドル

・概要

ルイスヴィル大学、ウェスタン・ケンタッキー大学、ジェファーソン郡公立学校（合計で 10 の学校、500〜1000 人の児童が参加）の協力の下に、K−3 学年の教師と児童を対象に実施。ケンタッキー州における「エクセレンス・ギャップ」を減らすため、才能教育プログラムに対する社会経済的に不利な子ども達の参加率向上を目指す。専門的な教員研修によって、教師に才能児の特徴を理解させ、学習ニーズに応じた指導やカリキュラムについての知識を身に付けさせることが重視される。また、子ども達には保護者参加型の活動を通じての社会的・情緒的支援が行われる。

（出典：2015 Jacob K. Javits Gifted and Talented Students Education Program（https://www2Ed.gov/programs/javits/awards.html）を基に筆者作成）

Grants Project）とに大別されるが、そのほとんどは社会経済的に不利な子ども達に焦点が当てられ、才能教育に対するアクセス拡大やカリキュラムの改善、教師の専門性の向上などが目指されている（表 1-4 参照）。

　こうした社会経済的に不利な子ども達に焦点化したプログラム開発が 1980 年代以降の才能教育の大きな特徴となっているが、これは「卓越性」とともに「公平性」の実現を重視する教育改革の理念を反映したものと言えるだろう。

なお、多くの才能教育関係者から批判されてきた NCLB 法は、2015 年12 月にオバマ大統領によって「どの生徒も成功する法（Every Student Succeeds Act：ESSA）」へと改正された。これは過度に拡大していた連邦政府の役割を抑制したものと一般に評価されているが[89]、才能教育にも大きな影響を与えるものとして受け止められている。

　例えば ESSA では、才能教育に関して、Title I による貧困家庭の生徒への支援資金を用いて才能児も支援して良いこと（Title I，Sec.1111, 1112, 1201）や、Title II で選定された州に提供される教員研修の資金を才能教育プログラムに使っても良いこと（Title II, Sec.2101, 2103）などが明記されており、ESEA としてジャビッツ才能児教育法以外の直接的な財政支援を認めている。こうした規定は、才能教育プログラムの量的拡大や質の向上につながり、地域格差の縮小や社会経済的に不利な子ども達のアクセス拡大に役立つと考えられる。また、連邦法として唯一、才能教育プログラムの研究・開発に資金提供を行ってきたジャビッツ才能児教育法も ESSA の TitleIV において存続しており（TitleIV, Sec.4644）、ジャビッツ才能教育プログラムへの財政支援（2015 年度以降、約 1000 万ドル）が維持されている。その他にも二重テストの廃止や優れた能力に適合したコンピュータ・アセスメントの利用など、才能児に関係する条項がいくつか存在し、全体として才能児や高い学力を示す子ども達にも配慮した改正内容となっている[90]。こうした改正によって才能教育にどのような変化が生じているのかについては現時点ではまだ明らかになっていないが、少なくとも才能教育の必要性が連邦政府内でも再認識されていると評価することは出来るだろう。

　また、マイノリティなどの社会経済的に不利な立場にある才能児への配慮は、ジャビッツ才能児教育法などの連邦法だけでなく各州の州法においても見られ、例えば2008-2009 年の NAGC の調査によると、カリフォルニア州やオハイオ州など 10 の州では、才能児の定義に文化的に多様な集団に属する子ども達も含まれる旨の規定が設けられている[91]。

　以上のように、アメリカの才能教育の拡大・多様化の流れは、1980年代に始まった学力の底上げを目指す一連の教育改革の影響によって才能教育が圧迫されたことで、従来のごく一部の才能児を対象とした閉鎖的な才能教育から、「全ての」子ども達の卓越性の実現という教育改革の理念に合致するような取り組みへと教育実践の柱を変化させたことから始まったと考えられる。このことは、知能に関する心理学理論の進展という学問上の要因以上に、より直接的な変容の要因として挙げることが出来るだろう。そして、マイノリティなど社会経済的に不利な子ども達に対するアクセス拡大という点に関しては、公民権運動の影響によって教育改革が始まる以前から既にその重要性が認識されていたものの、「卓越性」と「公平性」の両立を目指す教育改革の影響によって、より一層重視されるようになり、ジャビッツ才能児教育法を中心に公平性を確保するための取り組みが法制度面でもなされるようになったと言えるのである。

3．特別ニーズ教育としての重要性の認識

　20世紀後半に広まった才能概念の多元的理解とそれに伴う才能教育の変容は、1990年代に入るとより一層明確化することになる。その大きな要因が「特別ニーズ教育」や「インクルーシブ教育」といった新しい教育理念の提唱である。

　1994年にユネスコは、スペインのサラマンカで「特別ニーズ教育世界大会」を開催し、同会議が採択した「サラマンカ声明と行動大綱」では、「全ての者の教育（Education for All）」という標語の下に、「特別ニーズ教育（Special Needs Education）」という新しい教育理念を示した。

　特別ニーズ教育とは、子どもの有する「特別な教育的ニーズ」に対応した特別なケア・サービスの補償を子ども固有の権利として承認し、特別な教育的ニーズを有する子どもの諸能力と人格の発達保障を促進するための教育の理念・目的、法制度、行財政、カリキュラム、方法・技術の総体を意味す

るが[92]、この声明が従来の障害児教育と通常教育という二分法的な教育対応からの脱却を目指すものとして、日本をはじめ多くの諸外国に影響を与えたことは周知の通りである。

　但し、ここで留意すべきは、特別ニーズ教育の対象となる子ども達の中に優れた才能を持つ子どもも含まれるという点である。声明には、障害を持つ子ども達、文化的・社会経済的に不利な立場にある子ども達だけでなく、才能児にも言及がなされ、こうした子ども達は特別な教育的ニーズを有しており、通常の学校教育から排除されることなく等しく適切な教育を与えなければならないとしている。この点アメリカでは、1975 年制定の「全障害児教育法（Education for All Handicapped Children Act of 1975）」において既に「最小制約環境（least restrictive environment：LRE）」の原則が掲げられており、通常学級での教育を基本としながら、子どもの個別的ニーズに応じた適切な教育的支援の提供が求められていたが[93]、サラマンカ声明は、障害児教育の領域のみならずあらゆる教育領域におけるインクルージョンを意図した点で、画期的なものであったと言えるだろう。

　また、アメリカでは、障害児の教育的処遇の在り方をめぐって、全ての子どもを対象とする「フル・インクルージョン」を強く求める支援団体と、インクルージョンの必要性を説きながらも、個別的なニーズの強調と教育成果の質的向上を主張し、通常学級以外の教育措置をも含めた「サービスの連続体」の展開を求める支援団体との間で激しい論争が繰り広げられたが、近年、こうしたインクルージョンの論争が、「サービスの連続体」の発展的維持に向かうようになり、その論点は政策的是非論から実践的方法論に移行してきている[94]。

　こうした動きを受け、障害児教育の領域のみならず才能教育の領域においてもインクルーシブ教育の理念の下、才能教育と通常教育との近接・融合化が進み、通常教育を起点とした才能教育サービスが広がりつつある[95]。特に、2000 年代後半からは、才能児に対応可能な RTI（Response to Intervention）モデルを用いた包括的な学習支援システムを構築することで、才能児か否かを問わず、子ども達一人ひとりの認知的個性に応じて最適な学習環境を実現しようとする動きが起こっている（RTI モデルの詳細に関しては第 6 章を参照のこと）。

　また、1980 年代から始まった才能と発達障害を併せ持つ子ども達に対する特別教育、いわゆる 2E 教育も、現在ではその重要性が才能教育関係者に広く認識されており、才能教育と障害児教育との融合も進んでいる（2E 教育の詳細に関しては第 4 章を参照のこと）。

　このように、サラマンカ声明によって障害児以外の特別な教育的ニーズをもつ子ども達に目が向けられるようになり、才能教育関係者のみならず障害児教育や一般の学校教育関係者にも才能児に対する特別教育の重要性が認識されるようになったことで、1990 年代以降、才能教育は、特別ニーズ教育の一つとして学校教育に位置付けられるためのコンセンサスを得ることが出来たと考えられるのである。

　なお、才能児は、その優れた才能ゆえに心理的な問題を抱えていることも多く、そうした心理面でのサポートも、現在、特別ニーズ教育の一側面として重視されていることに留意する必要があるだろう[96]。例えば、才能児に対する心理的支援の必要性については、1920 年代からすでにハリングワースによって社会的孤立や早修による学級への不適応問題など、才能児の特殊な社会的・情緒的ニーズが指摘されているが、20 世紀後半になると、アイオワ大学のベリン・ブランク国際才能教育センター（The Belin-Blank International Center for Gifted Education and Talent Development）などを中心に、いくつかの大学で才能児のカウンセリングの研究・実践が行われ、感情の統制が上手くいかないといった才能児の心理特性に基づく社会的・情緒的問題のほか、近年では、2E に関する問題についても専門的な研究がなされている[97]。

　このように、過去 100 年にわたるアメリカの才能教育の歴史を振り返っ

てみると、意外にも、国家や社会に有用な人材育成を主な目標として掲げ、国家が積極的に才能児の育成や才能教育に関与した時期は、スプートニク・ショック直後のほんの数年間に過ぎず、それ以外の時期では連邦政府による補助金額も少なく、基本的に才能教育は軽視され続けてきたと言える。しかし、それでも途切れることなく才能教育に関する実践が続けられてきたのは、才能児の特別な教育的ニーズにどう応えていくのかが、教育現場で絶えず模索されてきたからであり[98]、サラマンカ声明によって再確認された特別ニーズ教育としての重要性に対する認識が、インクルーシブ教育の実現を求める教育的潮流の中で、RTI モデルの導入や 2E 教育の実践へと繋がっていると言えるだろう。

第3節　小括

　本章では、アメリカにおける才能教育の特徴を、才能教育の歴史を概観しながら考察したが、結論として次の事が言えるだろう。まず、歴史的に見れば、才能教育の理論的・実践的進歩、発展は一様ではなく、いくつかの大きな波やうねりがあったことが分かる。例えば第一の波は 20 世紀初頭に心理学理論の進歩と知能テストの開発によって起こっている。しかし、その後は世界恐慌や第二次世界大戦の影響によって停滞し、1950 年代になってスプートニク・ショックを契機に再び才能教育に目が向けられ、第二の波が起こっている。もっともそれは長くは続かず、1960 年代は公民権運動によって公平性が問題とされ再び停滞する。ただ、1970 年代になると連邦法上で才能が定義された他、州レベルでの法整備が進んだことで才能教育は公教育として広く行われるようになり、それまでで最も盛んに才能教育に関する理論や実践研究が行われている[99]。しかし 1980 年代になると、こうした第三の波も、深刻な経済不況と学力の底上げを目指す教育改革の影響によって失われ、それ以降はその時々の政治思想や教育政策と苦闘しながらも、ごく少数の才能児のための特別ニーズ教育としての側面と、全ての子ども達の得意な部分

を伸ばそうとする能力開発としての側面を併せ持つことで国民に広く受け入れられる形へと変化してきたと言える。

　では次に、才能教育の現代的変容をもたらした要因についてはどのようなことが言えるだろうか。

　この点につき、第一に、知能に関する心理学理論の展開が才能教育の概念的枠組みに大きな影響を与えてきたということが指摘出来る。1980 年代以降、基礎学力の底上げを重視する教育改革が最優先される中、選抜されたごく少数の才能児への教育資源の集中をもたらす才能教育は、エリート主義的で公平性を欠くとして批判に晒され、従来の閉鎖的な才能教育の見直しが迫られたが、そうした状況の中で、才能の多元性を重視する心理学の進展が才能教育の新たな方向性を決定付けたといって良いだろう。ガードナーの MI 理論を基にした MI 実践（MI practice）やレンズーリの「全校拡充モデル」の広がりからも分かるように、公教育としての才能教育は、少数の才能児に限定された特別プログラムから、より多くの子ども達にも開放された才能開発（talent development）プログラムへと方向転換を果たし、広く社会のコンセンサスを得ようとしたのである。

　次に、現代的変容に大きな影響を与えた外的要因として、1980 年代に始まった一連の教育改革の動向を無視することは出来ないだろう。全ての子ども達の「卓越性」の実現を求めた教育改革は、それまでのごく少数の才能児を対象としたエリート主義的な才能教育のあり方を見直す契機となり、才能教育プログラムは卓越性の均等な達成という教育改革の理念に沿った形に変化し、認定された才能児を含む全ての子ども達の能力開発が強調されるようになったのである。こうした才能教育の具体的な実践内容は次章以降で検討するとし、ここで留意しなければならないのは、基礎学力の底上げを重視する教育改革による才能教育への圧力は、才能教育の単なる量的拡大・一般化を促したのではではなく、才能概念の多元化の動きと相まって、才能教育サービス全体に根本的変化をもたらした、という点である。新しい才能教育

は、才能を個人内の比較的優れた能力と広く捉えることで、子どもを才能児か否かに二分することなく、多様な能力や興味・学習スタイルのプロフィールに基づいて、潜在能力を最大限伸ばそうとした。その結果、多様な手段によって才能を見出し、才能児も含めた全ての子ども達の学習の個性化を図る効果的なプログラムが計画・実施されるようになったのである。

そして最後に、「特別ニーズ教育」「インクルーシブ教育」といった新しい教育理念の影響である。サラマンカ宣言によって世界的潮流となったこれらの理念は、障害児教育のみならず才能児に対する教育の在り方も大きく変え、障害児教育と同様、通常教育を基本としつつ、その特別な教育的ニーズに応じて段階的・連続的に適切な教育的対応がなされるような教育システムへと変化してきている。才能も障害も同じ一人の子どもの個性の表れとして捉えることで、才能児か否かを区別することなく全ての子ども達を対象としたインクルーシブな才能教育が実現しつつあると言えるだろう。その意味で、「特別ニーズ教育」「インクルーシブ教育」といった新しい教育理念は、「才能教育」という従来の独立した固有の教育領域を、その他の教育領域と一体化させる方向へと推し進める働きをしていると考えられる。

このように、才能教育の現代的変容は、複数の要因が相互に関連し合いながら20世紀後半から徐々に進行してきたと言えるだろう。それでは、才能教育の現代的変容とは、具体的にどのようなものであろうか。第2章からは、本章で明らかにした変容に関わる3つの要因と関連付けながら、より詳細に才能教育の変容の様相を考察していくことにする。具体的には、まず早修制度や拡充教育といった才能教育のカリキュラム面での学術的・政策的影響を考察した後、障害児教育との関連性について検討する。また才能教育の拡大に伴う一般教員の役割の変化やRTIモデルを活用した才能教育の新しい実践的枠組みについても目を向けることで、拡大・多様化する才能教育の現代的特質を解明する。

1　アメリカにおいて特別教育とは、通常、障害児教育を指すが、才能教育を含めることも多く、また、特別教育の意味を広く捉えると、その他にも、言語的・文化的に不利な子ども達に対する補償教育（compensatory education）や、通常の教室指導の他に追加の学習支援を必要とする子ども達のための補習教育（supplementary education）なども特別ニーズ教育の一類型として特別教育の範疇に含まれると考えられる。なお、アメリカ教育省のHPによれば、2015-16年において、全米で障害児教育を受けている子ども（3〜21歳）の数は約670万人（全公立学校生徒数の13％）とされ、才能教育よりも約300万人ほど対象者が多い。

（https://nces.ed.gov/programs/coe/pdf/coe_cgg.pdf/ 2019年4月25日取得）

2　Jolly, J. L. (2018). *A History of American Gifted Education.* New York, NY: Routledge ; Rimm, S. B., Siegle D., & Davis, G. A. (2018). *Education of the Gifted and Talented (7th ed.).* Upper Saddle River, New Jersey: Pearson Education, Inc.

3　時代区分については松村暢隆の先行研究を参考にした。松村暢隆（2003）『アメリカの才能教育―多様な学習ニーズに応える特別支援』東信堂, pp.3-12.

4　才能児のための最初の特別プログラムは1866年に初めて実施されたとされるが、その詳細は不明である。Maker, C. J. (1986). Education of the Gifted: Significant Trends. In R. J. Morris, & B. Blatt (Eds.), *Special Education: Research and Trends* (pp.190-221). New York, NY: Pergamon Press, p.190.

5　Holmes, W. H. (1912). *Schools Organization and Individual Child.* Worcester, Mass.: The Davis Press, pp.27-31. (Republished by Wentworth Press, 2019) ; 宮本健市郎（2005）『アメリカ進歩主義教授理論の形成過程』東信堂, pp.29-30, 84-86.

6　Holmes, W. H. (1912). *Ibid.,* pp.36-39 ; 宮本健市郎（2005）同上書, pp.35-36.

7　能力別分団法の先駆として知られているものに、1888年頃、ペンシルベニア州ニューカッスルの教育長シアラーが実施したエリザベス・プランがある。Holmes, W. H. (1912). *Ibid.,* pp.31-33 ; 宮本健市郎（2005）同上書, pp.36-38.

8　個別教授法の一例として、1898年からニューヨーク州バタヴィアの教育長ケネディーが実施したバタヴィア・プランがある。Holmes, W. H. (1912). *Ibid.,* pp.74-86 ; 宮本健市郎（2005）同上書, pp.38-39.

9　宮本健市郎（2005）同上書, pp.35-39.

10　20世紀初めになると、こうした子ども達は、「異常児（exceptional children）」

として、普通児と区別されるようになる。宮本健市郎（2005）同上書, pp.54-61.

11 同上書, pp.84-87.

12 Davis, G. A., Rimm, S. B. & Siegle, D. (2014). *Education of the Gifted and Talented (6th ed.)*. Essex, England: Pearson Education Limited, p.4. 但し、宮本健市郎は、全米で最初の英才学級は 1900 年にニューヨーク市に設置されたとしている（前掲書, pp.82-83, p.90）。なお、ウスターにおける才能教育を目的とした特別学校及び特別学級に関しては、次の先行研究を参照のこと。千賀愛（2010）「ウスター（Worcester）の公立学校における多様な困難・ニーズのある子どもの特別な教育的配慮と特別学校・学級（1898－1910 年）『北海道教育大学紀要 教育科学編』61 (1), pp75-90.

13 Davis, G. A., Rimm, S. B. & Siegle, D. (2014). *Ibid.*, p.4. なお、メイカーによれば、早修と柔軟な進級措置がその当時の主なプログラムモデルであったとされる。Maker, C. J. (1986). *op.cit.*, p.190.

14 1905年にその原型となるビネ知能検査が開発されている。Jolly, J. L. (2018). *op.cit.*, pp.22-23, p.65.

15 *Ibid.*, pp.61-72. なお、ターマンは、この研究によって「才能教育の父」と呼ばれ、また、初めて「才能児（gifted (children), giftedness）」という言葉を用いたとされる。但し、「才能児」という言葉を最初に用いたのはハリングワースであるとする説もある。本多泰洋（2012）「米国における才能教育の歴史的考察―黎明期から第二次世界大戦まで―」『帝京短期大学紀要』17, pp.71-72.

16 Hollingworth, L. S. (1926). *Gifted Children: Their Nature and Nurture*. New York, NY: Macmillan.

17 Hertberg-Davis, H. (2014). Leta Hollingworth: A Life in Schools (1886-1939). In Robinson, A., & Jolly, J. L. (Eds.) *A century of contributions to gifted education: illuminating lives* (pp.79-100). New York, NY: Routledge. なお、ハリングワースは、こうした活動から「才能教育の母」（"Nurturant Mother" of Gifted Education）とも呼ばれる。

18 Jolly, J. L. (2009). A Resuscitation of Gifted Education. *American Educational History Journal*, 36 (1), p.47.

19 *Ibid.*, p.46.

20 AP プログラムはカレッジボードによって 1955 年に開始されている。また、現在まで続く最も古い二重在籍プログラムとしては、1955 年に始まったコネチカッ

ト 大 学 の　UConn Early College Experience（ECE）が 挙 げ ら れ る 。
（https://ece.uconn.edu/ 2018 年 8 月 2 日取得）

21　Jolly, J. L. (2018). *op.cit.*, pp.100-105. なお、10 のタイトルから成り立つこの
　法律には、新たな大学院教育に必要な特別研究員制度を定めたタイトルⅣ「国家
　防衛のための特別研究員」や、才能児を含む優秀な生徒の発見・育成を目指した
　タイトルⅤ「ガイダンス、カウンセリング及びテスト―有能な生徒の認定と奨励」
　など、優れた能力を有する一部の人間を対象とした人材育成のための規定が存在
　する。しかし、例えば、理数系科目や外国語の成績が優秀な大学生への貸し付金
　を定めたタイトルⅡ「高等教育機関の学生に対する貸付金」では、初等・中等学
　校の教員志望者が優遇されており、経済的支援を受けた優秀な学生たちが将来教
　員となって公教育全体を改善していくことを強く期待する内容となっている。ま
　た、初等・中等教育の理科、数学、外国語教育の環境整備などへの助成を定めた
　タイトルⅢや語学教育の調査研究、初等中等学校の外国語教員の研修などに対す
　る規定を定めたタイトルⅥなども、タイトルⅡと同様、初等・中等教育の全体的
　な質の向上や改善を目指した規定と言える。

22　Jolly, J. L. (2009). A Resuscitation of Gifted Education. *American
　Educational History Journal*, 36 (1), p.40.

23　個別指導に関する研究も盛んに行われ、連邦政府は、1960 年代半ばから 1970
　年代半ばにかけてピッツバーグ大学「学習研究センター」やウィスコンシン大学
　「認知学習センター」、「アメリカ行動科学研究所」（カリフォルニア州）などの各
　研究機関が実施する個別指導に関するプロジェクトに資金援助を行い、個別指導
　のための学習教材開発とその普及を支援している。加藤幸次（2010）「指導の個別
　化・学習の個性化」アメリカ教育学会編『現代アメリカ教育ハンドブック』東信
　堂、pp.109-110.

24　Maker, C. J. (1986). *op.cit.*, p.191.

25　Jolly, J. L., & Robins, J. H. (2016). After the Marland Report: Four
　Decades of Progress? *Journal for the Education of the Gifted*, 39 (2),
　pp.132-150.

26　*Ibid.*, p.134.

27　こうした法整備が進められた背景には、才能教育が停滞していくことに対す
　る議員たちの危機感があったとされる。例えば、この法案成立に尽力したジェイ
　コブ・ジャビッツ（Javits, J. K.）上院議員は、1969 年 1 月の上院議会におい

て当時の才能教育をめぐる状況について次のように述べ、立法化の根拠としている。「国家防衛教育法が成立して 10 年が過ぎた今日、才能児の教育的ニーズに対応しようとする連邦政府の努力は、才能教育の実施に向け重要なリソースとなる連邦法やプログラムが一つも存在しないところまで落ち込んでしまっている。また、連邦教育局（U. S. Office of Education）には、現在、この分野に責任を持つ職員が 1 人も雇われていない。」Jolly, J. L., & Robins, J. H. (2016). *Ibid.*, pp.137.

28 Marland, S. P. Jr. (1972). *Education of the Gifted and Talented: Report to the Congress of the United States by the U.S. Commissioner of Education and Background Papers Submitted to the U.S. Office of Education*, Washington D.C., US GPO.

29 Stephens, T. M., & Wolf, J. S. (1978). The Gifted Child. In N. G. Haring (Ed.), *Behavior of Exceptional Children: An Introduction to Special Education (2nd ed.)* (pp.387-405). Columbus OH: Charles E. Merrill Publishing Company, A Bell & Howell Company, p.395.

30 Jolly, J. L., & Robins, J. H. (2016). *op.cit.*, p.142. なお、財政支援額に関しては、当初 1,225 万ドルが要求されたが、フォード大統領の下、連邦政府はこれを大幅に減額している。

31 *Ibid.*, p.143.

32 ナショナル／ステート・リーダーシップ訓練協会は、カリフォルニア州とバージニア州とともに連邦教育局を通じて設立された機関であり、地方、州、国レベルで才能教育において鍵となるリーダーシップ能力の育成に関する活動を行っていた。Stephens, T. M., & Wolf, J. S. (1978). *op.cit.*, p.395 ; Jolly, J. L. (2018). *op.cit.*, pp.157-160.

33 1990 年までに 50 州全てが才能教育に関する何らかの法令を定めたが、実施は必ずしも強制ではない。Maker, C. J. (1986). *op.cit.*, p.191.

34 Jolly, J. L. (2018). *A History of American Gifted Education*. New York, NY: Routledge, p.157.

35 Renzulli, J. S. (1999). What is this thing called giftedness, and how do we develop? A twenty-five year perspective. *Journal for the Education of the Gifted,* 23 (1), pp.3-54.

36 Renzulli, J. S., & Reis, S. M. (1991). The reform movement and the quiet

crisis in gifted education. *Gifted Child Quarterly,* 35 (1), pp.26-35.

37 Feldman, D. H. (1992). Has there been a paradigm shift in gifted education? In N. Colangelo, S. G. Assouline, & D. L. Ambroson (Eds.), *Talent development: Proceedings from the 1991 Henry B. and Jocelyn Wallace National Research Symposium on Talent Development* (pp.89-94). Unionville, NY: Trillium Press ; Renzulli, J. S. (1999). *op.cit.,* pp.3-54.

38 例えば、「才能開発」と並び「指導の差異化（differentiation）」が才能教育の新たなパラダイムとして重視されるようになったが、これも才能児の認定を前提とせず、子ども達の特性に合わせて柔軟に指導方法を変えることで、一人ひとりの教育ニーズに応えようとするものである。Dai, D. Y., & Chen, F. (2013). Three Paradigms of Gifted Education: In Search of Conceptual Clarity in Research and Practice. *Gifted Child Quarterly,* 57 (3), pp.151-168.

39 Jolly, J. L., & Robins, J. H. (2016). *op.cit.,* p.144.

40 U.S. Department of Education, Office of Educational Research and Improvement (1993). *National Excellence: A Case for Developing America's Talent.* Washington D.C., US GPO ; 松村暢隆（2003）前掲書, p.11 ; 岩永雅也・松村暢隆編（2010）『才能と教育—個性と才能の新たな地平へ—』放送大学教育振興会, p.18.

41 例えば、ダイ（Dai, D. Y., 2017）は、2000年以降、個に応じた指導の徹底によって「才能児なき才能教育（Gifted education without gifted children）」の実現が主張されるようになるなど、個別化概念（differentiation paradigm）の広まりやRTIモデルの活用などを背景に、才能教育は新たな局面（フェーズ4）へと移行しつつあるとする。Dai, D. Y. (2017). A History of Giftedness: A Century of Quest for Identity. In S. I. Pfeiffer, (Chief Ed.), *APA Handbook of Giftedness and Talent.* (pp.3-23). Washington D.C., American Psychological Association.

42 Jolly, J. L. (2018). *op.cit.,* pp.7-134.

43 ターマンはIQ180あるいはそれ以上の白人の子どもを15人、ハリングワースは17人見出している（本多泰洋, 前掲論文, p.73）。但し、ハリングワースは、才能は生まれつきの知能のみによるものではなく、その教育環境も大きな影響を持つと考えており、才能を生まれつきの知能によるとするターマンとは異なる考えを有していた（本多泰洋, 前掲論文, pp.71-72）。

44 Stephens, T. M., & Wolf, J. S. (1978). *op.cit.,* p.391.

45 *Ibid.*, p.388.

46 Jolly, J. L., & Robins, J. H. (2014). Paul Witty: A Gentleman Scholar (1898-1976). In A. Robinson, & J. L. Jolly (Eds.), *A Century of Contributions to Gifted Education: Illuminating Lives.* (pp.118-129). New York, NY: Routledge ; 本多泰洋 (2012) 前掲論文, p.72.

47 Davis, J. L. (2018). Dr. Martin D. Jenkins: A Voice to be Heard. In A. Robinson, & J. L. Jolly (Eds.), *A Century of Contributions to Gifted Education: Illuminating Lives.* (pp.130-143). New York, NY: Routledge ; 本多泰洋 (2012) 同上論文, pp.72-73.

48 Dai, D. Y. (2017). A History of Giftedness: A Century of Quest for Identity. In S. I. Pfeiffer, (Chief Ed.), *APA Handbook of Giftedness and Talent.* (pp.3-23). Washington D.C., American Psychological Association.

49 Witty, P. A. (1958). Who are the gifted? In N. B. Henry (Ed.), *Education of the gifted. 57th Yearbook of the National Society for the Study of Education: Part 2* (pp.41-63). Chicago, IL: University of Chicago Press.

50 Fliegler, L. A. & Bish, C. E. (1959). The gifted and talented. *Review of Educational Research 29*, pp.408-450 ; Stephens, T. M., & Wolf, J. S. (1978). *op.cit.*, p.388.

51 Jolly, J. L. (2009). A Resuscitation of Gifted Education. *American Educational History Journal*, 36 (1), pp.37-52.

52 ガードナー, H. (2001)『MI : 個性を活かす多重知能の理論』(松村暢隆訳) 新曜社, pp.46-47.〔原著 Gardner, H. (1999). *Intelligence reframed: Multiple intelligences for the 21stncentury.* New York: Basic Books〕

53 Waterhouse, L. (2006). Multiple Intelligences, the Mozart Effect, and Emotional Intelligence: A Critical Review. *Educational Psychologist,* 41 (4), pp.207-225.

54 Renzulli, J. S. (2005). The Three-Ring Conception of Giftedness: A Developmental Model for Promoting Creative Productivity. In R. J. Sternberg & J. Davidson (Eds.), *Conceptions of giftedness (2nd ed.)* (pp. 217-245). Boston, MA: Cambridge University Press.

55 Renzulli, J. S., Reis, S. M. & Smith, L. H. (1981). *The Revolving Door Identification Model.* Mansfield Center, CT: Creative Learning Press.

56　レンズーリ, J.S.（2001）『個性と才能をみつける総合学習モデル』（松村暢隆訳）玉川大学出版部,［原著 1995 年］; Renzulli, J. S. & Reis, S. M. (2014) *The Schoolwide Enrichment Model: A How-to Guide for Talent Development* (*3rd ed.*). Waco, TX: Prufrock Press Inc.

57　Renzulli, J. S. (1999). What is this thing called giftedness, and how do we develop? A twenty-five year perspective. *Journal for the Education of the Gifted*, 23 (1), pp.3-54.

58　Swassing, R. H. (1988). Gifted and Talented Students. In W. L. Heward, & M. D. Orlansky (Eds.), *Exceptional Children: An Introductory Survey of Special Education.* (*3rd ed.)* (pp.405-438). Columbus OH: Merrill Publishing Company, A Bell & Howell Information Company, pp.436-437.

59　*Ibid*, pp.18-20.

60　"U.S. Office of Education" のこと。 現在は "the Department of Education" に改組されている。

61　Marland, S. P., Jr.（1972）*Education of the Gifted and Talented: Report to the Congress of the United States by the U.S. Commissioner of Education and Background Papers Submitted to the U.S. Office of Education*, p.ix.

62　Rimm, S. B., Siegle D., & Davis, G. A. (2018) *Education of the Gifted and Talented (7th ed.)*. Upper Saddle River, New Jersey: Pearson Education, Inc., p.12.

63　*Ibid.* ; 岩永雅也・松村暢隆編（2010）『才能と教育─個性と才能の新たな地平へ─』放送大学教育振興会, pp.52-53. なお、1978 年改正初等中等教育法における才能児の定義は以下の通りである。『（才能児とは）知的能力、創造性、特定の学問、リーダーシップなどの能力領域、又は舞台芸術や視覚芸術において、高度な遂行能力の根拠となる表出したあるいは潜在的な能力を持っているものと、幼児・初等・中等教育段階で認定される子どもや青年達であり、そしてそれ故に、学校では通常提供されない指導や活動を必要とする者である』

64　1988 年改正初等中等教育法における才能児の定義は以下の通りである。『「才能のある生徒」という用語は、知的、創造的、芸術的、リーダーシップの能力などの領域、あるいは特定の学問分野で高度な遂行能力の証拠を示し、また、そのような能力を十分に伸ばすために、学校では通常提供されない指導や活動を必要とする青少年のことを意味する』

65 National Association for Gifted Children (2010). *Redefining giftedness for a new century: Shifting the Paradigm* (Position Statement).

66 2015 年に全米才能児協会（NAGC）が才能教育プログラム州監督官協議会（the Council of State Directors of Programs for the Gifted : CSDPG）と共同して行った調査資料（2014-2015 State of the States in Gifted Education: Policy and Practice Data）によれば、才能の多元性を意識した連邦法の影響を受けて、各州の州法等が定める才能の定義にも様々な領域が含まれている。具体的には、回答を寄せた 39 の州のうち 37 州が独自に才能を定義付けしており、そのほとんどすべての州（34 州）で知的才能（intellectually gifted）を才能の定義に含めている他、多くの州が学問的才能（academically gifted）（24 州）や舞台・視覚芸術（performing/visual arts）（21 州）、創造的才能（creatively gifted）（21 州）、特定の学問領域（specific academic areas）（20 州）等も才能の領域に含めていた。
　更に、アーカンソー州などいくつかの州では、課題達成能力や高い潜在能力といった他の要素にも焦点が当てられている。

67 Gagné, F. (1985). Giftedness and Talent: Reexamining a Reexamination of the Definitions. *Gifted Child Quarterly,* 29 (3), pp.103-112.

68 *Ibid.* なお、ガニエが提唱する「才能の個別化モデル（Differentiated Model of Giftedness and Talent: DMGT）」は、特にオーストラリアにおいて広く受け入れられている。 Jolly, J. L., & Jarvis, J. M. (Eds.) (2018). *Exploring Gifted Education: Australian and New Zealand Perspectives.* New York, NY: Routledge.

69 例えば、アメリカの教育学百科事典を紐解くと、「"gifted and talented" という言葉は、人間のひときわ優れたパフォーマンスの幅広さ、及びそのような高いレベルの能力（competence）を文化的に価値のある領域や社会的に有用な表現形式で示す人々の両方を記述するためのものであり、しばしば "gifted" と "talented" とを併記させた形で用いる」とした上で、「これまで "giftedness" を生来の資質と関連付け、"talents" をシステム的に開発された能力としてその二つを区別しようとする努力がなされてきた。しかしながら、教育に関する文脈で用いられる場合（例えば、"gifted child" や "gifted performance" など）においては、"gifted" と "talented" いう用語を区別することは困難である」とし、心理学上の区別はともかく、教育学的概念としては、"gifted" と "talented" いう用語を厳密に区別せず、どちらも「優れた才能」を表す言葉として同義的・一体的に用いる立場を明確

にしている。

Guthrie, J. W. (Chief Ed.) (2003). *Encyclopedia of Education (2nd ed.).* New York, NY: Macmillan Reference USA, pp.930-936.

[70] Gagné, F. (1985). *op.cit.*

[71] Dai, D. Y., & Chen, F. (2013). Three Paradigms of Gifted Education: In Search of Conceptual Clarity in Research and Practice. *Gifted Child Quarterly,* 57 (3), pp.151-168.

[72] 赤尾勝己（1990）「エクセレンスへ向けてのカリキュラム改革の位置」現代アメリカ教育研究会編『特色を求めるアメリカ教育の挑戦―質も均等も』教育開発研究所, p.64.

[73] 以下の訳文は、松尾知明（2010）「アメリカの現代教育改革―スタンダードとアカウンタビリティの光と影」東信堂, p.25 を参考にした。

[74] 松浦良充（1990）「1980 年代アメリカ教育改革論議のゆくえ―「均等なエクセレンスの達成」をめぐって―」現代アメリカ教育研究会編『特色を求めるアメリカ教育の挑戦―質も均等も』教育開発研究所, pp.5-6；赤尾勝己, 前掲論文, p.64.

[75] National Commission on Excellence in Education (1983). *A Nation at Risk: The Imperative for Educational Reform.* Washington D.C., US GPO. なお邦訳は、松浦良充の同上論文 pp.4-5 の訳を一部変更した上で引用した。

[76] もっとも、こうした卓越性概念の理解に対しては、次のような批判がなされた。第一に、「卓越性」の意味の狭さについてである。報告書における「卓越性」は、実質的には、知的領域におけるそれに限定されており、しかも、基礎的・知的教科の必修カリキュラムの設定による画一的教育基準の強化は、多くの中退者を生む危険がある。第二に、「卓越性」という言葉の持つ矛盾である。「卓越性」という語は通常「他をしのぐこと、並外れていること」という意味で用いられる。そのため、全ての生徒に共通の質の高い教育基準を設定することは、全ての生徒を平均点以上のレベルに到達させようとするようなものであり、「卓越性の均等な達成」は論理的に不可能である。こうした批判が出てくる理由として、「卓越性」という概念が教育学的に吟味された用語としてではなく、教育改革のための政策的な「標語」として用いられる傾向が強いことが指摘されている（松浦良充, 同上論文, pp.11-12）。

[77] 松浦良充（1990）同上論文, pp.4-6.

[78] 赤尾勝己（1990）前掲論文, pp.63-66.

[79] 同上。例えば『危機に立つ国家』では、「高いレベルの共有された（shared）教

育」を求め、「我々は、卓越性と教育改革への公的な関与が、多様な人々を同等に扱うという強い公的な関与を犠牲にしてなされてはならないと信じる」と述べられている (p.66)。

80 例えば、『危機に立つ国家』と同時期に出された主要改革レポートの勧告の多くは、才能児に対する特別措置よりも、学習の遅れた者に対する特別措置や習熟度によるトラッキング・グループ化の廃止を求めている（松浦良充 (1990) 前掲論文, p.7, p.10）。

81 Davis, G. A., Rimm, S. B. & Siegle, D. (2014). *op.cit.*, pp.15-17; Beisser, S. R. (2008). *Unintended Consequences of No Child Left Behind Mandates on Gifted Students.* The Forum on Public Policy, p.10 ; Jolly, J. L., & Makel, M. C. (2010). No Child Left Behind : The Inadvertent Costs for High-Achieving and Gifted Students. *Childhood Education,* 87 (1), pp.35-40.

82 CEC＆NAGC Rebuttal to Elimination of Javits Act in H.R. 1891 参照。(http://www.edweek.org/media/rebuttal.pdf, 2017 年 1 月 4 日取得)

83 アメリカ教育省HPのジャビッツ才能教育プログラムに対する財政支援状況参照。(https://www2Ed.gov/programs/javits/funding.html, 2017 年 3 月 10 日取得)

84 Davis, G. A., Rimm, S. B. & Siegle, D. (2014). *op.cit.,* p.10.

85 *Ibid.,* p.10.

86 Renzulli, J. S. (1999). What is this thing called giftedness, and how do we develop? A twenty-five year perspective. *Journal for the Education of the Gifted,* 23 (1), pp.3-54.

87 Gardner. H. (2006). *Multiple Intelligences: New Horizons (Rev. ed.).* New York, NY: Basic Books, pp.113-121 ; 柴山陽祐 (2011)「キー・ラーニング・コミュニティのカリキュラム開発に関する研究」『愛知教育大学 生活科・総合的学習研究』第 9 号, pp.131-140.

88 アメリカ教育省HPのジャビッツ才能教育プログラムに対する財政支援状況参照。(https://www2Ed.gov/programs/javits/funding.html, 2017 年 3 月 10 日取得)

89 ローラー ミカ (2016)「アメリカ初等中等教育法の改正―教育における連邦の役割」国立国会図書館調査及び立法考査局編『レファレンス』790 号, pp.49-74.

90 "What does ESSA mean for gifted and talented education？" The Citizens Advisory Committee for Gifted and Talented Education in Baltimore County, Maryland. (https://bcpsgtcac.wordpress.com/2016/02/01/what-does-essa-mean-

for -gifted-and-talented-education, 2017 年 5 月 4 日取得)

91　Davis, G. A., Rimm, S. B. & Siegle, D. (2014). *op.cit.,* p.20.

92　高橋智（2007）「特別支援教育・特別ニーズ教育のシステム」日本特別ニーズ教育学会編『テキスト　特別ニーズ教育』ミネルヴァ書房, pp.13.

93　全障害児教育法の施行規則において、「公・私立の教育機関や保護施設にいる子どもを含む障害のある子どもは、可能な限り障害のない子どもとともに教育されるべきである。特別学級、分離された学校、あるいは通常の教育環境からの分離教育は、障害の性質や程度により補足的援助やサービスの活用を伴う通常学級での教育が十分に達成できない場合にとどめられるべきである」（§ 121a.550 (b)）と規定されていた。吉利宗久（2007）「アメリカ合衆国の特別ニーズ教育の動向」日本特別ニーズ教育学会編『テキスト　特別ニーズ教育』ミネルヴァ書房, p.200.

94　同上書, pp.205-206.

95　才能教育において「指導の個別化（differentiation）」という概念が重視されるようになったのも、通常クラスでのフル・インクルージョンを求める動きと関連していることが指摘されている。Dai, D. Y. (2017). A History of Giftedness: A Century of Quest for Identity. In S. I. Pfeiffer, (Chief Ed.), *APA Handbook of Giftedness and Talent.* (pp.3-23). Washington D.C., American Psychological Association.

96　Rimm, S. B., Siegle D., & Davis, G. A. (2018). *Education of the Gifted and Talented (7th ed.).* Upper Saddle River, New Jersey: Pearson Education, Inc., pp.347-371.

97　ベリン・ブランク国際才能教育センターHP 参照。
(https://www.ctd.northwestern.edu/belin-blank-international-center-gifted-education-and-talent-development-bbc, 2019 年 4 月　29 日取得)

98　Borders, C., Woodly, S., & Moor, E. (2014). Inclusion and Giftedness. In J. P. Bakken, F. E. Obiakor, & A. F. Rotatori (Eds.), *Gifted Education: Current Perspectives and Issues* (pp.127-146). Advances in Special Education vol.26, UK: Emerald Group Publishing Limited.

99　Stephens, T. M., & Wolf, J. S. (1978). *op.cit.,* pp.394-395.

第2章　早修制度の拡大と変容

　本章では、才能教育の重要な実践類型の一つである早修制度を取り上げ、特に高大接続段階での展開を、スタンダードとアカウンタビリティを柱とした教育改革（以下、スタンダード教育改革と表記）との関連性に着目して分析することで、才能教育における変容の特質を制度的側面から明らかにする。

　論考にあたっては、まず才能教育において最も基本的な才能伸長の手段である早修制度それ自体の意義と内在する課題について明らかにする。次に、一般的な早修の種類を概観し、その特徴を把握した上で、高大接続場面における早修制度を「完全早修」と「部分早修」という二つのカリキュラム類型に分類・整理し、それぞれの制度的特徴と相互の関連性を分析する。そして最後に、早修制度と教育改革との関係を考察し、完全早修制度がスタンダード教育改革によって圧迫・阻害されてきた一方で、部分早修制度が教育接続の方途として急速に拡大・多様化してきた実態を明らかにする。

第1節　早修制度の意義と内在的課題
１．早修の効果

　本節ではまず、才能教育において最も基本的な才能伸長の手段である早修制度それ自体の意義と課題について明らかにする。

　スティーブンスとウルフ（Stephens & Wolf, 1978）によれば、早修の効果に関する本格的な研究は 20 世紀前半から行われており、その研究結果は絶えず望ましいものであったとされる[1]。例えば、キーズは 1938 年の研究で、16 歳 6 ヶ月またはそれよりも若い年齢で大学に入学した 348 名の学生の成績と、17 歳またはそれよりも遅い年齢で大学に入学した学生たちの成績を比較し、早修を経験した学生の方が、学年の平均成績や奨学金の獲得な

どの点で優れた成績を収めていることを明らかにし、また、ターマンとオーデンの追跡調査（1947 年）は、早修を経験した人の方が、経験していない人よりも学力面、健康面、結婚適応力、職業的成功において優れていることを明らかにした。そして、これらの結果はジャストマン（1953 年, 1954 年）などによって確かめられているとする。

　但し、スティーブンスとウルフは、こうした早修の優れた効果に関する一貫した研究結果にもかかわらず、学校現場においてそうした措置は一般的ではないことを指摘している。例えば、上級学校への早期入学は、実際に行われている早修の一形態であり、ラーソン（1963 年）やブラガ（1971 年）達によってその有効性は明らかにされているものの、その他の早修制度と同様、広く実践されているわけではないとし、その記述からは、才能教育プログラムの開発が盛んに行われた 1970 年代後半の時点でも、早修に対する抵抗感が根強く残っていることが窺われる[2]。

　早修の有効性はその後も多くの研究によって実証されてきたが、2000年代に入っても学校現場においては依然として早修の実施に消極的であった。そのため、こうした状況を打開すべく、2003年5月にアイオワ大学で早修に関する才能教育研究者や実践家を集めたサミットが開催され、そこでの議論を基に一つの報告書（全2巻）が作成されている。テンプルトン財団の支援によって2004年に公刊され、全米才能児協会（NAGC）の承認を受けたこのナショナルレポート（通称テンプルトン・レポート）には、『欺かれた国家―学校がアメリカの最も優秀な生徒達をいかに妨げているか（A Nation Deceived: How Schools Hold Back America's Brightest Students）』[3] という刺激的なタイトルがつけられ、長年の研究成果を基に早修制度に関する様々な不安や懸念が根拠のない誤解であることを指摘した上で、教師や学校関係者に早修の重要性を認識するよう訴えた[4]。

　報告書では、早修がこれまで十分には行われてこなかった理由として、早修に関する研究があまり知られていないことや平等性に対する政治的配慮

といった政策的要因の他、子ども達は同年齢グループに留まらなければならないという信念や早修により子ども達が少年期を十分に過ごせないのは子どもの精神発達上問題があるとする考えが一般に根強いこと、また、ある子どもが早修を受けることに対して他の生徒が反発したり自信を失ったりするのではないかといった懸念を抱く教師が多いことなどを挙げている。そして報告書は、それらに個別に反論しつつ、これまでの研究成果から明らかになった重要なポイントとして、次のような20項目を列挙している（表2-1）。

　岩永（2010, p.93）[5]も指摘している通り、この報告書からは、早修には主に四つの効果があることが読み取れる。一つ目は才能伸長のための有効な手段という才能教育カリキュラムとしての効果である。特別な早修措置をしなければ他の子ども達と同じようなパフォーマンスしか挙げられなかった子どもも、適切な早修措置を実施することで達成水準が高度化され、より高い能力の開花が可能になるとする。そして、才能の伸長に最も効果的な手段が早修であると報告書は明言する。

　二つ目は学校不適応の回避という才能児の精神的メリットに関するものである。即ち、通常学級で自分の能力よりもレベルの低いカリキュラムを与えられてきた才能ある子ども達は、退屈な授業によるストレスや学習意欲の低下などにより学級内で問題行動を起こすことがあるが、そうした子ども達に適合したレベルの教科内容を提供することで、学校不適応の状態を回避させることが出来るとする。

　三つ目は社会経済的格差の是正という社会的公正の実現に関する効果である。即ち、能力の高い子どもを親の階層や経済力に関わらずに公的に発見し、適切な早修措置を施すことにより、才能ある子どもたちの間での教育格差を回避することが出来るという考えである。早修で最も恩恵を受けるのは、教育に関する親の経済的支援があまり期待出来ないマイノリティや社会経済的に不利な子ども達であって、早修への公平なアクセスが実現されることで、教育の機会が均等になり、階層化が緩和されるとする。

表 2-1　早修に関する重要ポイント

1. 早修は、才能ある子ども達に対する最も効果的なカリキュラム上の介入である。

2. 早修は、優秀な生徒に対して勉学上および社会的に長期にわたり良い影響を与える。

3. 早修は、実質的に費用が掛からない介入である。

4. 才能ある子ども達は、同年齢の子ども達と比較して社会的にも感情的にもより成熟している。早修により、優秀な生徒は成熟度の似通ったクラスメートを持つことができるようになる。

5. 同年齢の子ども達のためのカリキュラムを与えられた聡明な生徒は、退屈し不満がつのり、学習意欲をなくす。

6. 早修から恩恵を受ける可能性がある生徒を見出すのには、試験、特に学年水準より高いもの（年齢が上の生徒のためのもの）を用いることが非常に効果的である。

7. 学校が早修実施を決定する場合、優秀であると判定された生徒に対するリスクが少なく成功度の高い介入となることに役立つ実例やその仕組みの説明が入手可能である。「アイオワ早修基準」は、学校が子どもを1学年飛び級するべきかどうかを判断する際の、裏付けられた効果的な尺度である。

8. 優秀な生徒のために用意された18種類の早修は、2つに大別される。1つはK－12（幼稚園児から12年生）の期間で生徒が学習する年数を短縮する学年ベースの早修、もう1つは通常よりも先の内容を学習する科目ベースの早修である。

9. 入学時期を早めることは、才能ある子供にとり勉学上および社会的に非常に良い結果を生むことがある。高い能力があり早期入学をした年少の子ども達は、多くの場合年上の同級生に無理なく溶け込むことができる。

10. 大学に早期入学した才能ある生徒は、短期的および長期的に勉学上の成功を収め、また長期的には仕事上でも成功し、個人的な満足感も得ている。

11. 同学年に留まりたいと望む優秀な高校生には、大学へのフルタイムでの早期入学以外にも多くの選択肢がある。高校と大学の同時在籍、遠隔教育、夏期プログラムなどである。アドバンスト・プレースメント（AP）は、高校に通学しながら大学レベルの科目を学ぶことを望む優秀な生徒にとっての、大がかりな最適

選択肢である。

12. 大学に早期入学した学生の中で、社会的または感情的な問題に遭遇する者の数は極めて少ない。仮にこのような問題が生じた場合でも、通常は一時的なものであり、調整過程の一部である。

13. 非常に才能豊かな生徒にとっては、大胆な早修（2年またはそれ以上の早修）が勉学上および社会的に効果がある。

14. 早修の成功例や実行可能であることを示す調査結果が多数あるにもかかわらず、多くの教育者はこれまで早修の実践に対して概して否定的であった。

15. 早修に対するアメリカの見識を大きく変化させるためには、 法律、裁判所、行政規則、専門家によるイニシアチブ等、変革の原動力となるものをすべて利用する必要がある。

16. 優秀であると同時に障害を持つ生徒に対して早修を効果的に施すには、より多くの時間と資源が必要である。

17. 子どもの早修については、父兄が意思決定過程に十分に関与することが大切である。

18. 早修で発生した僅かな数の問題は、主として不完全またはずさんな計画に起因する。

19. 教育が公平であることは教育が画一であることではない。公平であるということは、学習に対する各生徒の準備態勢が異なることを尊重し、各生徒の価値を認めることである。

20. 教育者にとり最も重要な質問は、才能ある生徒に対して早修を「行うべきかどうか」ではなく、「どのように行うか」である。

（出典：Colangelo, N., Assouline, S. G., & Gross, M. U. M. (2004). *A Nation Deceived: How Schools Hold Back America's Brightest Students, vol I* , p.2. 日本語翻訳版から引用）

　最後の四つ目は公的な教育支出の軽減という早修の経済的効果である。特に飛び級や飛び入学を伴う早修の場合、教育年数が短縮されるため、その分だけ公的支出が削減出来る。それはまた、教育を受ける本人や保護者側の経済的負担の軽減にもつながるとする。

　そして報告書では、早修はほとんどの生徒には必要ないので重要な問題ではないとする見解に対し、教育の重要性はそれを求める子どもの数ではなく、ヘッドスタートプログラムやバイリンガル教育と同様、その必要性によって決定されるべきだと主張する。実際、早修制度は、現在、アメリカ全土の学校で実施されているが、その背景には、早修を求める子ども達の存在がある。例えば、毎年 20 万人以上の 7・8 年生（中 1・2）が SAT 又は ACT を受験し、その多くが 12 年生（高 3）と同等の成績を収めているが、調査によると彼らは 10 年生の標準的な学習内容を 3 週間で修得することが可能であり、中には高校 1 年分の内容を僅か 1 週間半で修得出来るものも数名存在するという[6]。また、アメリカの文化、芸術、政財界で活躍する多くの有名人、リーダー達が飛び級を経験している。報告書によれば、例えばマーチン・ルーサー・キング Jr.は 15 歳で高校を卒業し、T. S.エリオット（詩人・ノーベル文学賞）はハーバード大学を 3 年で終了、1 年で修士の学位を取得している。また、DNA 二重螺旋構造のジェームス・ワトソンや、量子エレクトロニクスのチャールズ・タウンズなど、飛び級・飛び入学を経験したノーベル賞受賞者も少なくない[7]。

2．早修に対する批判と反論

　このように、才能教育における早修には様々な意義が主張される一方で、批判や懸念もまた少なくない。"Early ripe, early rot（早く熟れれば早く腐る）"といった諺に見られるように、早期に成熟する（させる）ことは必ずしも幸福な人生に結びつかないとする伝統的な批判だけでなく、個別の早修的措置に対する問題点もしばしば指摘され、特に、飛び級・飛び入学などによる学年のスキッピングに対しては、学年だけでなく教科内容まで飛ばしてしまうことの是非[8]や、同年齢の子ども達との交流が失われることへの精神発達面での悪影響[9]などが懸念されている（表 2-2）。

　そのため、飛び級などの学年全体を飛ばしてしまう完全早修制度は学校現

表 2-2　早修に対する主な批判

1. 子どもの成長を急がせることになり、人間的に成長するのに必要な時期が失われる。
2. 無理をすることで子ども達に余計なストレスを与えてしまう。
3. 早修によってこれまでの同年齢の学級集団とのつながりが失われる。
4. 新しいクラスに馴染めない、友達が出来ないといった人間関係に悩むことになる。
5. 子どもの知識が途切れたものになり、学習した内容の体系性が損なわれる。
6. 早修は経済的に豊かな家庭の子ども達のためのものであって、教育格差を拡大させる原因となる。

（出典：Colangelo, N., Assouline, S. G., & Gross, M.U.M. (2004). *A Nation Deceived : How Schools Hold Back America's Brightest Students* を基に筆者作成）

場において否定的に捉えられることが多い。例えば、非営利の教育政策シンクタンク組織、フォーダム協会（Fordham Institute）による全米調査（Farkas & Duffet, 2008）によると、46%の教師が、「自分の学校では飛び級（grade acceleration）は認められていない」と答えている。また、優秀な生徒への対応策として多くの教師が支持する方法としては、学校外での拡充活動が最も多く（96%）、次いで教師の職能開発（90%）、科目別早修（85%）、同レベルの生徒によるクラス（homogeneous classes）（76%）の順となっており、飛び級を支持する教師は 33%に過ぎなかったとされる[10]。早修に関する政策動向は本章第 4 節で詳しく検討するが、早修制度自体を禁止する州はないものの、幼稚園（kindergarten）への早期入園を禁止するといった部分的に早修に制限を加える州や早修制度に消極的な州・地方教育行政機関は少なくない。

　しかしながら、『欺かれた国家』やその約 10 年後に公表されたフォローアップレポート『権限を与えられた国家（A Nation Empowered）』[11]においても詳述されているように、過去 50 年に及ぶ早修の心理的影響に関する数々の研究では、早修を望む子どもに対し、選抜方法やカリキュラム、サポー

ト体制などに留意しつつ適切な教育環境の下で早修を実施した場合、心配される心理的悪影響はほとんど認められず、これまでの実践研究の成果を総合的に勘案すると、そうした懸念は全く根拠に乏しいと多くの才能教育の専門家は考えている[12]。

　例えば、早修の心理的・社会的影響に関する近年の主な論文をレビューしたネイハート（Neihart, M.）によれば、早修によって、①早修経験者のほとんどが現在の社会的関係性に満足している（論文数 12 本）、②自己肯定感や自己概念、自分に対する自信に良い影響があった（論文数 5 本）、③情緒的・社会的発達に否定的な影響は見られない（論文数 14 本）、④早修を選択したことに非常に満足している（論文数 10 本）、⑤優れた社会的成熟（自立、社会的リーダーシップ）が認められる（論文数 9 本）、⑥燃え尽きてしまうという証拠は認められない（論文数 3 本）、⑦より高度な教育へのアスピレーションが認められる（論文数 3 本）、といったことが、これまでの長期的な実践研究の結果から実証されているとする[13]。

　更に、ネイハートは、IQ160 を超える非常に高い知能を持つオーストラリア人の子ども達 60 人を対象としたグロスらの研究（Gross & Van Vliet, 2005 など）に言及し、ラディカルな早修（radical acceleration）を行った 17 人の子ども達の中で早修による悪影響が現れた例は一つもなく、逆にラディカルな早修を行わず同年齢の子ども達との関係性を維持しようとすると、多くの場合、友情の形成やその存続に重大な問題が生じたことを指摘している[14]。

　なお、ラディカルな早修とは、一般に 3 学年以上を飛び越えるといった大幅な早修を指し、10 歳の大学生といった例がしばしば世間の注目を浴びたりするが、実際に早期入学する者の大半は通常より 1〜2 歳若いだけであり、K−12 学年（幼稚園児〜高校 3 年生）の期間においてラディカルな早修が行われることは稀である[15]。しかしその一方で、ラディカルな早修が行われた子ども達の多くは、非常に優れた知能をもつ一方で、早修前にはいじめ

などの不幸な学校生活を経験しており（表2-3）、一般にIQ145を超えるような非常に優れた知能を持つ子ども（highly gifted）の場合には、精神的な成熟さや学習能力の違いから同年齢の子ども達との学校生活に不適応を起こしやすく、早修の必要性は特に高いと考えられている[16]。

表2-3　ラディカルな早修経験者に共通する特徴

1.　非常に優れた知能をもつ
2.　独立心、競争心に富む一方で、非順応的で内向的、慎重な性格
3.　学習や到達目標に向けた高いモチベーション
4.　知的な刺激に対する強い欲求
5.　社会的に受容可能な幅広い興味・関心
6.　才能教育に積極的で高い教育を受けた両親の存在
7.　不幸な学校生活を体験している

（出典：Assouline, S. G., Colangelo, N., & Tassel-Baska, J. V. (Eds.) (2015). *A Nation Empowered : Evidence Trumps the Excuses Holding Back America's Brightest Students, vol. II*, p.205 を基に筆者作成）

　こうした早修の有効性を認める数多くの研究結果が存在する一方で、早修措置の実施の是非をめぐっては、才能教育の専門家とそれ以外の教育関係者を含めた多くの人々との認識のズレが非常に大きく、早修に対する抵抗感や忌避感をいかに解消するかが、長年、才能教育の実践面における大きな課題となってきた。そのため、『欺かれた国家』では、コロンビア大学の教育学者ジェームス・ボーランド（Borland, J. M.）の次のような言葉を引用しながら、年齢は、子ども達のレディネスを判定するための一つの指標に過ぎず、適切な教育のためには、年齢に加えてスキルや成熟度なども考慮すべきであると強調している[17]。

　「早修（の是非をめぐる対立）は、教育分野において最も興味深い現象である。研究で明らかになったことと多くの教育者が信じていることがこれほ

ど大きく隔たっている問題は、他には見あたらない。早修に関する研究のすべてが肯定的な結果を示し、適切な早修措置による恩恵は非常に明らかにもかかわらず、なぜ教育に携わる者がこれに反対するのか、理解しがたいものがある」（ジェームス・ボーランド）

　但し、現在、こうしたナショナルレポートの公開によって早修制度に対する学校教育関係者の理解が進んできたこともあり、早修の是非をめぐる対立はかなり緩和されつつあるように思われる。例えば NRC／GT が 2013 年に公表した中学校段階における才能教育の実施状況に関する全米調査報告書では、特定の科目のみ早修措置を認めるいわゆる科目別早修が、調査に回答した学校区の 7 割近く（68.2%、277 区）で実施され、また、学年全体を飛ばす通常の飛び級も約半数の学校区（48.3%、196 区）で実施されていることが明らかになっている[18]。

　更に、高校の段階では、回答した学校区の 9 割（90.7%、194 区）でアドバンスト・プレイスメント（AP）が実施され、また、高校と大学との二重在籍プログラムもそれに続く割合（86.9%、186 区）で実施されているなど、高大接続の場面を中心に、大学の単位取得をめぐる早修制度が、幅広く利用されていることが明らかになっている[19]。これは、ある程度心身が発達した段階においては、能力や適性に応じた多様な進路選択の手段としての制度的価値が重視されるようになっているためと考えられる。

　しかしながら、NRC／GT の調査では、早修制度にはどのような種類があり、またそれぞれどのような特徴を有しているのかといった点については明確になっていない。そこで次節では、多様化が進む高大接続に関する早修制度を中心に考察を進めながら、早修制度の種類とその類型的特徴を明らかにする。

第2節　才能教育における早修の種類と構造

1．早修の種類

　アメリカでは、現在、様々な種類の早修が行われている[20]。2004年に公刊されたナショナルレポート『欺かれた国家』では、18のタイプに整理されているが、フォローアップレポート『権限を与えられた国家』では以下の20種類に分類されている（表2-4）。本節ではこのうち学校内部で行われる代表的な早修措置・制度を取り上げ、その具体的な内容を記すとともに、早修制度の構造をより詳細に分析するため、高大接続段階における早修制度の類型化を試みる。

　まず、学校内部で行われる主な早修措置として次のようなものが挙げられる。

（1）飛び級

　早修の代表的な例として「飛び級」がある。才能教育としての特別プログラムを用意する必要がないので教師の負担が少なく、コストもかからない。そのため、生徒一人ひとりの教育的ニーズに応じる手段として、アメリカでは19世紀後半から実施されるようになり、現在でも広く行われている。飛び級は全ての学校段階で見られるが、特に小学校低学年で、学業的、社会的・情緒的に早熟な子どもを通常より1年早く進級させる場合が多い。また、上位学年でも飛び級を重ねて、大学に通常よりも2～3年早く進学することも珍しくはない[21]。

（2）クラス内での先取り学習

　現在、通常教育においても学習の個別化・差異化が重視されており、通常クラス内での先取り指導（Continuous Progress）[22]もよく行われている。能力別に少人数のグループを作り、学業優秀なグループに対して通常よりも速い進度で学習指導を行う場合の他、子ども一人ひとりのペースに合わせて個別に先取り指導を行うこともある（Self-Paced Instruction）[23]。更に、

表 2-4　アメリカにおけるアカデミックな早修の種類

1. 幼稚園への早期入園 (Early Admission to Kindergarten)

2. 小学校への早期入学 (Early Admission to First Grade)

3. 飛び級 (Grade-Skipping)

4. 先取り学習 (Continuous Progress)

5. 個別ペースの先取り指導 (Self-Paced Instruction)

6. 科目別・部分早修 (Subject-Matter Acceleration / Partial Acceleration)

7. 複式学級 (Combined Classes)

8. カリキュラム短縮 (Curriculum Compacting)

9. テレスコープ(期間短縮) カリキュラム(Telescoping Curriculum)

10. メンタリング (Mentoring)

11. 課外プログラム (Extracurricular Programs)

12. 遠隔学習 (Distance Learning Courses)

13. 同時・二重在籍 (Concurrent / Dual Enrollment)

14. アドバンスト・プレイスメント (Advanced Placement courses : AP)[24]

15. 国際バカロレア (International Baccalaureate : IB)[25]

16. 優秀な生徒のための特別高校 (Accelerated / Honors High School
 or Residential High School on a College Campus)

17. 試験による単位取得 (Credit by Examination)

18. 中学・高校・大学への早期入学
 (Early Entrance into Middle School, High School, or College)

19. 高校・大学の早期卒業 (Early Graduation from High School or College)

20. 大学での早修 (Acceleration in College)

(出典 : Assouline, S. G., Colangelo, N., & Tassel-Baska, J. V. (Eds.) (2015). *A Nation Empowered: Evidence Trumps the Excuses Holding Back America's Brightest Students, vol. II*, p.10 を基に筆者作成)

先取り学習を効率的に行うため、学校全体のクラス編成を二学年ごとの複式

学級（combined classes）[26]にしたり、複式学級を拡張し、全学年を無学年制（non-graded）にしたりする場合もある。

（3）科目別早修

　「科目別早修」は、通常のクラスの在籍しながら、数学や英語（reading）といったような得意な科目についてだけ特別クラスや上位学年のクラスに移動して授業を受ける方法である。これは部分早修の代表的な例であるが、特定の学問領域における生徒の優れた能力やレディネスに個別に対応しつつ、基本となる暦年齢クラスを崩さない点に特徴がある[27]。

（4）カリキュラム短縮

　「カリキュラム短縮」は、高い学力の子ども達のクラスで、一般のカリキュラムではありがちな既習内容の繰り返しを避け、それを省いた部分により進んだ新しい内容を導入するというもので、カリキュラム自体をコンパクトなものにするという方法である[28]。

（5）テレスコープ（期間短縮）カリキュラム

　「テレスコープ（期間短縮）カリキュラム」は、伸縮する望遠鏡（テレスコープ）の筒のように、理解力の高い子ども達に対して学習量をそのまま圧縮して短時間で履修させ、より早く上位の学年に進ませるという方法である。「カリキュラム短縮」が一般には飛び級を伴わないのに対し、「テレスコープ（期間短縮）カリキュラム」では飛び級を伴うことが多い点で両者は異なる[29]。

（6）試験による単位取得

　主に高校内で、ある科目の特定の学年・学期の範囲について試験を受けて、基準点に達していれば履修単位を取得出来る措置である。大学の単位取得に

ついても、カレッジボードが主催する「大学レベル試験プログラム（College Level Examination Program：CLEP)」を利用すれば、試験を受けるだけで必要な単位を取得することが可能である[30]。

　こうした学校内での措置の他、高大接続段階においては大学などの高等教育機関やカレッジボードといった外部機関との提携・連携による早修措置も盛んに行われている。そして才能教育の現代的変容の動きは、早修制度においては高大接続段階における外部機関との連携場面において最も顕著に見られることから、以下、高大接続段階における早修制度に焦点を当てて検討することにする。

2．完全早修制度の種類と接続類型

　上述した通り早修には様々な方法があるが、大別すると、K−12 学年の期間内で学習する年数を短縮する学年ベースの早修（Grade-Based Acceleration）と、科目によって通常よりも先の内容を学習する科目ベースの早修（Subject-Based Acceleration）とに分けられる[31]。前者は本来在籍すべき学年を飛ばして上位の学年に通常よりも早く在籍（課程修了）するものであり、いわゆる「飛び級」がその代表例である。また、後者は本来の学年に留まりながら上位学年配当の科目を科目ごとに履修（単位取得）するものであり、「科目ごとの早修」などがこれにあたる。飛び級を「完全早修（full acceleration）」、科目ごとの早修を「部分早修（partial acceleration）」と呼ぶことがあるため[32]、本論でも、以下、多様な早修措置を分類・整理する方法として、学年ベースの早修を「完全早修」、科目ベースの早修を「部分早修」として概念的に区別することにする（表 2-5）。

　完全早修には、「飛び級」の他にもいくつか種類があるが、このうち高大接続段階での完全早修の例としては、大学への早期入学（飛び入学）や早修中心のカリキュラムを持つ特別学校への入学などが考えられる。

表 2-5　早修類型に基づく分類

1．完全早修	2．部分早修
1）飛び級	1）科目ごとの早修
2）期間短縮（テレスコープ）	(A) 科目別早修
3）早期入学（飛び入学）	(B) 試験による単位取得
4）特別学校	2）大学科目の単位取得
(A) 早期カレッジ	～AP, IB, DE, CLEP 等
(B) 早期カレッジ・ハイスクール	3）大学による特別プログラム
(C) 州立寄宿制ハイスクール	～タレント・サーチ（CTY 等）

（注：表は早修の種類を基に筆者が独自に作成した）

　一般に予定されている時期よりも早く学校に入学する「早期入学」は、飛び級の一種と言えるが、幼稚園から大学に至るまで、全ての学校段階において実施されている[33]。例えば幼児の場合、通常5歳児が入園する幼稚園に4歳児が入ったり、未就学児が幼稚園（K学年）に入る代わりに小学校1学年に入学したりする場合の他、K学年の子どもが学年の半ばで小学校1学年に入学する場合もある。中学校や高校への早期入学も行われるが、非常に優れた才能を持つ子ども達に対応するための例外的措置として、大学への早期入学が従来から広く関心を持たれてきた。

　アメリカの大学入試には一般に年齢制限がなく、生徒が飛び級などで高校課程を全て早期に修了したことにより、通常の入学年齢である 18 歳を待たずに入学することが出来る。

　また、大学側が早期入学の特別プログラムを設けて、生徒が条件を満たせば通常の要件の一部を免除して入学を許可することもある（ジョーンズ・ホプキンズ大学やカリフォルニア州立大学ロサンゼルス校（CSULA）、ワシントン大学（ワシントン州）など）。

　例えば、カリフォルニア州立大学ロサンゼルス校の早期入学プログラム

（Early Entrance Program：EEP）[34]は、才能ある子ども達を早期入学さ
せる特別プログラムとして 1982 年に開始されている。11 歳以上の才能児に
大学教育機会を提供しており、入学時の平均年齢は 13.5 歳となっている[35]。
現在、約 130 人の優れた才能児が、「早期入学生（EEPsters）」として在籍
しているが、入学するには ACT で英語 22・数学 23 以上の成績、または SAT
で言語 550 点・数学 570 点以上の成績が最低限必要であり、また面接の他、
夏期プログラムとして 6 週間の "Honors Academy" の参加が課され、そこ
で優れた評価を得る必要があるなど、厳しい選考内容となっている。入学し
た学生のうち約半数が何らかの奨学金を得て生活しており、また学生達は皆、
勉強だけでなく各種イベントやクラブ活動・社会活動などに非常に積極的に
取り組んでおり、活動的に大学生活を送っているとされる[36]。

　学生達は「早期入学生」として最初の 3 年間は GPA 3.0 以上の成績が求
められ、また奨学金（Honors College scholarships）の資格を得るためには
GPA 3.3 以上の成績を維持する必要があるが、多くの学生はその基準をクリ
アしており、例えば 2016 年度においては 108 名の学生が GPA 3.5.以上の成
績を収めている。

　カリフォルニア州立大学ロサンゼルス校における EEP のデメリットとし
ては、卒業しても高卒資格は得られないことや、全米から優れた才能児が集
まるものの、寄宿を前提としたプログラムではないため大学内に EEP 学生
用の寄宿舎がないといったことが挙げられる。しかし、プログラムの内容自
体は "highly gifted" と呼ばれる特に優れた才能児の特別な教育的ニーズに
対応するよう企画されており、こうした子ども達に対する EEP の果たす役
割は大きいと言えるだろう。

　このように、早期入学は、大学だけでなく、小学校やミドルスクール、ハ
イスクールの各段階で行われているが、大学への早期入学（early admission
to college）が最も一般的である。連邦教育省の統計資料（Digest of Edu-
cation Statistics, 2012）によれば、2011 年度に 18 歳未満であったフルタ

イムの大学学部生は 181,732 名存在している。全体では 1,136 万人余りがフルタイムで在籍していたため、そのうちの約 1.6%が大学への早期入学もしくは過去に飛び級などを経験した学生ということになる[37]。

　こうした大学への早期入学は、才能伸長の点でその必要性が強く認められるようなごく少数の才能児を対象としている。中等教育と高等教育との間の制度的溝を 18 歳以上という通常の入学許可年齢よりも早期に、場合によっては中学生の段階で跳び越えるため、教育課程の断絶を必然的に伴う「跳躍型」の接続形態と言える。

　次に、組織的に早修を行う特別学校に関しては、例えば高校卒業資格は取得出来ないものの、第 11 学年から 4 年間で準学士と学士の学位を取得させるサイモンズ・ロック（Bard College at Simon's Rock）がある。4 年制のリベラルアーツ・カレッジとして認可された早期カレッジ（early college）であり 50 年以上の歴史を有するが、高等教育機関としてはあくまで例外的な存在である[38]。

　これに対し、公立高校でありながら第 9 学年から 4 年間で高校卒業資格とコミュニティ・カレッジ（公立短大）の「準学士」の学位を取得させる「早期カレッジ・ハイスクール」は全米 28 州で約 240 校（2011 年時点）存在する[39]。4 年間の前半で高校のカリキュラムを短縮して修了し、後半では大学のカリキュラムで単位を修得するため、卒業後は 4 年制大学の 3 年次に編入学することになるが、授業料は原則無料のため、社会経済的に不利な才能児の受け皿としての役割を果たしている。

　また、数学や科学の分野で優れた才能を示す生徒には、高度な理数系教育が行われる「州立寄宿制数学・科学学校（state-supported residential school of mathematics and science）」、通称「州立寄宿制ハイスクール（サイエンスアカデミー）」も 16 校（2009 年時点）存在する[40]。卒業しても大学の学位は取得できないが、組織だった早修カリキュラムが提供され、AP などにより大学の単位取得がなされるため、早修型の特別学校と言える。

その他にも才能児を対象とした特別学校の中には、ネバダ州のデイビッドソン・アカデミー（Davidson Academy）[41]のように、極めて優れた才能児（profoundly gifted）に対し大学側と一体となって非常に高度な早修・拡充教育を実施するところもある。

こうした早修型の特別学校では、教育課程に関して中等教育と高等教育の境界線は明確ではなく、大学レベルの高度な教育内容が早期に提供されることで生徒一人ひとりの学習の個性化が促進されている。そのため、高大接続の形態としては「融合型」に類型化出来るだろう。

3．部分早修制度の種類と接続類型

前節のような完全早修制度は対象者が限られているため、才能児と認定された生徒を含め多くの学業優秀な高校生は、一般の高校に在籍しながら、高大接続における早修手段として、AP や IB プログラム、二重在籍制度などの大学の単位取得が可能な部分早修制度を利用するのが通常である。

例えば AP と IB は、どちらも高校の教員が、高校の選択科目として大学レベルの科目を教授するものであり、受講した高校生が大学入試協会（College Board）や国際バカロレア機構（IB Organization）による認定試験に合格した場合、大学での単位取得の資格が与えられる。特に AP プログラムは 2014 年度には海外を含め 21,594 の高校で実施され、4,154 の大学がAP 試験の結果を単位認定に利用するなど全米で広く普及しており、ごく少数の才能ある生徒のための早修的措置という枠を超えた拡充教育的側面を持つ[42]。

一方、二重在籍プログラムは、高校生が大学のキャンパスなどで授業を受けることにより、大学で提供される科目を早期に履修するものである。取得した単位は、協定に基づきその大学や他の大学に入学後利用出来る他、高校の卒業所要単位としても使うことが可能である[43]。

こうした部分早修制度は、中等教育と高等教育の制度的溝を個々の得意分

野に限って早期に跳び越える例外措置であり、既存の学校体系を維持しつつ生徒の教育ニーズに合わせて柔軟に対応しようとするものである。但し、プログラムの種類や内容によって核となる教育機関は異なり、その多くは中等教育と高等教育との連携によって接続面が部分的に重なり合っていると言える。例えばAPやIBプログラムでは高校側が主体となって大学レベルの授業を行っており、中等教育の延長として高等教育を行うことで、中等教育機関による高等教育の重層化が認められる。そのため、こうした接続は、教育課程の連続性を重視した「重層型」の接続形態と捉えることが出来る。

　上述したような部分早修制度は高校における能力別集団編成を前提としているが、その他にも補完的な個別措置として「大学レベル試験プログラム（College-Level Examination Program：CLEP）」や「タレント・サーチ（Talent Search）プログラム」がある。CLEPは高校生が独学で大学レベルの科目を習得し、大学入試協会による認定試験に合格した場合、大学での単位取得の資格が与えられる制度であり、現在5分野33科目の試験が行われ、約2900の大学で単位として認められている[44]。また、タレント・サーチプログラムは主に数学的才能の発掘を目的としており、ジョーンズ・ホプキンス大学のCTY（Center for Talented Youth）をはじめとする各大学のタレント・サーチセンターが主体となり、SATやACTなどの大学入試学力テストで好成績を収めた生徒に様々な早修の機会を提供している[45]。その他、高等教育への接続手段として、インターネットを利用したオンラインでの遠隔学習（distance learning）も急速に普及している[46]。

　これらの補完的な部分早修制度では、特に高校という学校組織を媒介としなくても、生徒は直接自由に大学へのアクセスを行うことが可能である。そのため、こうしたより個別性の強い接続は、高大間の連携を特に前提としない「部分跳躍型」の接続形態と言えよう。

　なお、国立才能教育研究所（NRC／GT）が2013年に発表した高校段階の才能教育に関する全米調査報告書（Status of High School Gifted Pro-

grams 2013）⁴⁷によると、多様な早修制度のうち最も多く実施されている
プログラムは AP であった（有効回答 214 の学区のうち 194 学区が実施、
実施率 90.7%）。次に多いのが二重在籍（同 186 学区、86.9%）で、以下、
オンラインなどによる遠隔学習（同 108 学区、50.5%）、IB（同 28 学区、
13.1%）、州立寄宿制ハイスクール（同 12 学区、5.6%）、才能児のための全
日制特別学校（同 9 学区、4.2%）などとなっており、「重層型」の AP と二
重在籍プログラムが部分早修制度の中心と言える。

第 3 節　教育改革の影響と早修制度の変容

1．「跳躍型」完全早修制度への圧迫

　第 2 節では多様な早修制度の特徴を静的に捉えて四つに類型化したが、本
節ではその中でも才能教育の柱である「跳躍型」と「重層型」の早修制度を
中心に、動的な視点として 1980 年代に始まった一連の教育改革の影響に着
目しながらその特質を分析する。

　まず、第 1 章で述べた通り、『危機に立つ国家』を契機として始まった一
連の教育改革は、それまでの才能教育を軽視し、圧迫する方向で作用したが、
その中でも特に飛び級や飛び入学など、従来のごく少数の優れた知的才能児
を対象とした「跳躍型」の完全早修制度に深刻な影響を及ぼした。

　例えば連邦教育省の統計資料（Digest of Education Statistics, 2012）に
よれば、学位授与高等教育機関（大学・大学院等）の全学生数（秋学期在籍・
フルタイム）は一貫して増え続けており、1970 年では 581.6 万人であった
学生数は 2010 年では 1308.2 万人へと 2 倍以上増加している。一方、18 歳
未満（14 歳から 17 歳）の学生数（秋学期在籍・フルタイム）は、1970 年
では 24.6 万人存在していたが、学力格差の解消を重視する教育改革が始まっ
た 1980 年代以降急激に減り始め、2000 年では 12.1 万人と半分以下にまで
落ち込んでいる。

　また、2002 年 1 月には、標準テストを基礎にした厳格なアカウンタビリ

ティシステムを要求するNCLB法が成立したが、フォーダム協会（Fordham Institute）による全米調査[48]によると、「NCLB法は優秀な生徒に良い影響を与えている」と答えた教師は10%しかおらず、78%の教師が、「低学力の生徒達を『熟達（proficiency）』のレベルに到達させることがとても重要なので、優秀な生徒達の教育ニーズへの対応は後回しになっている」と答えている[49]。

そして、標準学力テスト中心の教育が強化され、目標に達しない場合には学校再建を含む厳しい是正措置が講じられるようになった結果、飛び級や飛び入学の対象となる才能児に対して、敢えてこうした早修措置を行わない学校が出てきていることも指摘されている。なぜなら、現在の学年レベルにおいて高得点が期待できる才能児たちが早修措置によってその学年に在籍しなくなることで当該学年の標準学力テストの平均点が低下し、州政府が定めた適正年次進捗度（adequate yearly progress : AYP）の達成に影響が出ることを学校側が憂慮したためである[50]。

更に、テスト結果が管理職や教師の業績評価に影響を及ぼすハイステイクなテスト体制の下では、カリキュラムがテストの準備を中心としたものに変質しているとされるが[51]、標準テストを過度に評価する教育改革は、多彩な才能を総合的に評価するためのポートフォリオ評価など「真正の評価（authentic assessment）」を重視する才能教育とは相容れないものであり、この点でも才能教育プログラムの実施を阻害する一つの要因となっている。

実際、才能教育の領域において、ポートフォリオ評価は才能児の学習成果の評価方法として利用される他、才能児の認定の際にも用いられており、高校段階の才能教育に関する全米調査報告書（Status of High School Gifted Programs 2013）によると、およそ3割の学区で、標準化された学力・知能テスト以外の才能児認定資料としてポートフォリオ評価を採用している[52]。しかし、NCLB法の成立によって、ポートフォリオ評価は予算面での問題の他、標準学力テストのスコアとの関連性が問題視されるようになり、現在多

くの州で廃止を余儀なくされている[53]。

　以上のように、基礎学力の底上げを目指した一連の教育改革は、才能教育の中でも特に「跳躍型」の完全早修制度に対してはこれを圧迫する方向に働いており、優れた才能を持つ子ども達の早期の高大接続の機会を制限する側面があったと言える。近年、飛び級や飛び入学者数はある程度回復傾向が見られ、前述の連邦教育省の統計資料（Digest of Education Statistics, 2012）によると、2010 年では 18 歳未満（14 歳から 17 歳）の高等教育機関秋学期在籍学生数は 17.0 万人にまで回復しているが、それでも 1970 年時の 7 割に満たず、全学生数に占める割合は依然低いままである。

2.「重層型」部分早修制度の拡大

　それでは、一連の教育改革は、「重層型」の部分早修制度に対してはどのような影響を及ぼしたのであろうか。結論から言えば、主に次の二点が挙げられる。一つは、効率主義から適能教育主義[54]への転換と大学進学者の増大により、「重層型」早修制度の拡大化・多様化が見られる点であり、もう一つは、学力不足の大学生の増加によって円滑な高大接続を促進するという新たな目的が付け加えられ、才能の伸長を目的とした「重層型」早修制度に大きな変容が見られる点である。そこで本節以下、この二点について詳述する。

　1980 年代に始まった学力の底上げを目指した教育改革の影響は、才能の概念や才能児の認定方法、教育プログラムの内容等に根本的な変化をもたらし、子どもを才能児か否かに二分することなく、多様な能力・興味・学習スタイルのプロフィールに基づいて全ての子ども達の潜在能力を最大限伸ばそうとする方向へと才能教育を進展させた[55]。その結果、拡充プログラムの充実とともに、早修制度においては特に部分早修制度の拡大と多様化が顕著である。

　例えば、「重層型」の部分早修制度のうち最も多く実践されているプログラムとして AP プログラムが挙げられる。1955 年に始まった AP は、近年

利用する生徒が急速に拡大し、2000 年度では 844,741 人だった参加者は、2014 年度には 2,483,452 人にまで増加している[56]。また、参加者数のみならず、履修出来る分野・科目も増えており、現在 40 近くの AP コースが存在する。

　一方、国際バカロレア機構が 1968 年から実施している IB プログラムは、1971 年に初めてアメリカで導入されたが、現在では 1726 校にまで参加校が拡大し、そのうち 893 校が高大接続に関係するディプロマ・プログラム実施校である[57]。IB ディプロマの取得は国際的に大学入学の選考で優遇される他、その試験結果は、現在多くの大学で単位認定にも利用されている。但し、IB は本来、多文化社会を前提としたグローバルな全人教育を目標に 3 〜19 歳までの子ども達を対象とした総合的な教育プログラムであり、高校生を中心にアカデミックな能力伸長の機会を与えることを主目的として大学への早期の接続を目指す AP とはその性質が異なっている。そのため、IB は才能教育の一手段というよりはむしろ「学校選択制における魅力的なブランド・プログラムとして」[58]導入が進んでおり、大学側としても単位認定の際、AP をより幅広く活用する傾向がある[59]。

　更に、高校生が同時に大学にも在籍する二重在籍制度も、高校と大学の両方の単位を取得できるデュアルクレジットコース（dual credit courses）を中心に普及している[60]。統計資料（Dual Credit and Exam-Based Courses in U.S. Public High Schools : 2010-2011）[61]によれば、2010 年度には 82% の高校でデュアルクレジットコースに生徒が在籍し、69%の高校で AP または IB コースに生徒が在籍している。またその数はデュアルクレジットコースが約 200 万人、AP または IB コースは約 350 万人とされ、59%の高校がデュアルクレジットコースと AP または IB コースの両方に生徒が在籍していると報告されている。そして、デュアルクレジットコースに在籍する生徒がいる高校のうち、14%の高校で中等後教育の修了証（postsecondary certificates）を手にした生徒がおり、7%の高校では準学士号を取得した生徒が

存在しているとする。

3.「重層型」部分早修制度の変容

　こうした「重層型」を中心とした部分早修制度の拡大と多様化は、才能の多元的理解に基づく才能教育の広がりと、全ての子ども達に卓越性の達成を求める一連の教育改革の影響によって、対象者の拡大が積極的に指向された結果だと考えられる。例えば、現在の AP プログラムには、数学や物理といった学問領域のみならず音楽理論や視覚芸術（visual arts）に関する科目も幅広く含まれており、芸術的な才能を伸ばす手段として AP プログラムも大きな役割を果たしている[62]。また、2002 年に成立した NCLB 法においては、社会的に不利な状況にある子ども達の成績向上を目指したタイトル I のパート G に AP プログラムに関する規定（Sec.1702-1707）が設けられ、貧困家庭の生徒に対する AP テスト受験料の補助をはじめとする様々な財政的支援が行われている[63]。

　しかし、近年、急速に早修制度の拡大化・多様化が進むにつれ、特に「重層型」の部分早修制度に大きな変容が見られるようになったことに注意する必要がある。即ち、大学進学者の増加に伴い平均的な学力の生徒もそうしたプログラムに数多く参加するようになったことで、才能教育としての意味が薄れ、代わりに円滑な教育接続を実現するための方途としての役割が増大してきたのである。

　基礎学力の向上を重視した教育改革の進行とともに、高等教育の大衆化によって大学進学者は大幅に増加したが、中等教育と大学との接続問題として多くの大学生が大学の授業についていけない状況を生み出した。例えば、大学入学後のリメディアル教育の実施状況について、2011-2012 年度の全米教育統計局（National Center for Education Statistics：NCES）の統計資料を見ると、リメディアルコースの受講率は全体で 32.8% となっており、特に、4 年制大学進学者の受講率（28.7%）に比べ 2 年制大学進学者の受講率が高

く（40.8%）、無選抜を原則とするコミュニティ・カレッジなどの 2 年制大学ではレディネス不足の学生が多いことが明らかとなっている[64]。また、こうした大学教育に対するレディネス不足は、大学生や大学教員の意識調査にもはっきりと表れており[65]、高校における大学進学に向けた学力形成は一般に不十分と言わざるを得ない。そのため、教育的接続に関する政策として、K－12 教育においては大学レディネスが定義され、それに基づく評価システムの構築が目指されるなど、継ぎ目のない（seamless）教育的な接続関係に向けての取り組みがなされており[66]、「重層型」部分早修制度の代表例である AP プログラムの拡充もその一環と捉えられるのである。

　しかしこうした AP プログラムの目的の変化を伴う実施の拡大・一般化によって、高得点を取る受験生の比率の相対的な低下をもたらし、高校では優れた教師による授業を均質的に行うことが困難になるなどの問題を生じさせている[67]。その結果、AP の試験成績が若干低くても単位認定を行う大学がある一方で、例えばハーバード大学では 2002 年度から試験成績 5 のみを単位として認めるなど、名門校や難関大学を中心に単位認定基準に関する大学側の要求は厳しくなっている[68]。

　また、卒業率の改善やリメディアル教育の減少を期待し積極的に AP プログラムを活用する大学が増加する一方で、9 万人を超える高校生を対象としたウォーンら（Warne, R. T. et al., 2015）の調査によれば、単に AP プログラムに参加し科目を履修しただけではカレッジ・レディネスとしての効果は薄く、大学入学者の選抜に用いられる SAT 等のスコアにおいて学業成績の優秀性は認められないことが明らかになっている[69]。そのため、才能教育の枠を超えた AP プログラム対象者の急激な拡大には、プログラムの質の維持や学業成績との結び付きといった点で課題が多いと言える。

　もっとも AP プログラムには、そうした円滑な教育接続を目指し、大学レディネスを改善する役割が期待されているだけではない。例えば近年、大学が新入生を選抜する際に重要な基準として考慮することが多い GPA や SAT

の点数の上昇によって、選抜性の高い大学では新たな選抜基準として AP プログラムを活用しようとする動きが見られるなど、入試選抜の手段としての役割も期待されている[70]。また、AP を活用する大学側のメリットとして、AP 試験の結果を単位認定することにより大学の一般教養コースの学生数を抑えられる点が挙げられる。特に州の財政状況により予算的な制約の大きい州立大学では、大学運営において一般教養コースに十分な教員を配置出来ないという問題を抱えており、AP の活用にはこうした問題を改善する効果もあると考えられる[71]。

　しかしそうした大学側の期待の一方で、最近ではアメリカの進学校と呼ばれるハイスクールなどで、AP プログラムを廃止する動きも出ている。例えばワシントン D.C.では、複数の名門私立学校が 2018 年 6 月に共同声明を行い、「実用性の低下（diminished utility)」に注目しながら 2022 年までに AP クラスを廃止することを発表している[72]。その理由として、大学入学のチャンスを広げるため AP プログラムに無理に参加することにプレッシャーを感じる生徒が多いことを挙げ、代わりに学校側は「協働的、経験的で学際的な学習」に向けたクラスを提供することを計画しているという。

　このように、近年、AP コースをやめてプロジェクトベースの実践的なコースワークに移行する傾向が私立学校を中心に全国的に見られるが、これは、規格化・構造化された AP プログラムの内容が、必ずしも創造的・能動的な学習を求める才能児や学業優秀な生徒達の学習ニーズに合致しているとは限らないことを示していると言えるだろう。

　それでは次に、AP プログラムと並んで、「重層型」の部分早修制度のもう一つの代表例である二重在籍プログラムにはどの様な変容が見られるだろうか。これに関しては、特に二重在籍プログラムの目的が多様化することで、学力に問題を抱える生徒や職業教育を希望する生徒にまで対象者が拡大し、その目的に応じて様々な内容やレベルの教育プログラムが提供されるようになった点が指摘出来る。

大学と複数の高校が協定を結ぶことで両方の単位が取得可能となるデュアルクレジットプログラムは、1972 年にシラキュース大学が 9 校の高校と提携して始めた "Syracuse University Project Advance（SUPA）" が最初とさるが[73]、その当初の目的は、卒業要件を早期に達成した優秀な生徒達の知的好奇心を満たし、学習意欲の減退を防止することにあるとされ、専ら才能児を含む成績上位者を対象としたものであった[74]。

　しかし『危機に立つ国家』を契機として様々な生徒の学力の向上が目指されるようになると、州政府主導の下、高校と大学との連携協定の枠組み作りや単位互換制度の構築が進められ、二重在籍プログラムも AP や IB プログラムと同様、主に 11、12 学年生を対象に普及していく[75]。そして、大学進学率の上昇に伴い、社会経済的に不利な子ども達を含むあらゆる生徒のカレッジ・レディネスを高めることが意識されるようになると、二重在籍プログラムの主な目的もカレッジ・レディネスや自制心の獲得、モチベーションや独立心の向上にあるとされるようになり、また、プログラムに参加するための能力的条件も一般に才能教育プログラムで求められるほど厳しいものではなくなってくるのであった[76]。

　こうした流れの中で、二重在籍プログラムには難易度の低い基礎科目も取り入れられるようになり、また、プログラムの実施にあたっては、マイノリティなど社会経済的に不利な子ども達のアクセス拡大のため、本来大学に支払われるべき授業料が免除されるなど、近年では、成績中・下位層の高大接続を円滑に進め、大学中退といった将来的リスクを防止するための包括的移行支援策としての意味合いが強くなっている[77]。

　更に、2000 年代以降、職業教育の一環として二重在籍プログラムが利用されるようになっており、こうした動きは AP や IB プログラムとは異なる大きな特徴と言えるだろう。即ち、高校における職業教育への不信や職業教育の高等教育化を背景に、近年、職業教育の領域では高大の垣根を越えた教育課程の体系化が目指されており[78]、二重在籍プログラムにおいても、職業

教育科目や労働市場との関連性を持った科目構成を特徴とするプログラム
が増加している。

　なお、二重在籍プログラムのキャリア・技術教育への広がりは統計資料か
らも確認出来る。例えば、部分早修制度に関する統計資料（Dual Credit and
Exam-Based Courses in U.S. Public High Schools : 2010-2011）によれば、
全ての公立高校のうち 49%の高校が、生徒達がキャリア・職業技術中心の
デュアルクレジットコースを取っていると答えている（アカデミック中心の
コースを取っている生徒がいる高校は 76%）。また、キャリア・職業技術中
心のデュアルクレジットコースには約 601,500 人が在籍しているとされる
（アカデミック中心のコースに在籍する生徒数は約 140 万人）。こうした二
重在籍制度を活用したキャリア・技術教育の広がりは、主にコミュニティ・
カレッジとの連携という形で表れている[79]。アメリカにおける高等教育の
「マス化」「ユニバーサル化」を担ってきたコミュニティ・カレッジと積極
的に連携することで、アカデミック中心の大学進学者を対象とした AP プロ
グラム以上にプログラム内容の多様化が推し進められていると言える。

　また、こうした二重在籍プログラムの変容は、プログラムの実施態様にも
大きな変化を与えており、その一例として、二重在籍プログラムによって接
続された高等教育の場が、指導者を含めて大学から高校へと拡大してきてい
る点が挙げられる。従来のように高校生が大学キャンパス等（postsecondary
campus）で受講する場合は、そのコースに大学生等（postsecondary stu-
dents）も一緒に在籍していることが多く、指導者は主に大学教員である。
しかし現在、高校のキャンパスやキャリアセンターなど大学キャンパス以外
の場所でも実施されており、その場合指導者は高校教員のみというケースも
多い[80]。つまり、二重在籍プログラムも近年、学習環境や指導者の点で AP
や IB プログラムとの類似点が見られるようになっており、こうした点も、
二重在籍プログラムに関する現代的変容の特徴の一つと言えるだろう。

4．その他の接続類型に対する影響

　最後に、「融合型」と「部分跳躍型」の早修制度に対する教育改革の影響についても考察しておきたい。

　まず、才能児のための特別学校を中心とした「融合型」の早修制度は、教育改革の新自由主義的側面によって「跳躍型」の完全早修制度とは異なる影響を受けたと考えられる。例えば、当初、人種統合政策の一環として制度化されたマグネットスクールは、1980年代以降「卓越性（excellence）」実現の手段へと変容し、特に1990年代に入ると、教育の市場化を進める教育政策によって拡大と強化が図られた。その結果、学校選択制の一環として才能教育を重視するマグネットスクールが数多く作られただけでなく、チャータースクールの設置や教育バウチャー制度の実施も才能児の学校選択に影響を与えている[81]。また、州立寄宿制ハイスクールや早期カレッジ・ハイスクールなどの特別学校も、その多くが1980年代以降に設立されているが、こうした動きは、一連の教育改革が予算削減などにより基本的に才能教育を圧迫する方向に働く一方で、特別学校の設置という点ではプラスに作用し、エリート養成との批判を受けながらも結果的に才能教育の多様な展開に寄与する側面があったことを意味する。また、才能児や学業優秀な生徒を対象とした特別学校の設置・運営には、科学技術分野を中心に優れた人材の育成を目指す効率主義的な政策意図の存在も無視することは出来ないだろう。このように、「融合型」の早修制度には、教育の市場主義や効率主義の影響が比較的はっきりと認められる点で特徴的である。

　一方、補完的な個別措置である「部分跳躍型」の早修制度に関して言えば、CLEPなどの制度利用は拡大傾向にあり、その意味ではAPやIBプログラムの利用拡大の動きとパラレルに考えることが出来る。但し、「重層型」の部分早修制度に比べ、より個別性の高い「部分跳躍型」の早修制度においては、特にインターネットを利用したオンラインでの遠隔学習の利用拡大が著しいが、これは教育改革の影響というよりは、むしろ情報通信技術（ICT）

の進歩によるところが大きいと言えるだろう。

第 4 節　早修制度の拡大を目指した取り組み
1．オハイオ州における政策動向

　早修は、これまで検討してきたように、才能教育の主要な実践方法として古くから行われている一方で、それに反対する者も多く、特に完全早修制度は、才能教育の拡大化が進む現在においても広くコンセンサスを得ているとは言い難い状況にある。しかし、2000 年代以降、『欺かれた国家』や『権限を与えられた国家』といった早修制度の有効性を強調する研究報告書がテンプルトン財団によって大々的に公表されたことで、そうした状況を打開し、積極的に早修制度を活用しようとする州も出てきている。ここでは、その一例として、2006 年に早修制度に関する政策モデル（Model Student Acceleration Policy for Advanced Leaners）を作成し（ODE, 2006）、各学校区にそれを示すことで早修制度の実施を求めたオハイオ州を取り上げ、積極的に早修制度の拡充を図ろうとする州の具体的な動きについて述べる。

　まず、2006 年の段階で、オハイオ州教育省特別教育局（Office for Exceptional Children）は、オハイオ州における早修制度の利用状況について次のように指摘している。

　「オハイオ州の大多数の学校区では、2004 年度、幼稚園（kindergarten）への早期入園や飛び級をした子ども達は一人もいなかった。しかし、こうした制度を実施している一握りの学校区では、早修の経験は教師や生徒達に非常に肯定的に捉えられていた。それらは、小さな田舎の学校区から、人種・民族的に多様な都会の学校区まで幅があったが、その全てが、高い能力を持つ生徒に対する介入方法として早修を上手く利用しており、早修制度の利用の拡大や職能開発の提供がなされるにつれ、教師たちの間で早修に対する肯定的な見方が広がっている」[82]。

　またその一方で、オハイオ州において早修制度の利用が妨げられている要

因については次のように述べている。

・早修に関する研究に対する認識が不足しており、数多くの研究成果によって否定されているにもかかわらず、教師達の間で、年上の生徒達と一緒にすることは賢い子ども達にとって社会的・情緒的に有害である、と未だに広く信じられている。
・学校区の政策に、早修に対する不合理な基準を含んでいる場合や、早修を利用しないよう明記している場合、時には教師や保護者を誤解させるような不正確な情報を用いている場合などがある。
・建築構造上の問題、特に、科目別早修において、生徒が二つの校舎を行き来しなければならないといった問題が生じる。
・州や地方の教育政策に関し、教師達の間で混乱が見られる。

　こうした現状を踏まえ、オハイオ州教育省による早修に関するモデルポリシーは、早修を妨げる要因に対処し、早修に関する職能開発を促す機会を作り出すために作成されており、オハイオ州教育省と州教育委員会は、このモデルポリシーが各学校区の早修措置の利用促進に役立てられることを望んでいるとする[83]。

　そして現在、アカデミックな科目の早修に関するオハイオ州モデルポリシーの採択を受け、各学校区も州のモデルポリシーを採用し、早修制度のガイドラインを定めている。例えば、オハイオ州最大の学校区であるコロンバスシティースクールズ（Columbus City Schools）は、州法および ODE 規定に従い、州が定めた方針を遵守することを HP 上で明示するとともに、学問的早修（アカデミック・アクセラレーション）に関するガイドラインを策定している[84]。

　なお、コロンバスシティースクールズのガイドラインによれば、同学校区で実施される早修のタイプは次の 5 つである。

(1)　飛び級（Whole Grade）

(2)　科目ごとの早修（Single-Subject）

(3)　幼稚園（kindergarten）への早期入園

(4)　小学校 1 学年への早期入学

(5)　早期卒業

　また、早修の実施にあたっては、「一つ又はそれ以上の教科で特に優れている生徒は、特定の教科又は学年レベルでの早修が検討される。そのための推薦は遅くとも学期開始 60 日前になされなければならない。早修による生徒の配置は、学校区の早修政策指針（アクセラレーション・ポリシー）に従って決定される」とされ、年間予定表に沿って早修の申請やアセスメントの時期などが定められている（表 2-6）。

表 2-6　早修決定に関する年間予定表（Acceleration Timeline）

8 月 23 日〜11 月 3 日	後期（second semester）の早修に対する推薦受付
10 月 1 日〜12 月 15 日	後期の早修に対するアセスメントとプレイスメント・ミーティング
1 月 4 日〜3 月 29 日	秋季（fall）早修に対する推薦受付
3 月 1 日〜6 月 1 日	秋季早修に対するアセスメントとプレイスメント・ミーティング
4 月 1 日〜5 月 13 日	早期入学申請期間
6 月上旬〜中旬	早期入学に対するアセスメントとプレイスメント・ミーティング

（出典：Columbus City Schools: Academic Acceleration (http://www.ccsoh.us/Acceleration.aspx. 2017 年 7 月 29 日取得)を基に筆者作成）

２．現在の実施状況

　それでは、州政府のこうした努力によって、現在オハイオ州における早修の実施状況はどのようになっているだろうか。この点、オハイオ州の各学校区は、毎年、才能教育に関する報告書（report card）を州政府に提出することを義務付けられており（ORC 3302.21）、それを基に州政府は各学校区の実施を①生徒の複数年の成績の伸びを評価したグレード（Gifted Value Added Grade）、②生徒の現在の成績を評価したインデックス（Gifted Performance Index）、③才能児として認定された生徒の割合の加重平均値（Gifted Inputs Points）の３つの指標を用いて評価しランク付けを行っている[85]。

　公開されたデータ[86]によれば、2017-2018 年度において、ランク付けされた全 563 学校区（チャータースクールや STEM スクールなどの特別学校を含む）の中で最も総合評価が高かった学校区は、カヤホガ（Cuyahoga）郡のソロンシティ（Solon City）学校区であった。同学校区では、K−12 学年在籍者数 4,508 人のうち、才能児認定者数は 1,467 人で、全体の約 32.5% を占め、実際に才能教育サービスを受け取っている生徒も 1,463 人と、認定された才能児のほぼ全員が何らかの才能教育を受けていた。また、認定された才能児のうち科目別早修者数（subject accelerated students）は 624 人（才能児認定者数の約 42.5%）、学年全体を飛び越える飛び級者数（whole-grade accelerated students）は 20 人（才能児認定者数の約 1.3%）となっている。

　これに対し、オハイオ州最大の学校区であるコロンバスシティースクールズは、教育環境に恵まれない貧しい家庭も多く集まる都市部にあるため、総合ランキング 548 位とオハイオ州全体では下位に位置している。同学校区では、K−12 学年在籍者数 50,049 人のうち、才能児認定者数は 4,791 人となっており、全体の約 1 割（9.57%）が才能児として認定されている（但し、実際に才能教育サービスを受け取っている生徒は 1,752 人で、認定された才

能児の約 36.5%にとどまっている）。また、科目別早修者数（subject accelerated students）は 708 人（才能児認定者数の約 14.7%）、学年全体を飛び越える飛び級者数（whole-grade accelerated students）は 66 人（才能児認定者数の約 1.3%）となっている。

　このように、各学校区において早修措置を経験している子ども達の割合は大きく異なるものの、現在では、ほぼすべての学校区で早修措置は実施されており、特に科目別早修が積極的に活用されていた。オハイオ州では早修制度の実施を法的に義務付けてはいないものの、各学校区に早修に関するモデルポリシーの採用を促しており、また、才能教育に関するレポートカードの提出を義務付け、州政府が詳細にそれを分析・評価することで、早修の実施をめぐる各学校区の状況は、実施の乏しかった 10 年ほど前と比べると大きく変わってきていると言える。

第 5 節　小括

　飛び級や飛び入学といった早修制度は、通常のカリキュラムを短期間でこなしていけるだけの優れた学習能力を必要とするため、全ての子ども達を対象とすることは困難である。しかしながら、高大接続の場面では、ごく少数の才能児に限らず、学業優秀な生徒達を対象に、AP プログラムなど大学の単位取得が可能な特別プログラムの実施が広く一般化しており、こうした高大接続に関する部分早修制度の拡大が、才能教育の現代的変容の一つの大きな特徴と言えるだろう。

　本章では、才能教育の主要なカリキュラム類型である早修制度の意義と内在する課題について考察した後、才能教育の変容が著しい高大接続段階を中心に考察を行った。考察にあたっては、早修制度に対する教育改革の影響を検討しやすくするため、高大接続形態に着目して早修制度の類型化を試み、その結果、早修制度の種類によって高等教育への早期の接続形態は、「跳躍型」「融合型」「重層型」「部分跳躍型」の大きく四つに類型化出来ることを

示した。こうした類型化によって明らかとなった多様な接続形態の存在は、生徒一人ひとりの特別な教育的ニーズを重視した結果と言え、才能教育における「円滑な接続」の意味を、単に外形的な教育課程の連続性から捉えることの不十分さを表していると考えられる。

　次に、1980年代以降の教育改革の影響に留意しながら接続類型ごとに早修制度の展開を考察した。その結果、特に飛び級や飛び入学などの「跳躍型」の完全早修制度は、学力の底上げを優先する教育改革の影響によってその実施が阻害されていた一方で、AP を中心とする「重層型」の部分早修制度は、才能教育の理念の変化に伴って一般的な教育制度へと拡張され、プログラムの多様化や規模の拡大化が顕著であった。また、特別学校などの「融合型」や補完的な「部分跳躍型」の早修制度もそれぞれ教育の市場主義の影響やICT の進歩によって拡大傾向が見られた。これは才能教育におけるアーティキュレーションの中心が、高大間の制度的溝を早期に跳び越える従来の「跳躍型」の接続形態から、「融合型」「重層型」といった接続面の融合や部分的な重なりを重視するその他の接続形態へと移行してきていることを意味する。こうした接続形態の移行は、高等教育への早期の接続に対する抵抗感や精神発達面での問題を解消し、より多くの子ども達の多様な能力や特性に柔軟に対応することを可能にする点で大きな意義が認められるだろう。

　但し、そうした変化の中で才能の伸長を目的とした早修制度は、学力不足の生徒に対する円滑な教育接続を促進する手段としても認識されている点に留意する必要がある。即ち、大学進学者の増加によって中退率の増加やリメディアル教育の必要性が問題となっており、AP プログラムを中心とした「重層型」の部分早修制度には特にそうした状況を改善する役割が期待されていた。またその反面、選抜性の高い大学では、AP の単位認定を厳格にしたり、新たな選抜基準として AP を用いたりするなど、通常教育との近接・融合化が進む早修制度には、才能の伸長という本来の目的の他に様々な目的や機能が付加される状況になっている。

　更に本稿では、部分早修制度がアカデミックな分野での接続のみならず、キャリア・職業技術教育との接続や連携にも二重在籍制度を中心に大きな役割を果たしていることを指摘した。

　このように近年の才能教育は、一連の教育改革の影響によって早修制度の類型ごとに異なる展開を見せているが、全体的に見れば、部分早修制度を中心に、ごく少数の才能児を対象とした特別教育から、学業優秀な子ども達を対象とした一般的な教育制度へと構造変容が進んでいると言えるだろう。

　それでは、才能教育のもう一つのカリキュラム類型である拡充教育においてはどのような動きが見られるのであろうか。次章では、固定的能力観から多元的能力観へと転換したことから全ての子ども達を対象とする拡充教育が広がっている現状を明らかにするとともに、マイノリティ・アクセスの拡大を目指したカリキュラムモデルの特徴を分析することで、社会経済的に不利な子ども達の教育機会を確保するため、どのような努力がなされているのかを考察する。

---

[1] Stephens, T. M., & Wolf, J. S. (1978). The Gifted Child. In Haring, N. G. (Ed.), *Behavior of Exceptional Children: An Introduction to Special Education (2nd ed.)* (pp.387-405). Columbus OH: Charles E. Merrill Publishing Company, A Bell & Howell Company, p.402.

[2] 能力別集団編成も激しい議論が続いているテーマである。能力別集団編成を支持する立場は、それが才能児をより刺激し良い影響を与え、また、新しいリーダーの出現を促すと考えている一方で、それに反対する立場は、エリート主義を助長し、公平性の原則に反すると主張する。*Ibid.*, p.402.

[3] Colangelo, N., Assouline, S. G., & Gross, M. U. M. (2004). *A Nation Deceived: How Schools Hold Back America's Brightest Students, I・II*. The University of Iowa.

[4] この報告書の第 1 巻は 10 か国語に翻訳されており、ウェブサイトからは 15 万部以上がダウンロードされている。Assouline, S. G., Colangelo, N., & Tassel-Baska, J. V. (Eds.) (2015). *A Nation Empowered: Evidence Trumps the Excuses Holding*

Back America's Brightest Students, vol. I. Belin-Blank Center, College of Education, The University of Iowa, p.8.

5 岩永雅也 (2010)「早修の方法と意義」岩永雅也・松村暢隆編著『才能と教育――個性と才能の新たな地平へ――』放送大学教育振興会, pp.88-102.

6 Colangelo, N., Assouline, S. G., & Gross, M. U. M. (2004). *A Nation Deceived: How Schools Hold Back America's Brightest Students, vol. I*. The University of Iowa, p.22.

7 Colangelo, N., Assouline, S. G., & Gross, M. U. M. (2004). *Ibid.*, p.13.

8 こうした不都合を避けるため、「テレスコーピング (telescoping)」と呼ばれる学習量をそのまま圧縮して短時間で履修させ、より早く上位の学年に進ませる学習期間短縮措置が活用されている。Rimm, S. B., Siegle D., & Davis, G. A. (2018). *Education of the Gifted and Talented (7th ed.)*. Upper Saddle River, New Jersey: Pearson Education, Inc., pp.106-107.

9 もっともこうした考えに対しては、むしろ知的に同レベルな年長集団の方が適合しやすく、友人も出来やすいとする意見もある (Colangelo, N., Assouline, S. G., & Gross, M. U. M. (2004). *op.cit.*, p.17)。いずれにせよ、こうした才能教育プログラムでは、才能児が直面する様々な心理的課題に対処するため、カウンセラーや専門家による心理的支援が重視されている。
Rimm, S. B., Siegle D., & Davis, G. A. (2018). *Ibid.*, pp.347-371.

10 Farkas, S., Duffet, A., & Loveless, T. (2008). *High-Achieving Students in the Era of No Child Left Behind,* Fordham Institute. (http://edex.s3-us-west-2.amazonaws.com/publication/pdfs/20080618_high_achievers_7.pdf. 2018 年 3 月 21 日取得)

11 Assouline, S. G., Colangelo, N., & Tassel-Baska, J. V. (Eds.) (2015). *A Nation Empowered: Evidence Trumps the Excuses Holding Back America's Brightest Students, I・II*. Belin-Blank Center, College of Education, The University of Iowa.

12 Assouline, S. G., Marron, M., & Colangelo N. (2014). Acceleration: The Fair Equitable Intervention for Highly Able Students. In Plucker, J. A., & Callahan, C. M. (Eds.), *Critical Issues and Practices in Gifted Education: What the Research Says (2nd ed.)* (pp.15-28). Waco, TX: Prufrock Press Inc., pp.18-21.

13 Neihart, M. (2007). The Socioaffective Impact of Acceleration and Ability

Grouping: Recommendations for Best Practice. *Gifted Child Quarterly*, 51 (4), pp.330-341.

14　Neihart, M. (2007). *Ibid.*

15　Colangelo, N., Assouline, S. G., & Gross, M. U. M. (2004). *A Nation Deceived: How Schools Hold Back America's Brightest Students, vol. I*. The University of Iowa, p.35.

16　Assouline, S. G., Colangelo, N., & Tassel-Baska, J. V. (Eds.) (2015). *A Nation Empowered: Evidence Trumps the Excuses Holding Back America's Brightest Students, vol. II*. Belin-Blank Center, College of Education, The University of Iowa, pp.198-208.

17　Colangelo, N., Assouline, S. G., & Gross, M. U. M. (2004). *op.cit.*, p.16.

18　Callahan, C. M., Moon, T. R., & Oh, S. (2013a). *Status of Middle School Gifted Programs 2013*. National Research Center on the Gifted and Talented, The University of Virginia, Curry School of Education, pp.34-35.

19　Callahan, C. M., Moon, T. R., & Oh, S. (2013b). *Status of High School Gifted Programs 2013*. National Research Center on the Gifted and Talented, The University of Virginia, Curry School of Education, pp.6-7.

20　Davis, G. A., Rimm, S. B. & Siegle, D. (2014). *Education of the Gifted and Talented (6th ed.)*. Essex, England: Pearson Education Limited, pp.125-146.

21　Assouline, S. G., Colangelo, N., & Tassel-Baska, J. V. (Eds.) (2015). *A Nation Empowered: Evidence Trumps the Excuses Holding Back America's Brightest Students, vol. II*, p.10.

22　*Ibid.*, p.9.

23　*Ibid.*, p.9.

24　AP プログラムは、もともと才能児や一部の優秀な生徒のみを対象としたプログラムであったが、現在では、アチーブメント・ギャップの縮小を目指す教育改革の一手段としての役割が大きくなっており、純粋な才能教育プログラムとは言い難くなっている。しかし、大学との接続場面において「早修」としての機能を持つことには変わりがなく、現在でも多くの才能児が利用していることから、才能教育関係者は一般に才能教育プログラムの一つとして見做している。
Callahan, C. M., & Hertberg-Davis, H. L. (2018). Advanced Placement and International Baccalaureate Programs. In C. M. Callahan, & H. L. Hertberg

-Davis（Eds.）, *Fundamentals of Gifted Education: Considering Multiple Perspectives (2nd ed.)* (pp.333-345). New York, NY: Routledge.

25 国際バカロレアの教育プログラム自体はグローバルな全人教育を目指しており才能教育を目的としたものではないが、IB ディプロマ取得時の成績を基に多くの大学が単位認定を行うことから、才能教育に関する多くのテキストでは、国際バカロレアを才能教育における早修（部分早修）の一類型として捉えている。Rimm, S. B., Siegle D., & Davis, G. A. (2018). *Education of the Gifted and Talented (7th ed.).* Upper Saddle River, New Jersey: Pearson Education, Inc., pp.108-109.

26 *Ibid.,* p.10.

27 *Ibid.,* p.10.

28 *Ibid.,* p.10.

29 *Ibid.,* p.10.

30 *Ibid.,* p.11.

31 Assouline, S. G., Lupkowski-Shoplik, A., & Colangelo N. (2018). Evidence Overcomes Excuses: Academic Acceleration Is an Effective Intervention for High Ability Students. In C. M. Callahan, & H. L. Hertberg-Davis (Eds.), *Fundamentals of Gifted Education: Considering Multiple Perspectives (2nd ed.)* (pp.173-186). NY: Routledge, pp.174-176.

32 Rimm, S. B., Siegle D., & Davis, G. A. (2018). *Education of the Gifted and Talented (7th ed.).* Upper Saddle River, New Jersey: Pearson Education, Inc., p.104.

33 Davis et al. (2014), *op.cit.,* pp.129-134, 137, 139-140.

34 CSULA の EEP（Early Entrance Program）に関する詳細は、以下の HP を参照のこと。(http://www.calstatela.edu/academic/eep, 2018 年 5 月 9 日取得)

35 EEP 入学者は、出願する年の 6 月 1 日時点で 16 歳未満でなければならないとする年齢の上限に関する制限がある。

36 大学への早期入学の心理的影響を扱った研究は早修研究の中でも特に盛んであるが、ネイハートによれば、近年の 12 本の論文をレビューした結果、適切な選抜方法によって注意深く選ばれた生徒達は、ほとんどの場合、学問的、社会的、情緒的に非常に好ましい結果を示しているとする。
Neihart, M. (2007). *op.cit.,* pp.330-341.

37 但し、早修措置によって小・中・高校のどの段階で歴年齢を超えたかは不明であ

り、歴年齢以前の大学在籍には各学校段階における早期入学や飛び級、及びそれらの組み合わせによる様々なパターンが考えられる。

38 そのため、「早期カレッジ」という言葉は、全米に広まっている「早期カレッジ・ハイスクール」を指すことも多い。なお、Bard College at Simon's Rock の詳細については HP 参照。(http://simons-rock.edu, 2016 年 5 月 9 日取得)

39 Barnett, E. et al. (2013). *Ten Key Decisions in Creating Early Colleges—Design Options Based on Research*, National Center for Restructuring Education, Schools and Teaching, Columbia University, p.4.

40 Jones, B. M. (2009). Profiles of State-Supported Residential Math and Science Schools. *Journal of Advanced Academics*, 20 (3), p.475.

41 2005 年のネバダ州法 (Nevada Revised Statute 392A) によって認められた「特に優れた才能児のための大学学校 (university school for profoundly gifted pupils)」と呼ばれる特殊な公立学校でチャータースクールとは異なる。入学資格として SAT や ACT、IQ のスコアで上位 0.1%の成績が求められる。(http://www.Davidsonacademy.unr.edu, 2016 年 5 月 9 日取得)

42 大学入試協会 (College Board) の HP 参照。(https://clep.collegeboard.org, 2016 年 5 月 9 日取得) なお、AP プログラムは、大学の講義内容を高校の段階で早期に学び、全国統一試験の結果によって公式に大学の単位取得が可能になることから、カリキュラム類型としては部分早修の一種と考えられるが、その反面、飛び級や飛び入学を伴わず、高校での学習をより深く、深化させて学ぶことが出来るという意味では拡充教育の性質も多分に有していると言える。
岩永雅也 (2010)「才能教育のタイポロジー」岩永雅也・松村暢隆編著『才能と教育―個 性と才能の新たな地平へ』放送大学教育振興会, p.80；Sadler, P. M., Sonnert, G., Tai, R. H., & Klopfenatein, K. (Eds.) (2010). *AP: A Critical Examination of the Advanced Placement Program*. Cambridge, MA: Harvayd Education Press.

43 Davis et al. (2014). *op.cit.*, p.138.

44 大学入試協会 (College Board) の HP 参照。(https://clep.collegeboard.org, 2016 年 5 月 9 日取得)

45 Davis et al. (2014). *op.cit.*, pp.143-145.

46 *Ibid.*, pp.138-139.

47 Callahan, C. M., Moon, T. R., & Oh, S. (2013b). *op.cit.*, pp.6-7.

48 調査は 3－12 学年の公立学校の教師 900 人を対象として実施された。Farkas, S., Duffet, A. & Loveless, T. (2008). *High-Achieving Students in the Era of No Child Left Behind,* Fordham Institute. (Part 2: Results from a National Teacher Survey, pp.49-82 参照) (https://edexcellence.net/publications/high-achieving-students-in.html. 2017 年 1 月 3 日取得)

49 同意した教師 78%（not sure 1% を含む）の内訳として、34%が「とてもそう思う」、44%が「ある程度そう思う」と答えている。*Ibid.*, p.61, p.79.

50 Kraeger, K. A. (2015). *Perspectives on Equity in Gifted Education.* Dissertations, Theses and Capstone Projects. Paper 675. Kennesaw State University, p14. なお、「才能児」は、「人種」「所得」「障害」「英語学習者」のようなサブ・グループ化はされておらず、標準学力テストのカテゴリーにおいて通常の子ども達と同じ扱いとなる。

51 松尾知明(2010)『アメリカの現代教育改革―スタンダードとアカウンタビリティの光と影』東信堂, pp.80-83.

52 Callahan, C. M., Moon, T. R., & Oh, S. (2013b). *op.cit.*, p.19.

53 Stecher, B. (2010). *Performance Assessment in an Era of Standards-Based Educational Accountability.* Stanford, CA: Stanford University, Stanford Center for Opportunity Policy in Education.

54 子ども達の能力や進度に応じた最も効果的な教育を目指す総体的な教育システムの一環として才能教育を位置付ける考え方。全ての子どもが持つ個々の特性に応じて学習が最善に進む方策を講じようとする点で「能力主義」と異なるとする。岩永雅也・松村暢隆「現代社会と才能教育」岩永雅也・松村暢隆編著（2010）『才能と教育―個性と才能の新たな地平へ―』放送大学教育振興会, p.20 参照。

55 松村暢隆（2003）前掲書, p.9.

56 大学入試協会（College Board）の HP（ANNUAL AP PROGRAM PARTICIPATION 1956-2015）参照。(https://clep.collegeboard.org, 2016 年 5 月 9 日取得) なお、2010 年以降のプログラムの動向については 2015 College Board Program Results を参照のこと。(https://secure-media.collegeboard.org/digitalServices/pdf/2015-college-board-results-national-report.pdf#search=%27%28College+Board%2C+2015%27. 2017 年 2 月 7 日取得)

57 アメリカ国内向け国際バカロレア HP 参照。(http://www.ibo.org/about-the-ib/the-ib-by-co untry/u/united-states, 2016 年 5 月 10 日取得)

５８　渡邉雅子（2014）「国際バカロレアにみるグローバル時代の教育内容と社会化」『教育学研究』第 81 巻第 2 号, pp.176-186.

５９　小野寺香（2010）「アメリカにおける高大接続プログラムの比較研究—大学の単位認定に着目して」『東北大学大学院教育学研究科研究年報』第 59 集第 1 号, pp.415-433.

６０　二重在籍（dual enrollment）は、広義では高校生が高校と大学の両方に在籍している状況を指すが、狭義では、単に高校生が大学のコースに在籍し、大学の単位のみを取得する場合を意味し、しばしば高校と大学の両方の単位を取得できるデュアル・クレジット（dual credit）と区別して用いられる。 Illinois Board of Higher Education HP 参照。（http://www.ibhe.org/DualCredit/materials/dualCredit FAQ.pdf. 2016 年 5 月 10 日取得）

６１　Thomas, N., Marken, S., Gray, L., & Lewis, L. (2013). *Dual Credit and Exam-Based Courses in U.S. Public High Schools: 2010-11.* National Center for Education Statistics, U.S. Department of Education. Washington, DC.

６２　Olszewski-Kubilius, P., Subotnik, R. F., & Worrell, F. C. (2018). *Talent Development as a Framework for Gifted Education: Implications for Best Practices and Applications in Schools.* Waco, TX: Prufrock Press Inc., pp.196-197.

６３　U.S. Department of Education, Inside No Child Left Behind（https://www2.ed. gov/policy/elsec/leg/esea02/index.html, 2018 年 6 月 7 日取得）; 福野裕美（2009）「米国アドバンスト・プレイスメント・プログラムにおけるアクセス拡大に関する一考察—全米レベルの取り組みに焦点をあてて—」筑波大学大学院人間総合科学研究科教育基礎学専攻『教育学論集』第 5 集, pp.153-173.

６４　National Center for Education Statistics (2014). *Profile of Undergraduate Students: 2011-2012.* U.S. Department of Education, Washington, DC., P.140 (Table 6.2.).

６５　Achieve, Inc. (2015). *Rising to the Challenge: Views on High School Graduates' Preparedness for College and Careers.* (https://www.achieve.org/files /AchieveSurveyIIPowerPoint.pdf. 2016 年 8 月 2 日取得)

６６　松尾知明（2010）前掲書, pp.151-152.

６７　Strauss, V. (2002). AP label loses some of its luster. *Washington Post, May 7.*

６８　一般的に、学力評価を重視する大学では 4 以上を要求する場合が多く、プリンストン大学やスタンフォード大学等の名門私立大学では、一部コースを除き 5 のみを

単位認定している。その一方で州立大学は単位認定基準が緩い傾向にあり、カリフォルニア大学各校では、原則として 3 以上を単位認定している（各大学 HP 参照）。

69　Warne, R. T., Larsen, R., Anderson, B., & Odasso, A. J. (2015). The Impact of Participation in the Advanced Placement Program on Students' College Admissions Test Scores. *The Journal of Educational Research.* 108 (5), pp.400-416.

70　小野寺香（2010）前掲論文。

71　こうしたことも州立大学での単位認定基準が緩い原因の一つと考えられる。なお、カリフォルニア大学の予算・運営費の詳細に関しては、"Budget for Current Operations: 2014-15" を参照のこと (http://regents.universityofcalifornia.edu /regmeet/nov13/f6attach. pdf, 2016 年 5 月 10 日取得)。

72　Gelman, S. (2018). Future of AP Classes Unclear as Schools Seek Alternatives. *NBC NEWS, June 19.*

73　Fincher-Ford, M. (1997). *High School Students Earning College Credit: A Guide to Creating Dual-Credit Programs.* Thousand Oaks, CA: Corwin Press.

74　SUPA の詳細はシラキュース大学の HP を参照のこと (https://supa.syr.edu /about-supa/, 2019 年 10 月 28 日取得)

75　二重在籍は、現在全ての州で認められ、46 の州で州レベルのプログラムが少なくとも一つ以上存在しているとされる。Cassidy, L., Keating, K. & Young, V. (2010). *Dual Enrollment : Lessons Learned on School-Level Implementation.* CA: SRI International, p.4.

76　Howley, A., Howley, M. D., Howley, C. B., & Duncan, T. (2013). Early College and Dual Enrollment Challenges: Inroads and Impediments to Access. *Journal of Advanced Academics*, 24 (2), pp.77-107.

77　例えばフロリダ州では、二重在籍プログラムに参加する生徒の授業料（実験室使用料などを含む）を免除する州法規定を設けている（Florida Statutes, 1007. 271）。

78　西美江 (2016)「アメリカ合衆国におけるキャリア・パスウェイの開発―地域パートナーシップに着目して―」『関西女子短期大学紀要』第 26 号, pp.23-39.

79　Cassidy et al. (2010). *op.cit.* ; 河合久（研究代表者）(2010)『米国における高大接続プログラムの実態に関する研究―単位の取得と活用を中心に』国立教育政策研究所、平成 19 年度〜21 年度科学研究費補助金（基盤研究 C）研究成果報告書。

80　National Center for Education Statistics の統計資料によれば、例えば、デュアルクレジットコース在籍者のいる高校の 62%が大学キャンパス以外での実施と回

答し、そのうちの 61%が指導者は高校教員のみと回答している（アカデミック中心のデュアルクレジットコースの場合）。National Center for Education Statistics (2013). *Dual Credit and Exam-Based Courses in U.S. Public High Schools: 2010-2011,* U.S. Department of Education, Washington, D.C.

(https://nces.ed.gov/pubs2013/2013001.pdf#search=%27%28Dual+Credit+and+ExamBased+Courses+in+U.S.+Public+High+Schools%EF%BC%9A20102011%29%27, 2016 年 5 月 10 日取得)

[81] Makel, M. C., & Plucker, J. A. (2014). School Choice. In J. A. Plucker, & C. M. Callahan (Eds.), *Critical Issues and Practices in Gifted Education: What the Research Says (2nd ed.)* (pp.545-552). Waco, TX: Prufrock Press Inc.

[82] Ohio Department of Education (2006). *Model Student Acceleration Policy for Advanced Leaners*. Columbus, OH: Office for Exceptional Children, p.3.

(http://education.ohio.gov/getattachment/Topics/Other-Resources/Gifted-Education-(1)/Resources-for-Parents/Academic-Acceleration-for-Advanced-Learners/Model-policy-text-and-introductory-information.pdf.aspx. 2017 年 8 月 5 日取得)

[83] *Ibid.,* pp.2-3.

[84] オハイオ州最大の学校区であるコロンバスシティースクールズの早修制度の詳細に関しては、同学校区のガイドライン "Academic Acceleration" (http://www.ccsoh.us/Downloads/201718%20Acceleration%20Brochure.pdf. 2017 年 8 月 5 日取得) 及び、"Acceleration Guidelines" (http://www.ccsoh.us/Downloads/Guidelines%20for%20Academic%20Acceleration _3_17.pdf. 2017 年 8 月 5 日取得) を参照のこと。

[85] レポートカードの詳細については、オハイオ州教育省 HP の "Report-Card-Resources" を参照のこと(http://education.ohio.gov/Topics/Data/Report-Card-Resources, 2018 年 10 月 6 日取得)。

[86] "Gifted-Rankings" (http://education.ohio.gov/lists_and_rankings, 2018 年 10 月 6 日取得) 及び、各学校区の "Gifted Students Indicator" (https://reportcard.education.ohio.gov/, 2018 年 10 月 6 日取得) による。

第3章　拡充教育の一般化

　上位学年相当の学習内容を先取りして学習する「早修」は、同年齢集団の中で、選抜されたごく一部の子どもしかその対象とならないため、公教育としての公平性に欠けるとして批判されやすい。また、社会的に不利な子ども達が公正に選抜されにくいといった問題も生じる。第2章で検討したように、才能教育の現代的変容の特徴の一つとして、特に部分早修制度の拡大が挙げられるが、その対象はあくまで成績上位層の子ども達が中心である。

　これに対して、通常のカリキュラムの範囲を超えてより広く、深く学習する教育活動である拡充教育は、ごく少数の才能児を対象とした非常に高度な専門教育を行うことが出来るだけでなく、学習の内容やレベルを調節することで、全ての子ども達を対象とした探究活動として活用することも可能である。そのため、拡充教育は、拡大・多様化する現在の才能教育において、中心的な役割を果たしていると言える。

　そこで本章では、早修と並ぶ才能教育の主要なカリキュラム類型である拡充教育に焦点を当て、より多くの子ども達に適した才能教育プログラムの特質を明らかにする。具体的には、まず、才能教育の拡大・多様化を支える新たな概念的枠組みである「才能開発」について、従来の枠組みと比較しながらその相違点を明らかにする。次いで、才能教育の拡大を妨げてきたマイノリティ・アクセス問題を取り上げ、社会経済的に不利な子ども達のアクセス拡大を重視したカリキュラムモデルに共通する特徴を検討する。そして最後に、そうしたカリキュラムモデルの具体例として、近年新しく開発された"U-STARS~PLUS"を取り上げ、カリキュラムモデルとしての独自の工夫とそれに基づく効果を明らかにする。

第1節　新たな概念的枠組みとしての「才能開発」

　現在の才能教育は、IQ に基づいて選抜されたごく少数の知的才能児だけ
でなく、音楽や美術、舞台芸術など様々な分野でより多くの子ども達を対象
にして行われている。その背景にはガードナーの多重知能理論をはじめとす
る心理学理論の進展によって、才能の多元性や潜在性が認識されるように
なったことが大きい。才能教育は、その前提となる「才能」とは何かという
概念的な部分を心理学理論に大きく依拠しているが、才能を「知能検査で測
定可能な優れた知的能力」と一元的・固定的に捉える従来の心理学的見解が
20 世紀後半になって大きく揺らいだ結果、才能教育においても、IQ を基に
子ども達を「才能児（gifted）」として認定しラベリングを行うことよりも、
子どもの持つ多様な能力を認識し育成することに焦点が当てられるように
なっている。

　そして、こうした才能教育の理論的根拠となったのが、才能の多元性や潜
在性を意識した「才能開発（talent development）」という新しい概念であ
る。この「才能開発」という言葉は、才能の多元性や潜在性に対する認識が
広まった 1980 年代後半から 1990 年代にかけて初めて才能教育の領域で用
いられるようになったとされる[1]。「才能開発」は、ある特定領域における能
力（ability）や才能（giftedness）の意図的な育成を意味する言葉として用
いられる他、才能教育の新しい枠組みを表す概念（paradigm）としても用
いられている[2]。そこで、本節では、この「才能開発」の概念的枠組み（The
Talent Development Paradigm）について、従来の知的才能児に関する「才
能児」概念（The Gifted Child Paradigm）と比較しながら分析し、才能教
育の質的転換をもたらしたと考えられる「才能開発」という多元的能力観に
基づく新しい才能教育の概念を明らかにしていくことにする[3]。

1．「才能児」と「才能開発」との概念的相違

　まず、従来の「才能児」と「才能開発」の概念的枠組みにおける能力観の

違いについて述べると、どちらも子ども達一人ひとりに存在する能力の個人差を前提としている点では変わりはない。しかし、伝統的な「才能児」概念が、子ども達の特異な能力や高い知能を生得的で変化しない静的な特質として捉えているのに対し、「才能開発」の概念では、能力や才能は時間をかけて育成したり開発したりすることが可能なものとして動的に捉えている点で、基本的な視点が大きく異なっていると言える[4]。

　即ち、伝統的な「才能児」の概念において、「才能」は「存在する」か「存在しない」かのどちらかであり、「存在する」場合には、次にそのレベルが問題とされ、才能児は算出された IQ 値によって更に "ordinary gifted" や "highly gifted" といった具合に階級化された。これに対し、「才能開発」の概念的枠組みでは、特に幼児期においては、「才能」は将来の優れた成績や業績に対する潜在的可能性として語られ、その後、才能伸長のための機会を得たり特別な教育を受けたりすることによって潜在的能力は徐々に顕在化し、その最終段階（通常は成人期）に到達すると、才能は創造性や卓越性を示しながら結実するものと考える。そして、こうした「才能開発」概念の下では、才能伸長に必要な刺激や機会が与えられないでいるために、潜在的能力を持ちながらそれを示すことが出来ない貧困層やマイノリティの子ども達の潜在的能力をいかに発見し育成するかが、大きな課題として認識されることとなる[5]。

　また、伝統的な「才能児」概念と「才能開発」概念とでは、伸長すべき「能力」そのものをどう捉えるかという点でも大きく異なる。即ち、伝統的な「才能児」概念においては、知能検査やその他の認知能力テストの形式で測定できる一般的能力（general abilities）を、才能を定義付ける能力として考えるのに対し、「才能開発」概念では、一般的能力は特定領域における才能の基礎とされる。才能開発において重要とされる能力は領域ごとに異なり、一般的能力は幼児期や才能開発の初期段階においてはその潜在的能力を推測するための指標となりうるものの、年齢が上がるにつれ、次第に領域固有の

特別な能力（domain-specific abilities）が重視されるようになる[6]。そして
この領域固有の特別な能力は、領域ごとに異なる軌跡を描きながら発達して
いくため、それに適したカリキュラムや指導法が重視され、個人の特性や能
力の発達段階に応じてプログラムの内容や進度は柔軟に変更されることに
なる。つまり、指導を始めるのに適した年齢や才能が最も発揮される時期・
期間といった専門領域ごとの特性を考慮した多様で個別的な教育プログラ
ムの実施が「才能開発」概念の基本となっているのである[7]。

　次に、成績や達成度に対する評価に関しても、両者の見方は異なっている。
伝統的な「才能児」の概念においては、知能検査で高いIQ値を示せば、実
際の学業成績と釣り合っているか否かを問わず、才能児として認定される。
つまり、才能の認定は同年齢の子ども達と比較して一般的な知的能力が高い
かどうかで決まる。それに対し、「才能開発」概念では、才能の有無は常に
同じ専門領域内の他の子ども達との比較によってなされる。才能開発の目的
は、各領域の優れた能力を実際の成績や業績へと変換することであり、子ど
もの才能を測る上で、優れた成績や業績が最も重要視される[8]。

　それでは、才能児の心理的、社会的特徴についてはどのように捉えられて
いるのだろうか。

　伝統的な「才能児」概念においては、才能児にしばしば共通して見られる
非同期性（asynchrony）などの心理的、社会的特徴は、才能児特有のもの
であり、才能児を定義付けるものとして考えられてきた。しかし、「才能開
発」の概念的枠組みでは、こうした心理的、社会的特徴は、才能児固有のも
の、生来のものではなく、個人的な資質・性格と生活・学習環境などとの相
互作用の結果であると捉える。例えば、優れた才能が家庭や学校で十分に認
識されない場合、才能児は、学習意欲の低下による学業不振や自己肯定感の
喪失に苦しむことがあり、逆に周囲の高すぎる期待が、完璧主義の傾向や強
い不安感をもたらすと考えるのである。そのため、「才能開発」の概念的枠
組みでは、自信を保ち、困難な状況でも折れない心やショックから立ち直る

精神力を育てるといった心理的スキルを意図的に身に着けることの重要性が強調されている[9]。

　教育プログラムに関しては、両者とも、学校の内外での特別なプログラムを通じてその優れた能力を意図的に伸長させようとする点では共通している。しかし、伝統的な「才能児」概念の下では、その対象となる子どもは知的才能児に限られ、特別クラスの設置やプルアウト（pull out）[10]などの学校内での対応が中心となるのに対し、「才能開発」概念では、知的才能児に限らず、様々な領域や分野で活躍する（またはその可能性のある）子ども達を幅広く対象とする。そのため、家庭や地域社会など学校外での活動が中心となることも多く、各分野の専門家による個人レッスンや専門的な施設や器具を使っての特別練習といった形で個々の才能の伸長が図られる。そして、「才能開発」概念では、特定領域の才能の伸長に特化した教育プログラムが求められると同時に、子ども達の発達段階に応じてプログラムの内容は柔軟に変更されることになる[11]。

　最後に、才能教育の成果についての両者の考え方の違いについて検討する。伝統的な「才能児」概念では、才能教育の直接の目的は、子ども達の学習のペースや知識のレベルにより適合する教育プログラムを提供することにある。より発展的な課題、より速い進度、知的な仲間といった才能児の現在のニーズにどれだけ対応しているかに焦点が当てられる一方で、長期的な目標はしばしば問題とされなかったり、学校や学校区、利用する教育プログラムのモデルによって大きく異なっていたりする。それに対し、「才能開発」の概念的枠組みにおいては、直近の目標を、子ども達が才能開発の次の段階へと移行出来るように、知的、心理的スキルを用いて子ども達を教育・訓練することにあると考える。そしてその上で、長期的、最終的な目標として、成人期において創造的な活動を行えるようになることや、その分野で最も高いレベルに到達することなどを掲げるのである[12]。

　以上の内容を表にまとめると表 3-1 のようになる。伝統的な「才能児」の

表 3-1 伝統的な「才能児」概念と「才能開発」概念との比較

	「才能児」概念	「才能開発」概念
最も重要な視点	個人の特性として才能が「存在している（being）」ことを強調する（静的な視点を重視）。	才能伸長に向けて様々な活動を「行っている（doing）」ことを強調する（動的な視点を重視）。
能力観	能力に関する個人差が才能教育の基礎である。能力は「存在する」か「しない」かのどちらかであり、「存在する」場合には、そのレベルが重視される。	同左。但し、能力は適切な機会の提供によって鍛えることの出来るものと見なす。能力は開発可能であり、潜在的な状態から徐々に顕在化し、成長に伴い発達する。
成績に対する評価	成績の良し悪しとは無関係に、知能検査で測定される一般的な能力、一般知能の高さによって才能児と見なされる。	幼少期においては（潜在的）能力を基に才能が判断されるが、それ以降は優れた成績や達成度によって才能は評価される。
才能児の心理的・社会的特徴	才能児に共通する生得的な社会的情緒的特質が存在すると考える。才能児特有の心理社会的ニーズが存在する。	才能児の性格は個人的な素質や環境などの相互作用であって生得的なものではない。心理社会的スキルは才能開発にとって重要であり、才能の種類や発達段階によって変化する。
教育プログラム	早修や拡充、特別学校、学校外プログラムなど、あらゆる形式の教育プログラムが適用可能。	同左。但し、特定領域の才能に適したもの[13]。また、発達段階に応じてプログラムの内容を変える必要がある。
才能教育の成果	より発展的な課題、より速い進度、知的な仲間といった才能児の現在のニーズにどれだけ対応しているかに焦点が当てられ、長期的な成果はしばしば問題とされない。	特定領域における才能の段階的育成（潜在的能力の顕在化、コンピテンシーの熟達、成人期における創造的な才能の開花など）を重視。

（出典: Olszewski-Kubilius, P. & Thomson, D. (2015). *Talent Development as a Framework for Gifted Education.* p.52.を基に筆者作成）

概念的枠組みでは、「才能」は個人に生得的に備わった特性であり、生まれつき才能児として「存在している」子ども達を見つけ、そうした子ども達のレディネスに応じた教育を与えることが重要だと考えているのに対し、「才

能開発」の概念的枠組みでは、特定の分野・領域における優れた業績や成果の獲得に向けて必要なスキルを身に付けさせ、個人の持つ潜在的能力を意図的に開発、育成しようとしている点で両者のスタンスは根本的に異なっている。そして、才能教育の拡大・多様化といった現代的変容は、この「才能開発」の概念的枠組みが才能教育の新しい在り方として積極的に取り入れられた結果であると考えられるのである。

2．現在の拡充プログラムの種類と特徴

このように、固定的能力観に基づく知的才能児のための才能教育（才能児教育）から多元的能力観に基づく「才能開発」へと才能教育の基礎となる能力観のパラダイムシフトが起こった結果、知能検査を基にした従来の才能教育の枠組みは大きく変化し、1980年代以降、「認定される才能児の量的拡大と才能教育プログラムの多様化」、更には、「通常教育における全ての子ども達を対象とした拡充教育の一般化」という形で顕在化している。

具体的には、才能児の認定領域が知的能力以外の領域にまで拡張された結果、当初、全体の1〜3％とされた才能児は、現在多くの州では10％程度にまで認定率が向上し、それとともに美術や音楽、舞台芸術といった様々な分野の才能教育プログラムが実施されるようになっている（学校区が実施する才能教育サービスの全体的な枠組みについては第5章第2節で詳述する）。

また、現在、認定された才能児のみを対象とした特別プログラムだけでなく、より多くの子ども達を対象にした多種多様なプログラムが実施されており、例えば才能教育の代表的なテキストには以下のような拡充教育プログラムが紹介されている（表3-2）[14]。

こうした拡充プログラムは、各州や学校区などの地方教育行政機関が主体となって実施する他、各学校が州や学校区のガイドラインを基に独自に行う場合も多い。また、大学などの高等教育機関や非営利教育団体によるプログラムも少なくない。プログラムの参加資格も、優れた才能を持つごく少数の

表 3-2　拡充教育プログラム例

1　個人学習・プロジェクト
2　教室内学習センター（learning center）
3　青少年名作読書（Junior Great Books）
4　実地見学（field trip）
5　個人指導（mentorships, mentoring）
6　土曜・夏期プログラム
・土曜プログラム（Saturday programs）
・夏期プログラム（summer programs）
大学主催高校生向け
ガバナーズ・スクール（Governor's School）
子ども大学（College for Kids）
7　コンテスト、コンクール
・学問的・創造的問題解決
未来の問題解決（Future Problem Solving: FPS）
頭の冒険（Odyssey of the Mind: OM）
学問ゲーム（Academic Games）
学問十種競技（academic decathlon）
・理科・数学
科学研究コンテスト（Science Fair）
発明コンテスト（INVENT AMERICA）
数学リーグ・コンテスト（Math League Contest）
科学タレント・サーチ（Intel Science Talent Search: Intel STS）
・文芸雑誌への投稿
ストーン・スープ（Stone Soup）
クリエイティブ・キッズ（Creative Kids）

（出典: Davis, G. A., Rimm, S. B., & Siegle, D. (2014). *Education of the Gifted and Talented (6th ed.)*. pp.160-176. を基に筆者作成）

才能児を対象にしたものから全ての子ども達が参加可能なものまで幅広い。

また、プログラムの実施も MI スクールのように学校全体で取り組んだり、学級ごとに正規の授業として取り入れられたりする場合がある他、放課後や週末、夏休み期間などを利用して生徒個人が任意で参加するケースも多い。

　従来の拡充教育は、専ら認定された才能児や学業優秀児に対する通常カリキュラムの範囲を超えたより発展的な内容の教育を意味していたが、現在では、対象となる子ども達の範囲も広がり、その態様は早修よりもさらに多様である。拡充教育は原則として飛び級や飛び入学などの歴年齢を大幅に超えた早修措置を伴わず、総合的な学習の一環として様々なプロジェクト活動も多く見られるため、通常教育と才能教育との境目が曖昧なものも少なくない。しかし、レンズーリの「拡充三つ組みモデル（Enrichment Triad Model）」をはじめ、近年開発された拡充教育を重視したカリキュラムモデルの多くは、優れた能力を示す生徒がいた場合、その能力に応じて個別に対応出来るよう工夫がなされており、子ども達の能力に応じて段階的により高度な学習活動が行えるように設計されている点で「才能開発」としての才能教育の特性を有している[15]。

　このように現在の拡充教育は、一握りの才能児だけでなく、より多くの子ども達を対象にして実施出来るため、早修に比べて格段に批判の声は少ない。また、学習内容をスキップしないため、未習となる学習部分が発生せず、学級集団を維持しやすいといったメリットもある。しかしその反面、カリキュラムの変更を特に必要としない早修措置に比べると、特別なカリキュラムを必要とする拡充教育は、教材開発や専門の教員の確保などに手間やコストがかかるため、才能教育に積極的な州や地域とそうでない地域とでプログラムの質や量に差が生じやすい。こうした地域格差を招きやすいことが、拡充教育の一般化に伴う大きな問題と言えるだろう。

第2節　マイノリティ・アクセスとカリキュラムモデル
1．才能教育におけるマイノリティ・アクセス問題

　才能教育の拡大に伴う課題の一つにマイノリティ出身の子ども達に対する
アクセス問題（以下、マイノリティ・アクセス問題と表記）がある。これ
は、才能教育プログラムに参加する子ども達の割合が、人種・民族的に不当
に偏っており、アフリカ系アメリカ人（黒人）やヒスパニック、ネイティブ・
アメリカンといった人種的マイノリティにとって才能教育に対する「公平な
アクセス（equitable access）」が阻害されているとする、アクセスの公平性
に関する人種間格差問題を指す。

　マイノリティ・アクセス問題は、ごく少数の知的才能児を対象とした特別
教育から、より多くの子ども達を対象としたユニバーサルな才能教育へと移
行しつつあるアメリカにおいてますますその重要性を増しているため、本節
では特にこの問題を取り上げ、拡充教育のモデルとしてしばしば用いられる
カリキュラムモデルとの関係性に焦点を当てながら、その問題解決に向けた
取り組みについて考察する。

　まず初めに、マイノリティ・アクセス問題の解決に向けたカリキュラムモ
デルの特質について検討する前提として、才能教育におけるアクセス不均衡
の現状を確認しておく。アメリカの人口を人種・民族別に見ると白人の割合
が最も高く、アフリカ系アメリカ人（黒人）、ヒスパニックがそれに続いて
いる。また、その他の人種・民族的マイノリティとしては、アメリカンイン
ディアンやアジア系アメリカ人、アラスカや太平洋諸島の先住民などが挙げ
られる。人種比率の動向に関して、過去 20 年の公立学校に在籍する生徒の
人種別比率を見ると、全体として白人の割合が低下する一方で（1989 年 68%
に対し 2009 年 55%）、ヒスパニックの増加傾向が顕著である（1989 年 11%
に対し 2009 年 22%）。また、その他のマイノリティの割合も 4%（1989 年）
から 8%（2009 年）に増加している。但し、黒人に関しては 1989 年 17%、
2009 年 15% となっており、ほぼ横ばいで推移している[16]。

　こうした人種的・文化的多様性が一層進むアメリカの公立学校において、
才能教育における公平性をめぐる議論で最も問題とされるのが人種的マイ

ノリティのアクセス不均衡問題（underrepresentation）である[17]。その中でも特に黒人とヒスパニックに対する不均衡が、これまでの歴史的背景や全生徒数に占める割合の大きさを反映してしばしば議論され、その解決が模索されている。表 3-3 は、才能教育における黒人及びヒスパニックに対するアクセス不均衡の割合を示したものである。

表 3-3　才能教育における黒人とヒスパニックの占める割合（％）

	1998 年	2000 年	2002 年	2004 年	2006 年
	学校区 才能教育 RDCI	学校区 才能教育 RDCI	学校区 才能教育 RDCI	学校区 才能教育 RDCI	学校区 才能教育 RDCI
黒　人	17.0 8.40 −50.6	16.99 8.23 −51.6	17.16 8.43 −50.9	16.88 8.99 −46.7	17.13 9.15 −46.6
ヒスパニック	14.3 8.63 −39.7	16.13 9.54 −40.9	17.8 10.41 −41.5	18.94 12.33 −34.9	20.41 12.79 −37.3

注）RDCI＝[（才能教育に占める割合）−（通常教育に占める割合）]／（通常教育に占める割合）×100（出典：Ford, D. Y. (2012). *Underrepresentation of African American and Hispanic Students in Gifted Education,* p.107, Table1.を抜粋して筆者作成）

　例えば 2006 年では、学校区全体に占める黒人の生徒の割合は 17.13% であるのに対し、才能教育における割合は 9.15% に過ぎない。通常教育に占める割合と才能教育に占める割合との不均衡を表すインデックス RDCI（The Relative Difference in Composition Index）は、−46.6% を示しているが、これは才能教育に占める黒人の割合が通常教育全体に対する割合と正比例しておらず、本来は才能教育の対象になるはずの黒人の 46.6% が、不当に才能教育を受ける機会を阻害されていることを意味する。

　こうした傾向は表が示す通り 1998 年から 2006 年まで一貫して続いてお

り、黒人とヒスパニックどちらも才能教育を受ける割合自体は毎年僅かながら上昇しているものの、依然として通常教育における割合と才能教育における割合との不均衡は大きいと言える。これは実際の数字に置き換えると、2006 年においては黒人とヒスパニック合わせて約 50 万人の生徒達が必要な才能教育を受けられなかったことを意味している[18]。

２．アクセス拡大を目指したカリキュラムモデルの特徴

　これまで、ガニエをはじめ多くの才能教育の専門家が、才能教育プログラムにおける人種・民族別構成の調査結果を基に、マイノリティ・アクセスにおける公平性の問題を論じているが[19]、こうした人種的不均衡の主な原因として、才能児の認定やプログラム参加者の選抜の場面での、言語をはじめとする文化的社会的背景の異なる子ども達に対する配慮の欠如や教師側の誤った認識・先入観による不公平な取り扱いなどがしばしば指摘されている[20]。また、人種的マイノリティは社会経済的弱者であることが多く、才能教育における人種的不均衡は貧困問題とも強い関連性を持つと考えられている[21]。

　こうした才能教育における公平性の問題を解決する方法としては、大きく二つの方向性が考えられる。一つは、社会経済的に不利なマイノリティの子ども達が才能教育プログラムに参加しやすくするため、参加費用の減免といった経済的補助を含む特別な優遇措置を講じる方法である。しかし、こうした優遇措置の拡充は教育財政を圧迫する要因となるだけでなく、子ども達の間で新たな不公平感を生み出すことになりかねない。特に、才能教育プログラムの参加定員が決まっている場合に、結果の平等理念を追求するあまり、特定のマイノリティ集団に対してアファーマティブ・アクション（積極的差別是正措置）を行おうとすれば、マイノリティ出身者よりも優れた才能を有しながらもプログラムに参加出来ず不利益を被るマジョリティの子どもが必然的に出てくることになる。

そのため、アクセスの不均衡を是正するためのもう一つの解決策として、才能教育プログラムの内容自体に着目し、マイノリティの子ども達に配慮したカリキュラムモデルを開発することによって人種間格差を解消しようとする試みがなされている。

　例えば、レンズーリらが 1980 年代に開発した「全校拡充モデル」（SEM）は才能教育の代表的なカリキュラムモデルとして知られているが、その特徴として、知能検査や学業成績だけにとらわれない多様な評価方法を用いることで、マイノリティなど社会的に不利な状況に置かれた子ども達を中心にプログラムの対象となる枠を大きく広げようとしている点が挙げられる[22]。

　そもそもカリキュラムモデルとは、才能伸長に向けた特別な学習活動が計画されるとき、その理論的枠組みを提供するものであり、各学校において実際に才能教育プログラムを計画・実施する場合、早修や拡充といったカリキュラム類型を基に開発された具体的なカリキュラムモデルに従うことが多く、多数のモデルが存在する。才能教育の代表的テキストである"Education of the gifted and talented（6th ed.）"には、10 種類ほどの代表的なカリキュラムモデルの概要が記載されているが、そのほとんどは他のモデルと相補的であり両立しうる関係にある。そのため、教師やコーディネーターは同時に二つ以上のカリキュラムモデルから個々の実践に適したカリキュラムモデルを選択し併用することが可能である。また、カリキュラムモデルの多くは小学生を対象とするが、中には、特に中学生のために開発されたものもある。しかし、これらのモデルは全て、小学校でも中学校でも実施出来るよう十分な柔軟性を持っているとされる[23]。

　例えば表 3-4 は、小学校段階における才能教育プログラムの枠組みとして実際に用いられているカリキュラムモデルについて、学校区での利用数が多い順に並べたものである。また、表 3-5 は、中学校段階で用いられているカリキュラムモデルについて、学校区での利用数が多い順に並べたものである。小学校段階と比べると、新たに AP や IB のフレームワークを利用している

表 3-4　小学校段階で利用されているカリキュラムモデル

カリキュラムモデル名	学校区の数	割合（%）
DI（Differentiated Instruction）モデル（トムリンソン）	169	43.4
拡充クラスター（レンズーリ）	84	21.6
DC（Depth and Complexity）モデル（カプラン）	82	21.1
拡充三つ組みモデル（レンズーリ）	58	14.9
パラレルカリキュラムモデル（トムリンソンら）	46	11.8
全校拡充モデル（レンズーリ）	42	10.8
複合メニューモデル（レンズーリ）	31	8.0
自立学習者モデル（ベッツ）	27	6.9
パデュー三段階モデル	4	1.0
SMPY モデル	1	0.3
その他	70	18.0
特定のモデルは利用していない	125	32.1

注）回答学校区総数 389 区（複数回答を認める）
（出典：*Status of Elementary Gifted Programs 2013*, *Program Service Delivery Type*, p.33 を基に筆者作成）

学校区がそれぞれ 41 学校区、18 学校区とある一定数見られるものの、概ね小学校段階と同じカリキュラムモデルが利用されていることが分かる。

　こうしたカリキュラムモデルのうち、レンズーリの「全校拡充モデル」をはじめとする特にマイノリティ・アクセス問題を意識したカリキュラムモデルに共通する特徴として挙げられるのが、「正式に認定された才能児のみならず一般の子ども達も対象とすることが出来る拡充型のカリキュラムモデルである」という点である。これは、マイノリティ・アクセス問題が専ら才能児の認定の場面における公平性の問題であることから導かれている。

　即ち、才能教育プログラムは、才能児と認定された子ども達を対象として実施されるのが通常であるが、マイノリティ・アクセス問題は、正にこの才能児の認定の場面において生じる問題である[24]。例えば、才能児の認定の

表 3-5　中学校段階で利用されているカリキュラムモデル

カリキュラムモデル名	学校区の数	割合(%)
DI モデル（トムリンソン）	102	35.7
拡充クラスター（レンズーリ）	52	18.2
DC（Depth and Complexity）モデル（カプラン）	51	17.8
AP フレームワーク・カリキュラムガイド	41	14.3
パラレルカリキュラムモデル（トムリンソンら）	35	12.2
統合カリキュラムモデル（ヴァン タセルーバスカ）	32	11.2
拡充三つ組みモデル（レンズーリ）	27	9.4
複合メニューモデル（レンズーリ）	25	8.7
全校拡充モデル（レンズーリ）	21	7.3
IB フレームワーク・カリキュラムガイド	18	6.3
コンサルテーション・コラボレーションモデル（ランドラム）	16	5.6
段階的サービス（トレフィンガー）	12	4.2
自立学習者モデル（ベッツ）	9	3.1
パデュー三段階モデル	6	2.1
SMPY モデル	4	1.4
その他	29	10.1
特定のモデルは利用していない	115	40.2

注）回答学校区総数 286 区（複数回答を認める）
（出典：*Status of Middle School Gifted Programs 2013*, *Program Service Delivery Type*, pp.32-33 を基に筆者作成）

際に重視される知能指数（IQ）に関して言えば、伝統的な知能検査は言語式検査（verbal test）であるが、文化的背景を異にし、英語を十分に理解することが出来ない人種的マイノリティにとって言語式検査は才能児の認定に不利に働くと考えられる。また、検査場面では、検査者とのコミュニケーションが不可欠であるが、コミュニケーション能力が十分でない場合はそれがバイアスとなる恐れがある。そこで近年は非言語式検査（nonverbal test）の利用が増加しているが、アカデミックな学習能力に対する非言語式検査の

妥当性を疑問視する声も多く、伝統的な知能検査の活用を含めた複合的なアセスメントの重要性が指摘されている[25]。

　現在、才能児の認定に関しては、教師や保護者の推薦やポートフォリオの活用など様々な要素が取り入れられ、才能教育の初期段階に見られるようなIQや学業成績に偏った画一的な判断は行われなくなっている[26]。しかし、才能児の認定においていくら公平なアクセスに留意しても、認定の過程で教師や検査者、教育関係者などによる様々なバイアスに晒される危険性がある以上、マイノリティ・アクセス問題の完全な解決は難しく、また、認定された少数の子ども達だけを対象とする従来型の才能教育プログラムでは、「全ての」子ども達の才能の伸長は望めない。そこで、「全校拡充モデル」などマイノリティのアクセス拡大を重視したカリキュラムモデルは、才能児か否かを問わずより多くの子ども達を対象とし、子ども達一人ひとりの能力に応じて段階的に高度な探究活動が実施出来るような拡充型のカリキュラム構造となっている。

　但し、マイノリティの子ども達のアクセスを拡大するためには、「全校拡充モデル」のように多様な評価基準によってプログラムの対象枠を広げるだけでは不十分と言える。なぜなら、才能あるマイノリティの子ども達を発見する際に、マイノリティに対する先入観や誤った認識といった評価する側の主観的な問題点を改善しなければ、たとえ全体的なアクセスが拡大したとしても、マイノリティのアクセス比率の直接的な改善にはつながらない恐れがあるからである。

　それでは、才能ある子ども達を発見する側のバイアスを取り除き、マイノリティか否かにかかわらず子ども達の潜在的な才能を公平に認識し伸ばしていくためには、カリキュラムモデルにおいてどのような工夫が必要なのであろうか。また、そうしたカリキュラムモデルは、実際どのように開発され、どう評価されているのだろうか。

　次節では、こうした点について、近年ノースカロライナ大学のコールマン

（Coleman, M. R.）らが開発した新しいカリキュラムモデルを素材として取り上げながら検討していくことにする。

第3節　U-STARS~PLUS の開発

　本節では、近年ノースカロライナ大学のコールマンらが新たに開発したカリキュラムモデル "U-STARS~PLUS"（Using Science, Talents, and Abilities to Recognize Students ~ Promoting Learning for Underrepresented Students）[27]に焦点を当て、多文化社会を形成しているアメリカにおいて、社会経済的に不利な立場にあるマイノリティの子どもを含む「全ての」子ども達に公平に才能伸長の機会を与えるため、カリキュラムモデルとしてどのような工夫がなされているのかを明らかにしていく。

　"U-STARS~PLUS" は才能教育の代表的なカリキュラムモデルとして知られてはいないものの、全ての子ども達を対象とした拡充型のカリキュラムモデルとして開発されており、潜在的な才能を持つ子ども達に対する教師の組織的・体系的な観察を特に重視することでバイアスを排除し、マイノリティ・アクセス問題を積極的に解決しようとしている点に大きな特徴がある。但し、"U-STARS~PLUS" に関する我が国の先行研究は乏しく、ギフテッド対応型 RTI モデル（詳しくは第6章を参照のこと）に関する拙稿の中で、RTI と親和するカリキュラムモデルの一つとして挙げられているにすぎない[28]。そこで本節では、アメリカの才能教育におけるマイノリティ・アクセスの現状を踏まえた上で、教師のシステマティックな観察に基づくバイアスの排除という視点から "U-STARS~PLUS" の有効性を検討し、マイノリティ・アクセス問題の解決に適したカリキュラムモデルの特質を明らかにする。

　具体的な検討手順としては、まず "U-STARS~PLUS" の開発の経緯とその基本構造を概観し、拡充型カリキュラムモデルとして "U-STARS~PLUS" の特質と意義を明らかにする。その上でプロジェクトの報告書を基に、

TOPS（Teacher's Observation of Potential in Students）と呼ばれる教師用の特別な観察ツールによるバイアス排除の有効性について検討する。

1．カリキュラムモデル開発の経緯と基本構造

　"U-STARS~PLUS" に関するプロジェクトは、ジャビッツ才能児教育法に基づくジャビッツ才能教育プログラムの一つとして、2003 年から 2008年までの 5 年間に連邦政府から総額 2,564,505 ドルの資金援助を得て実施されたカリキュラムモデル研究開発プロジェクトである[29]。開発の中心となったノースカロライナ州は、全米の中でもマイノリティ・アクセス率が低く（例えば 2007-2008 年において黒人男児は全体の 15.7%を占めているが、才能児と認定された子ども達の中では僅か 4.6%に過ぎない）、こうした状況に対する才能教育関係者たちの危機意識が "U-STARS~PLUS" 開発につながっている[30]。

　プロジェクト責任者であるコールマンによれば、この "U-STARS~PLUS"は、もともと社会経済的に不利な低学年の子ども達の隠れた潜在能力（hidden potential）を認識・育成するため、ノースカロライナ州の三つの田舎の地域（エッジコム郡、ナッシュ郡、ノーサンプトン郡）で実施された理科学習モデルをベースに開発されたものである。そのため、全ての子ども達を対象とした拡充カリキュラムモデルの中でも特に、文化的・言語的多様性を有し貧困状態にある幼い子ども達の隠れた潜在能力を見つけ出し、それを育てることに特化したカリキュラムモデルとなっている[31]。授業は K−3学年の全ての子ども達を対象に通常教育の一環として教室内で実施されるが、必要に応じてさらに集中した介入指導が行われるようになっている。

　"U-STARS~PLUS" の主な構成要素は 5 つある（表 3-6）。ハイエンドな学習機会や TOPS フォームを利用した教師の組織的・体系的な観察、実験や観察中心の探求的な理科活動、家庭と学校の連携、組織的変化のための基盤造り等が重視され、これらが同時に行われるとき、その相乗効果によっ

表 3-6　U-STARS~PLUS の構成要素

1.　ハイエンドな学習機会

☆カリキュラムの個別化　　　　　　　☆教室指導に活かす力動的評価

☆柔軟なグループ分け

　→カリキュラム短縮

　→多層的活動

　→学習センター

　→ "Science & Literature Connections"

　→個別研究・グループプロジェクト

　→ "Family Science Packets"

　→質問、より高次の思考スキル

2.　組織的変化のためのインフラ整備

☆学校管理者や教師の職能開発　　　　☆確実な実施（学区、学校、教室）

☆説明責任（学区、学校、教室、生徒）

3.　教師の組織的観察

☆問題部分よりも潜在能力を重視した心的態度

☆TOPS（子ども達の潜在能力を認識するための教師用ツール）の利用

☆時間をかけ公式・非公式の尺度を利用したエビデンスの総体を作ること

4.　直接的な探究活動に基づく理科学習

☆思考や言語活動の促進

☆現実の世界、自然現象を通して生徒の興味を引き付ける

☆従来の解説中心で言語スキルに基づく学習ではなく、探究的で問題解決を重
　視した学習

5.　家庭と学校との連携

☆家族参加プログラム

☆効果的な保護者会議やコミュニケーション

☆ "Family Science Packets"

☆文化理解（貧困、多様性、社会的・情緒的ニーズの影響）

（出典：Coleman, M. R. & Shah-Coltrane, S. (2013). *Recognizing and Nurturing Potential Across The Tiers: U-STARS~PLUS*, p.191 を基に筆者作成）

て子ども達の潜在能力が最大限引き出されると考えられている。また、"U-STARS~PLUS" の実施をサポートする教材類として、"Science & Literature Connections" [32]や "Family Science Packets" [33]などがデザインされ、教師がハイエンドな学習環境を作り出すのに役立っている。

　なお、"U-STARS~PLUS" における学習内容は、全て全米科学教育スタンダード（the National Science Education Standards, National Research Council, 1996）に基づいており、各学校の理科の学習カリキュラムと適合するよう設計されている。

２．U-STARS~PLUS の特質とその意義

　マイノリティ・アクセス問題の解決に向け、文化的・言語的多様性を有し貧困状態にある幼い子ども達の潜在能力を育てることを目的とした "U-STARS~PLUS" は、「才能児の正式な認定に先立つ全ての子ども達を対象とした拡充型のカリキュラムモデルである」という点の他に、主に次の三つの特徴を備えている。

　第一に、５歳から９歳までの幼児・児童を対象とし、潜在能力の発見と育成を重視している点である。才能児の正式な認定はしばしば小学校の中・高学年まで待つ必要があるが、その時期までに潜在的能力が失われたり見過ごされたりしてしまうことがあるため、出来るだけ早い時期に幼い子ども達の潜在能力を認識し、育てることが重要であるとされる。また、才能教育プログラムの開始が遅くなればなるほど家庭環境の影響が蓄積されるため、社会経済的に恵まれない家庭に育つマイノリティの子どもは、成長するにつれてますますアカデミックな領域で才能を示すことが難しくなると考えられる。そのため "U-STARS~PLUS" は公教育の最も早い時期の子ども達を対象とし、才能の伸長にマイナスに働く家庭環境の影響を少しでも低減しようとしている[34]。これは、多くのカリキュラムモデルが幅広い年齢層の子ども達に柔軟に対応することが出来るよう設計されているのとは対照的である。

第二に、理科を中心的な学習科目としている点である。一般的に、才能教育プログラムの対象となる学習内容は、言語的活動や数学が多い。例えば国立才能教育研究所（NRC／GT）が 2013 年に発表した小学生の才能教育に関する全米調査報告書（Status of Elementary Gifted Programs 2013）によると、最も才能の伸長が図られた領域として挙げられたのが、国語（言語技能, Language Arts）で（371 学区中 162 学区, 47.2%）、次いで数学（62 学区, 18.1%）、科学技術（36 学区, 10.5%）の順となっている[35]。

　しかし、英語を母語としない家庭に育つ子ども達の場合、英語による言語活動は概して苦手であると言え、むしろ補償教育の一環として実施すべきものである。また、数学の場合も、学習上数概念を抽象化する必要があり、小学校低学年の段階ではそうした思考に必要な認知能力はまだ十分に発達しておらず、計算力も不十分である。そのため、全ての子ども達を対象に発展的な学習活動を行うことは難しいと思われる。

　それに対し、理科は動植物や天体など幼い子ども達の興味・関心を惹きやすく、子どもの潜在能力を認識し、それを育てるのに最も適した教科と言える。そのため、理科に焦点を当てた学習活動が "U-STARS~PLUS" の中心となっている。理科は特に、言葉だけではその優れた素質や能力を上手く示すことが出来ない子ども達の潜在能力を教師が見つけ出す際に役立つと考えられている。探究的な体験活動を通じた理科学習によって、子ども達は問題解決を図りながら自分たちの世界について学んでいくが、こうした活動的な学習は読み書き中心の伝統的な解説型授業とは異なるものである。子ども達は、実験や観察を通じて感じたことや考えたことを積極的に相手に伝えようとするが、そうした活動は思考力を深めると同時に言語技能の向上にも大いに役立つと考えられる。

　第三に、ギフテッド対応型 RTI モデルに親和的である点である。ギフテッド対応型 RTI モデル[36]の普及に伴い、ごく少数の才能児を対象としたカリキュラムモデルではなく、全ての子ども達を対象とし、能力の伸長に応じて

段階的に介入指導を強化する RTI の枠組に適合するカリキュラムモデルが求められている。

　その点、"U-STARS~PLUS" は、ギフテッド対応型 RTI モデルのために特別にデザインされたモデルではないものの、ギフテッド対応型 RTI モデルに適合するカリキュラムモデルの一つとされている[37]。

　"U-STARS~PLUS" において、特に教師の観察用ツールである TOPS が RTI モデルに組み入れられることで、潜在能力の認識を妨げるバイアスの排除に重要な役割を果たすため、TOPS の利用と RTI モデルとの関係について次項で詳しく取り上げることにする。

3．潜在能力の認識を妨げるバイアスの排除
（1）TOPS の利用と RTI モデル

　"U-STARS~PLUS" は、幼い子ども達の潜在能力を認識するため、教師の観察を特に重視しており、TOPS の利用がその中心となっている[38]。コールマンらによれば、子ども達がハイエンドな学習環境の中で探究活動に取り組んでいる時、教師はその姿を組織的・体系的に観察することで子ども達の長所を見つけたり、潜在能力を認識したりすることが出来るとする。

　また、組織的・体系的な観察は、文化的・言語的多様性を持つ子どもや経済的に不利な子ども、障害のある子どもといった教育上の配慮を必要とする様々な子ども達に対する見方を変えることにもつながるとする。即ち、これまではそうした子ども達を危機にある状態（at risk）として否定的に捉え、教育上のリスクを最小限に抑えつつ不利な部分を補償していく介入指導に焦点が当てられてきたが、"U-STARS~PLUS" によるアプローチは、問題を抱える子ども達の潜在能力に着目し、それを認識・育成するのに適した環境を作り出すことによって子ども達の興味や学習意欲をより積極的に引き出そうとするものである。

　TOPS は、クラス全体を対象とした観察フォーム（The TOPS Whole Class

Observation Form）と個人ごとの観察フォーム（The TOPS Individual Student Observation Form）とに分かれており、長期的な観察によって子ども一人ひとりの特性を細かく記せるようになっている。また、才能児の認定に用いられる行動特性を9つの領域にまとめ、子ども達のどのような行動が潜在的な才能とつながっているのかを示すことで、教師に正しく子ども達の才能を認識させようとしている。特に、才能ある子どもの行動が、教師にとって必ずしも心地良いものばかりとは限らず、教師の過ちを訂正したり、納得できないと教師の言うことに従わなかったりするといった教師を不快にさせる（non-teacher-pleasing）行動にも十分注意するよう促すことで、特に否定的に見られやすいマイノリティの子ども達に対するバイアスを取り除こうとしており、その点がTOPSの最大の特徴となっている。

　更に、こうしたTOPSをより効果的に活用する枠組みとして挙げられるのが、ギフテッド対応型RTIモデルである。ギフテッド対応型RTIモデルは、才能児を含む全ての子ども達の才能伸長を目指し、能力に応じて段階的に高度な学習に移行するピラミッド型の多層構造を特徴とする学習支援システムであり、才能教育の新たな実践的枠組みとして近年アメリカで広がりつつある。"U-STARS~PLUS"は、ギフテッド対応型RTIモデルのために特別にデザインされたモデルではないものの、ギフテッド対応型RTIモデルに適合するカリキュラムモデルの一つとされており、コールマンらは立体的な多層指導構造をもつRTIの枠組みの中でTOPSを利用することを推奨している。

　例えば、図3-1のように"U-STARS~PLUS"を組み入れたRTIモデルの第一層では、TOPSフォームの利用によってカリキュラムの個別化（differentiation）や力動的評価（dynamic assessment）、柔軟なグループ分けなどが行われ、クラスの全ての子ども達に最適な学習支援を行うことが目指されている。TOPSフォームはクラス全体の観察から始まるが、それ

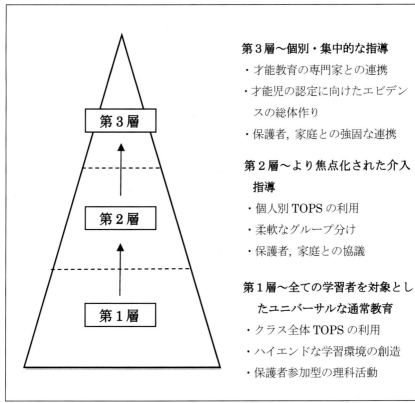

図 3-1　U-STARS~PLUS を利用した RTI モデル

（出典：Coleman, M. R. & Shah-Coltrane, S. (2013). *Recognizing and Nurturing Potential Across the Tiers: U-STARS~PLUS,* p.201 を基に筆者作成）

ぞれの子ども達の優れた潜在能力やニーズが明らかになるにつれて個人的な観察へと移行し、子ども達のニーズに応じた指導やカリキュラムの修正がなされる。TOPS フォームの利用は、各生徒の問題点ではなく潜在能力へと教師の関心を向けさせる働きをする点で非常に重要である。

　TOPS やその他のアセスメントによってより多くのサポートを必要とする生徒が認識されると、続く第二層において、優れた潜在能力を持つ生徒個人に合わせたカリキュラムや指導が計画される。様々な指導方略を用いなが

ら、主に通常の教室内で少人数のグループ指導や個別指導が行われる。第一層よりも深化した探究活動によって問題解決能力やリテラシースキルの向上が図られるが、この段階では、教師と才能教育の専門家との協働も有効である。また、こうしたプロセスは継続して行われ、教師たちには年間を通じて付加的な拡充教育を必要とする生徒を探すことが奨励されている。

更に第三層では、特別な生徒の高いニーズを満たすために、より集中的な個別化した教育支援が行われる。個人用のTOPSにはその生徒の長所やニーズに関する付加的な情報が多く記載され、この時点で、正式な才能児の認定のためのノミネートが検討される。こうしたハイレベルな支援は才能教育の専門家を中心に行われる。

以上のように、RTIという多層指導構造の枠組みの中でTOPSを積極的に活用することによって、"U-STARS~PLUS"の実効性はいっそう高まるとコールマンらは考えている。

（2）プロジェクトにおけるTOPSの有効性

それでは、こうしたTOPSフォームを利用することで、実際子ども達の潜在能力を認識する教師側にどのような変化が認められるだろうか。

この点、コールマンらは、プロジェクトにおける実践を基にTOPSの効果について検証している[39]。TOPSは、ノースカロライナ州、コロラド州、ルイジアナ州、オハイオ州の四つの州にある29学区、100の学校（その多くは貧困層の児童が在籍する）の教師1,115名によって利用された[40]。プロジェクトの締めくくりの調査（Closing Survey）では、そのうちノースカロライナ州の教師262人に対する質問紙調査の回答を基に分析がなされている（依頼数687人、有効回答率38.1%）。

教師が用いるTOPSは、前述の通りクラス全体を対象としたフォームと個人別のフォームとに分かれているが、調査では、3〜6週間にわたって、まずクラス全体フォームを用いて子ども達全員の観察記録が行われ、その後、

潜在的な才能を持つと思われる特定の子ども達に対し、個人別フォームを用いた付加的な観察記録が行われた。具体的には、プロジェクト期間中、トータルで 1,972 人の子ども達についての個人別 TOPS が作成されている。但しそのうちの 231 人は性別や人種が不明として除外され、残り 1,741 人についての教師の認識が分析された。

　分析結果によれば、教師は TOPS を用いなければ 1,741 人中 436 人(22%)の子ども達のアカデミックな潜在能力を認識することは出来なかったとされる。人種別で見れば、TOPS を用いて観察された 213 人の黒人男児のうち 53%が、TOPS を用いなければその潜在能力が見過ごされていたとされ、これは同様に TOPS を用いなければその潜在能力が見過ごされていたとされる白人男児の割合 (24%) と比べると倍以上の数値となっている。全体では、TOPS を用いなければ潜在能力が見過ごされていたと思われる全 436 人の子ども達のうち、半数近い 48%の子ども達 (男児 135 人、女児 74 人) がマイノリティ (有色人種) という結果であった。

　また、子ども達を人種・性別ごとに 6 つのカテゴリー (黒人、ラテン系、白人の各男女) に分け、どのカテゴリーにどの様なバイアスが働きやすいかを調べた質問紙調査によると、子どもの長所を認識するのに障害になると思われる 7 つの項目のうち、黒人男児では特にその子の (教師にとって不快な) 行動が最も多く挙げられ、ヒスパニックなどのラテン系の子ども達にとっては英語での会話力のなさが重大な障害として認識されていた。そして、分析の結果、長所 (潜在能力) に対する認識を妨げる様々なバイアスの影響を黒人男児は最も多く受けており、最も影響の少ない白人女児に比べるとその違いは約 3 倍にもなることが明らかになった。

　但し、コールマン自身も指摘するように、今回のプロジェクトでは子ども達の人種・民族や性別についてのデータは得られたが、家庭環境や経済状況、英語力などについてはデータが不足しており、それらとマイノリティの子ども達が受けるバイアスとの関係については、今後さらなるデータの収集と分

析が必要である。

４．実施上の課題

　本節では、才能教育におけるマイノリティ・アクセス問題の解決の糸口を探るため、教師のシステマティックな観察に基づくバイアスの排除という視点から"U-STARS~PLUS"開発の意義を考察した。その結果、"U-STARS~PLUS"では、TOPS という特別な観察ツールが用いられることで、マイノリティの子ども達に対する教師のバイアスが少なからず取り除かれており、潜在的な才能を公平に認識する上で有効なカリキュラムモデルであると判断することが出来た。

　また、こうしたジャビッツ才能児教育法に基づく資金援助プログラムは、しばしば極めて限定的な効果しか認められないとして批判の対象となるが、"U-STARS~PLUS"はプロジェクト終了後もノースカロライナ州を中心にコロラド州やオハイオ州、ルイジアナ州の多くの小学校において継続して実践されており[41]、多額な資金援助がなくとも持続可能な自立したプログラム（self-sustaining program）として全米才能児協会（NAGC）からも高く評価されている[42]。

　但し、"U-STARS~PLUS"の実施にあたってはいくつかの課題が考えられる。例えば、実験や観察を伴う理科中心のカリキュラムでは家族のサポートが重視され、保護者も一緒に参加する機会が数多く設けられているが、社会経済的に不利なマイノリティの場合、失業や離婚などにより保護者の協力が十分に得られない可能性が通常よりも高いと思われる。そのため、"U-STARS~PLUS"によってマイノリティ・アクセス問題を解決するには、マイノリティの子ども達の潜在的な才能を公平に認識するだけでなく、才能の伸長を図る段階においては特に、マイノリティの家庭を支援する体制作りが求められるだろう。また、"U-STARS~PLUS"は通常教育の一環として実施されるため、指導は基本的に才能教育の専門家ではなく一般の教師が行

うが、才能児や才能教育に関する研修は必要不可欠である。更に、優れた才能を示す子どもには才能教育の専門家による指導が必要となるが、こうした人的資源の確保も才能教育関連の予算削減が問題となっている現在[43]、実施環境の整備に向けての大きな課題と言える。

第4節　小括

　本章では、早修と並ぶ才能教育のもう一つのカリキュラム類型である拡充教育に焦点を当て、才能教育の実践方法の変化という視点から、変容する才能教育の様相を考察した。早修と拡充教育を比較すると、通常カリキュラムを早期に、通常よりも速いペースで履修していく早修は、あくまで優れた学習能力を持つ生徒に対応した措置であり、学力がそれほど高くない生徒にまで拡大して適用することが難しいため、「才能教育の一般化」といった点では限界がある。それに対し、拡充教育は才能児のみならず、全ての子ども達の得意な部分に着目し、それを各生徒の能力に応じて最大限伸長させようとする点で全ての子ども達に対応することが可能であり、拡充教育の一般化の動きは、第2章で検討した早修制度の拡大・多様化の動き以上に、才能教育の変容を特徴付けていると言えるだろう。

　本章ではまず、現在の才能教育が、より多くの子ども達の多様な潜在的能力の伸長を重視する「才能開発」という新たな概念的枠組みによって拡張されていることを指摘し、従来の才能教育の概念的枠組みとの違いを検討した。その結果、従来の才能教育では、IQや学力テストによって「知的な才能が存在する（being）か否か」が強調され、「存在する」場合にのみ、特別な教育的対応が行われるのに対し、「才能開発」概念では、個人の特性やニーズを基に「才能伸長に向けた取り組みを行っていること（doing）」に焦点が当てられ、能力の発達段階に応じた指導が重視されていることを明らかにした。

　また、本章では、才能教育プログラムの対象となる子ども達が拡大していくことによって、才能教育に対する公平なアクセスがより一層重視され、特

にマイノリティをはじめとする社会経済的に不利な子ども達のアクセス不均衡問題が才能教育の大きな課題となっていることを指摘した。そして、アクセス不均衡の現状を明らかにした上で、こうした子ども達のアクセス拡大を図る目的で開発されたカリキュラムモデルに着目し、その特徴について検討した。

　今回、事例として取り上げた拡充型カリキュラムモデル "U-STARS ~PLUS" は、5 歳から 9 歳までの幼児・児童を対象とし、理科学習を通じて子ども達の潜在能力の発見と育成を重視しており、RTI モデルとも親和性を有するなどの特徴をもつが、本章では特に、潜在能力の認識を妨げるバイアスを排除するために開発された教師用の観察ツール TOPS の有効性に着目して考察を行った。その結果、教師は TOPS を用いることで多くの子ども達の潜在能力を認識することが出来、特に黒人男子に対しその効果が高いことを指摘した。

　このように、知的才能児を対象に閉鎖的な環境で行われていた拡充教育は、多元的能力観が認められるようになった 1980 年代以降、通常教育に広く取り込まれ、一般のクラスでも授業の一環として盛んに行われるようになっている。こうした通常クラスで実施される全ての子ども達を対象とした拡充教育プログラムは、日本のクラブ活動や総合学習活動と共通する内容も多く見られるが、拡充教育の実施にあたっては、拡充型カリキュラムモデルに従うことが多く、才能教育の専門家のサポートを受けながら生徒の能力に応じてより高度な学習機会が得られるようになっている点で、個人の能力開発、才能の伸長により焦点が当てられていると言えるだろう。

　こうした才能教育の変容は、同じ特別教育の枠内で対峙する障害児教育の領域にも大きな影響を与えつつある。そこで次章では、才能と発達障害を併せ持つ子ども達の学習支援に焦点を当てて、才能教育と障害児教育との関係性を明らかにしていくことにする。

1 Olszewski-Kubilius, P. & Thomson, D. (2015). Talent Development as a Framework for Gifted Education. *Gifted Child Today,* 38 (1), p.49.

2 *Ibid.*

3 なお、ダイとチェン (Dai, D. Y., & Chen, F.) は、才能教育の基本的枠組みとして、この二つの概念の他に「個別化」の概念 (The Differentiation Paradigm) を加え、それらの関係性や相違点について詳細に分析している。Dai, D. Y., & Chen, F. (2013). Three Paradigms of Gifted Education: In Search of Conceptual Clarity in Research and Practice. *Gifted Child Quarterly,* 57 (3), pp.151-168.

4 Olszewski-Kubilius, P. & Thomson, D. (2015). *op.cit.,* p.51.

5 Horn, C. V. (2018). Serving Low-Income and Underrepresented Students. In P. Olszewski-Kubilius, R. F. Subotnik, & F. C. Worrell (Eds.), *Talent Development As a Framework for Gifted Education: Implications for Best Practices and Applications in Schools.* Waco, TX: Prufrock Press Inc., pp.129-152.

6 Olszewski-Kubilius, P. & Thomson, D. (2015). *op.cit.,* p.53.

7 *Ibid.,* p.53.

8 *Ibid.,* p.53.

9 *Ibid.,* pp.53-54.

10 日本では「取り出し授業」とも呼ばれる。数学や物理などの特定の教科において、通常学級から離れた特別教室（リソースルーム）などで一時的に少人数のグループ指導や個別指導を行うことを指す。

11 *Ibid.,* p.54.

12 *Ibid.,* p.54.

13 この点フェルデューゼンは、特に中等教育段階における学校内での「才能開発」の一般的領域として、次の4つを挙げている。

　1) 学業・知能〜理科、数学、英語、社会、外国語

　2) 芸術〜ダンス、音楽、演劇、絵画、彫刻、写真

　3) 職業・技術〜家政学、商工業、企業、農業、コンピュータ・科学技術

　4) 対人・社会〜リーダーシップ、介護、販売、人的サービス

Feldhusen, J. F. (1994). Talent Identification and Development in Education (TIDE). *Gifted Education International* ,10, pp.10-15.

14 Davis, G. A., Rimm, S. B., & Siegle, D. (2014). *Education of the Gifted and Talented (6th ed.).* Essex, England: Pearson Education Limited, pp.160-176.

なお、代表的な拡充プログラムについては松村暢隆（2003）前掲書, pp.104-157 参照のこと。

[15] Renzulli, J. S., & Reis, S. M. (2008). *Enriching Curriculum for All Students (2nd ed.).* Thousand Oaks, CA: Corwin Press. なお、「拡充三つ組みモデル」は、「全校拡充モデル」の一部として組み込まれることも多い。

[16] Ford, D. Y. (2014). Underrepresentation of African American and Hispanic Students in Gifted Education: Impact of Social Inequality, Elitism, and Colorblindness. In J. P. Bakken, F. E. Obiakor, & A. F. Rotatori (Eds.), *Gifted Education: Current Perspectives and Issues*, Advances in Special Education vol.26. UK: Emerald Group Publishing Limited, p.116.

[17] *Ibid.,* p.104.

[18] *Ibid.,* p.105.

[19] Gagné, F. (2011). Academic Talent Development and the Equity Issue in Gifted Education. *Talent Development and Excellence*, Vol.3, No.1, pp.3-22.

[20] Payne, A. (2010). *Equitable Access for Underrepresented Students in Gifted Education.* Arlington, VA: The George Washington University Center for Equity and Excellence in Education, pp.8-13.

[21] *Ibid.,* pp.13-16. そのため、本来、人種・民族的少数者集団を意味した「マイノリティ」は、今日のアメリカにおいて、社会経済的弱者をイメージする用語となっている。そこで本稿においても、「マイノリティ」を単に人種・民族的少数者集団として捉えるのではなく、広く社会経済的弱者を含む概念（社会的少数者集団）として用いる。

[22] Renzulli, J. S., & Reis, S. M. (2014). *The Schoolwide Enrichment Model: A How-to Guide for Talent Development (3rd ed.).* Waco, TX: Prufrock Press Inc.

[23] Davis, G. A., Rimm, S. B., & Siegle, D. (2014). *Education of the Gifted and Talented (6th ed).* Essex, England: Pearson Education Limited, pp.177-178.

[24] *Ibid.,* pp.332-343.

[25] Brigham, F. J., & Bakken, J. P. (2014). Assessment of Individuals Who Are Gifted and Talented. In J. P. Bakken, F. E. Obiakor, & A. F. Rotatori (Eds.), *op.cit.,* pp.21-40.

[26] Callahan, C. M., Moon, T. R., & Oh, S. (2013). *States of Elementary Gifted Programs 2013.* National Research Center on the Gifted and Talented, The

University of Virginia, Curry School of Education, pp.14-21.

[27] Coleman, M. R., & Shah-Coltrane, S. (2010a). *U-STARS~PLUS Science & Literature Connections*, Arlington, VA: Council for Exceptional Children, pp. ix-x.

[28] 関内偉一郎（2016）「ギフテッド対応型 RTI モデルにおける才能教育の多層的展開—「早修」と「拡充」の新たな実践的枠組みに着目して—」『アメリカ教育学会紀要』第 27 号, pp.44-57.

[29] ノースカロライナ大学 Frank Porter Graham Child Development Institute（FPG）の HP 参照。(http://fpg.unc.edu/node/5362, 2017 年 1 月 4 日取得)

[30] Harradine, C., Coleman, M. R., & Winn, D. M. (2014). Recognizing Academic Potential in Students of Color: Findings of U-STARS~PLUS. *Gifted Child Quarterly*, 58 (1), pp.24-34.

[31] U-STARS~PLUS の概要は,Coleman, M. R., & Shah-Coltrane, S. (2010a). *op.cit.,* pp.3-24. 及び Coleman, M. R., & Shah-Coltrane, S. (2011). Remembering the Importance of Potential: Tiers 1 and 2. In M. R. Coleman, & S. K. Johnsen (Eds.), *RtI for Gifted Students*. Waco, TX: Prufrock Press Inc., pp.43-61参照。

[32] Coleman, M. R., & Shah-Coltrane, S. (2010a). *op.cit.*

[33] Coleman, M. R., & Shah-Coltrane, S. (2010b). *U-STARS~PLUS Family Science Packets*, Arlington, VA: Council for Exceptional Children.

[34] Castellano, J.A., & Matthews, M. S. (2014). Legal Issues in Gifted Education. In J. P. Bakken, F. E. Obiakor, & A. F. Rotatori (Eds.), *op. cit.,* p.4.

[35] Callahan, C. M., Moon, T. R., & Oh, S. (2013) *op.cit.,* pp.39-40.

[36] 学習障害児支援システムである RTI（Response to Intervention）を応用した才能児にも対応可能な多層指導モデル。才能教育の新たな実践的枠組みとして2000年代半ば以降全米各州で導入が進む。関内偉一郎（2016）「ギフテッド教育における RTI モデル活用に関する一考察—アメリカ合衆国の教育システム統合の動きに着目して—」『筑波大学 教育学系論集』第 40 巻第 2 号, pp.31-44 参照。

[37] RTI との適合性については, Coleman, M. R., & Shah-Coltrane, S. (2013). Recognizing Nurturing Potential Across the Tiers: U-STARS~PLUS. In M. R. Coleman, & S. K. Johnsen (Eds.), *Implementing RtI With Gifted Students: Service Models, Trends, and Issues*. Waco, TX: Prufrock Press Inc, pp.200-202. 及び Coleman, M.R.,& Shah-Coltrane, S. (2011). Remembering the

Importance of Potential: Tiers 1 and 2. In M. R. Coleman, & S. K. Johnsen (Eds.), *op. cit.,* pp.56-58. を参照のこと。

[38] Coleman, M. R., & Shah-Coltrane, S. (2011). *Ibid.,* pp.51-55.

[39] Harradine, C., Coleman, M. R., & Winn, D. M. (2014). *op.cit.*

[40] 指導経験に基づく構成比は新任 33%, 中堅 32%, ベテラン 35%となっており, 指導歴に偏りはないものの, そのほとんどが白人 (88%) の女性 (95%) であった。

[41] Coleman, M. R., Winn, D. M., & Harradine, C. (2012). *Expanding Educational Excellence: The Power of Schools.* Chapel Hill, NC: The University of North Carolina, FPG, PAS, p.11.

[42] Council for Exceptional Children & National Association for Gifted Children (n.d.). *CEC & NAGC Rebuttal to Elimination of Javits Act in H.R. 1891* 参照。(http://www.edweek.org/media/rebuttal.pdf, 2017 年 1 月 4 日取得)

[43] Castellano, J. A., & Matthews, M. S. (2014). Legal Issues in Gifted Education. In J. P. Bakken, F. E. Obiakor, & A. F. Rotatori (Eds.), *op.cit.,* p.4.

第4章　障害児教育との近接・融合化

　本章では、特に才能と軽度の発達障害を併せ持つ子ども達に焦点を当てて、才能教育と障害児教育との関係性について明らかにする。障害児教育は、特別教育として通常教育から分離された後、メインストリーム運動による統合化が図られ、そして 1990 年代以降はインクルーシブ教育理念に基づき通常教育に包摂されるという歴史的経緯を辿ってきたが、同じ特別教育としてカテゴリー化される才能教育も、障害児教育と同様、通常教育からの分離・独立の状態から、通常教育との近接・融合化の動きへと変化が見られる。

　こうした両者に共通する他の教育領域に対する近接・融合化の流れは、通常教育に対する関係性のみならず、才能教育と障害児教育相互の関係性においても顕著である。その大きな理由として、20 世紀後半に発達障害に対する理解が進んだことで、才能と発達障害を併せ持つ二重に特別な子ども達の存在が広く認識されるようになったことが挙げられる。

　そこで本章ではまず、障害児教育の基本的な法制度を確認した上で、才能と軽度の発達障害を併せ持つ子ども達に対し、才能教育および障害児教育の両方からどのようなアプローチがなされているのかを明らかにし、才能教育の現代的変容の一つの表れとして、両者の近接・融合化の動きについて考察する。

第1節　障害児教育に関する法制度と才能教育との関係
1．アメリカにおける障害児教育の概要

　アメリカでは、19 世紀末までにほとんどの州で就学義務が課されたことで[1]、それまで学校教育に適応出来ず排除されていた子ども達も学校教育の対象と認識されるようになった。その結果、19 世紀半ばから、障害児に対

する教育的配慮が見られるようになり、19 世紀末頃からは障害児や学業不振児、才能児など、様々な問題を抱える子ども達に対する特別学級が公立学校の中に設置され始めている。但し、1900 年前後においては、通常学級からの分離基準は曖昧であり、不適応児（misfits）とされた子ども達は、専ら学校の管理運営上の都合から教師らによって主観的に選別されていた。そのため、当初は、障害児も才能児も区別なく、既存の学校制度では十分な対応が出来ない子ども達として一括りに特別学級に収容されるケースが多かったとされる[2]。しかし、20 世紀前半に知能検査が普及し、知能指数が子ども達の知的能力を判断する基準として活用されるようになると、特別学級は才能児のためのクラスや知的障害児のためのクラスなどへと分化し、それぞれの特別なニーズに対応した教育が特別学級の種類ごとに行われていくことになる[3]。

　もっとも、20 世紀前半における障害のある子どもの就学率は極めて低く、1945 年になっても特別教育を必要としている子どもの約 10%しか就学していなかったとされ、1960 年代前半でも約 25%の就学率であったとされる[4]。障害児教育は 19 世紀半ばから各州や学校区レベルで取り組まれてきたものの、公教育における障害児への対応は全く不十分なものであったと言える。

　こうした状況の中、1958 年に「知的障害教育拡張法（Expansion of Teaching in the Education of Mentally Retarded Children Act）」が制定されるなど、1950 年代に入るといくつかの特別教育関連法が連邦レベルで制定されるようになった。そして特に 1960 年代は、公民権運動の影響を受けながら障害のある人の権利擁護を目指す連邦法が次々と制定され、障害児教育に関しても連邦レベルで本格的に取り組まれるようになっている。例えば 1965 年に制定された初等中等教育法（ESEA）との関係で言えば、同法によって州における障害児教育プログラムのための連邦予算が盛り込まれた他、同法を補完・修正する形で制定された「州立および州の助成を受ける障害のある子どものための学校に対する連邦政府補助法」（P.L.89-313）によっ

て、連邦補助金の対象が州立学校や州の支援する特別教育プログラムにも拡大された。更に、翌 1966 年に改正された初等中等教育法では、障害児（Handicapped Children）の定義がタイトルⅠパート F において示され、新たにタイトルⅥに「障害児教育」の条項が付加されるなど、特別教育の関連規定が具体的にまとめられた。また、こうした法整備と同時に、「障害児教育研修局（Bureau for the Education and Training of the Handicapped）」や「障害児に関する諮問委員会（National Advisory Broad on Handicapped Children）」が設置され、障害児教育の行政的枠組みも明確化された[5]。

　但し、1970 年代初めにおいても障害児教育の実施率は低く、7 州が 20%以下、19 州は 3 分の 1 足らずの障害児にしか教育を行っておらず、わずか17 州がようやく半分に達する程度であったとされ、州や連邦の裁判制度の中で障害児の公教育権保障が要求された[6]。

　その後もアメリカでは、障害児教育制度改善のための立法努力が積極的になされた結果、障害者を対象とした法律が次々と制定され、1970 年代は障害者に対する施策が大きく進展している。その中でも特に重要とされているのが、1973 年に制定された「リハビリテーション法（Rehabilitation Act of 1973）」と 1975 年制定の「全障害児教育法（Education for All Handicapped Children Act）」である。「リハビリテーション法」では、タイトルⅤの 504条項において公的プログラムにおける障害差別の禁止が明示されるなど、障害者の人権保障的側面が重視されている。また、「全障害児教育法」は、①全ての有資格の障害児（3~18 歳、1980 年以降 21 歳まで）に対する「無償で適切な公教育（free appropriate public education：FAPE）」の保障[7]、②「最小制約環境（（least restrictive environment：LRE））」における教育の提供、③「個別教育計画（individualized education program：IEP）」の作成、④「意思決定における親や生徒の参加」、⑤不服申し立てに関する「手続き上の保護」、⑥措置決定における「差別のない評価」といった諸原則が

掲げられている。この法律によって、従来通常教育から分離されていた障害児を可能な限り通常の教育環境の中で指導することが求められるようになり、「メインストリーム」と呼ばれるその後の教育的統合に大きな影響を与えた[8]。

「全障害児教育法」は 1990 年の修正によって「障害者教育法（Individuals with Disabilities Education Act : IDEA)」と改称された後、1991 年、1997 年、2004 年と改正を重ねながら現在に至っているが、一連の改正では障害児の通常教育を一層重視する姿勢が示されている。その背景として、1994 年のサラマンカ声明以降、インクルーシブ教育が障害児教育のあるべき姿として目指されたことが指摘出来る。即ち、重度の障害児をはじめ、社会経済的弱者として通常の学校教育から排除されやすい子ども達も全て統一された教育システムの中に包摂し、その中で子ども達一人ひとりの教育的ニーズに対応しようとするインクルーシブ教育運動の高まりが、こうした法改正に大きな影響を与えていると言えるだろう。

現在、通常学校における障害児に対する教育的措置は、特別学級やリソースルームを活用したものから、合理的配慮に基づく通常学級内での対応へとその中心が移行しており[9]、インクルーシブ教育の動きは 1990 年代以降、着実に進展していると考えられる。

2．障害者教育法とリハビリテーション法 504 条項との関係

第 2 節で詳述する 2E 教育についても、障害者教育法とリハビリテーション法 504 条項はその内容に大きく関わってくるため、ここでは予め、両者の関係を整理しておくことにする。

現在のアメリカの障害児教育の特徴として、「無償で適切な公教育」の保障が挙げられるが、その具体的な保障は、障害者教育法とリハビリテーション法 504 条項の二重構造によってなされている。そこでまず、「無償で適切な公教育」の保障という視点から、両者の内容を検討する。

　障害者教育法は、連邦政府による障害児教育施策の中核に位置付けられており、連邦政府が州政府に対して資金を提供する時の根拠となる資金援助法である。障害者教育法には、「無償で適切な公教育」の対象となる障害者の範囲として 13 の障害種名[10]が列記されており、「施行規則」で示された障害の定義基準[11]に合致し、かつ、その障害が学習の達成を阻害するものであると認められる場合に、「無償で適切な公教育」の対象者となる[12]。

　次に、「無償で適切な公教育」の保障内容についてだが、障害者教育法においては、次のように規定されている（IDEA 20 USC.1401 (18) (C)）。

　「（無償で適切な公教育は）特別な教育指導（special education）と関連サービス（related services）から成り、それらは (A) 公費により公の監護と指示を受け、経費を保護者に課すことなく提供されるものであり、(B) 州政府の教育機関のスタンダードに合致し、(C) 当該州における適切な就学前教育、初等および中等教育を含み、(D)「個別教育計画（IEP）」を基にして提供される」

　なお、ここでいう「個別教育計画」とは、「障害児のために開発・レビュー・改訂される文書」であり、「施行規則」によって、その内容・手続き・開発関係者[13]などが詳細に規定されている。「個別教育計画」の主な内容は、①現在の達成水準、②年間の目標、③提供される「特別な教育指導」と「関連サービス」、④サービスの提供日や提供頻度、サービスの継続期間などである。「個別教育計画」は、障害児に対する教育指導の開始に先立ち IEP チームにより開発され、保護者の署名があって初めて発効する契約書的文書である[14]。

　次に、リハビリテーション法 504 条項の内容を確認する。リハビリテーション法 504 条項も、障害児に対して「無償で適切な公教育」を保障しているが、504 条項は障害児教育における公民権法として位置付けられており、

雇用や教育プログラム、保健・福祉・社会保障サービスにおける差別禁止が規定されている。また、対象となる障害者の範囲について 504 条項は、「①個人の主要な生活活動における一つないし複数の実質的制約をもたらす身体ないし精神の障害（impairment）を持つ者、②そうした障害の記録を持つ者、③そうした障害を持つと見なし得る者」と規定し、対象障害者の範囲を包括的に示すにとどまっている。

　「無償で適切な公教育」の保障内容に関して言えば、IDEA と同じく「特別な教育指導」と「関連サービス」の二つの分野から必要なサポートを受けることが出来るが、IDEA と異なり「個別教育計画」の作成は必須とされていない。その代わり、一人ひとりのニーズに合致したサポート・プランとして「504 プラン」が作成されるが、その様式は定まっておらず、子どもにより記入内容が異なる[15]。

　このように、障害者教育法とリハビリテーション法 504 条項は相互補完的に障害児の「無償で適切な公教育」を保障しているが、両者の相違点をまとめると次のようになる。まず、IDEA は、障害カテゴリーに合致する障害児に対し IEP を作成し、連邦補助金に基づく質の高いサービスを提供しようとしている点で特徴的である。一方、504 条項の方は、連邦政府による補助金はないものの、IDEA の対象とならない障害児者[16]も対象とするなど、対象とする障害児の範囲が広く、また、IDEA よりも規定が概括的でより柔軟な適用が可能なことから、特別な教育的ニーズをもちながらも IDEA の対象範囲外となる障害児者を広く救済する機能を有していると言えるだろう（表 4-1 参照）。

3．障害児教育と才能教育との関係性

　次に、障害児教育と才能教育との関係性について考察する。アメリカにおける特別教育の形成過程からは、才能教育も障害児教育も、通常の学校教育に不適応な子どもに対応するという同じ目的でほぼ同時期（19 世紀後半〜）

表 4-1　障害者教育法とリハビリテーション法 504 条項との関係

リハビリテーション法 504 条項	障害者教育法（IDEA）
＜概要＞ ・公民権法としての性格をもつ。 ・連邦政府の資金援助を受けるプログラムにおける障害者差別の禁止。 ・身体ないし精神の障害を持つ生徒に対しアコモデーションの実施や教育サービスの提供を学校区に要求。教育サービスは、通常教育または特別教育において提供。	**＜概要＞** ・教育および財政支援法としての性格をもつ。 ・資格のある生徒は特別教育や関連サービスを受けることが出来る。 ・サービスは子どもの特別な教育的ニーズに合致するようデザインされる。
＜主な焦点＞ ・障害を持つ生徒と持たない生徒の間の公平性を重視。	**＜主な焦点＞** ・障害を持つ生徒の個々の教育的ニーズに合致したサービスの提供を重視。
＜目的＞ ・障害者を排除するような障壁を取り除くことで、活動領域を平等にする（level the playing field）。 ・FAPE の提供—障害のない生徒に提供される教育と同等の教育を保障。	**＜目的＞** ・障害のない生徒にはないサービスや保護を、障害を持つ生徒に保障する。 ・FAPE の提供—資格のある生徒に対し、特別な教育的ニーズに適した教育を保障。
＜適格要件＞ ・対象となる障害者の範囲は、IDEA よりもずっと幅広い（IDEA 対象児は全てカバーされる）。 ・年齢に関係なく全ての障害者に適用 ・身体ないし精神の障害で 1 つ以上の主要な生活活動(学習活動などを含む)で実質的な制約を受けている者が対象。	**＜適格要件＞** ・504 条項よりも制約的である（504 条項で保護される生徒が全て IDEA で保護されるわけではない）。 ・21 歳までの障害者に適用される。 ・13 種の障害カテゴリーに合致し、かつ、その障害が生徒の学業成績に影響を及ぼす場合に対象となる。
＜サービス内容＞ ・障害の状況や実施されるアコモデー	**＜サービス内容＞** ・生徒の特別なニーズに応じて詳細に作

ション又はサービスを記載した504プランの作成（但し周期的な見直しは規定されていない）。 ・アコモデーションやサービスは、最小制約環境下で、大抵は通常教育のクラスにおいて提供される。 ・場合によっては特別教育（特別にデザインされた指導）がなされる。	成された「個別教育計画」(IEP)は、毎年見直されなければならない。 ・サービスは、通常教育、特別教育、又はその組み合わせの中で提供される。
＜手続きとセーフガード＞ ・IDEA よりも保護者への通知や同意に対する要求は少ない。 ・生徒の認定や評価、配置に関し学校に同意できない場合、保護者は調停や適正な手続きに基づくヒアリングを求めることが出来る。	**＜手続きとセーフガード＞** ・子どもへの最初の評価・配置に対し、保護者の同意書が必要。 ・生徒の認定や評価、配置に関し学校に同意できない場合、保護者は調停や適正な手続きに基づくヒアリングを求めることが出来る。
＜その他の相違点＞ ・生徒のニーズに応えるため特に明確に定められたアプローチが提供されることは少ない。 ・IDEA よりも柔軟性があり監督手続きに対する要求が少ないため、学校側は504 条項の方を好むことが多い。 ・提供されるサービスには連邦政府による財政支援は含まれない。	**＜その他の相違点＞** ・生徒のニーズに応えるため詳細な手続きや時間枠が明確に定められたアプローチが提供される。 ・504 条項よりも幅広いオプションが提供されるので、保護者側は IDEA の方を好むことが多い。 ・504 条項よりも学校側に対する制約は大きいが、連邦政府による付加的な財政支援がある。

（出典：Idaho Department of Education (2010). *Twice-Exceptional: Students with Both Gifts and Challenges or Disabilities*, p.24-25 を基に筆者作成）

に行われるようになったことが分かるが、このことからもアメリカの才能教育は、本質的に特別ニーズ教育としての性格を多分に含み、才能教育の目的

も国家・社会に有用な人材育成を目的とした効率主義的視点は希薄であった
ことが窺える。また、アメリカの才能教育は、その後スプートニク・ショッ
クによって効率主義的色彩を帯びるものの、1960 年代以降、公民権運動の
影響や才能教育の拡大・一般化の動きによってマイノリティなどの社会経済
的に不利な子ども達のアクセス拡大に力が注がれるようになったことは前
述の通りである。

　しかしながら、障害児に対しては、障害者教育法及びリハビリテーション
法 504 条項の規定により、「無償で適切な公教育」が連邦法レベルで保障さ
れているのに対し、才能児に関しては連邦法による直接的な教育保障はなさ
れていない。また、才能教育に費やされる公的支出も、障害児教育と比較す
ると非常に少なく、教育予算を 100 ドルのパイに例えると、NCLB 法関連
が 64 ドル、障害児教育が 32 ドルを占めるのに対し、才能教育は僅か 0.026
ドルに過ぎないことが指摘されている[17]。

　才能教育の実施規模の割に財政支援が極めて不十分である原因として、
「才能児は特別な教育支援を行わなくとも、自力で才能を伸長させることが
出来る」という誤った考えが広く信じられており[18]、才能の伸長のみなら
ず、才能児の心理特性に基づく社会的・情緒的問題に対する包括的支援の重
要性が未だに理解されていないとする才能教育の専門家は少なくない。また、
飛び級や飛び入学といった早修措置に対し、適切な教育環境の下では心理的
悪影響は見られないとする研究成果が数多く発表されているにもかかわら
ず、そうした影響を心配する声も依然根強く、教育現場での才能教育の実施
を妨げる大きな要因となっている[19]。

　このように、アメリカの才能教育は、「無償で適切な公教育」が保障され
た障害児教育と異なり特別ニーズ教育としての位置付けが弱く、その重要性
が十分に認識されているとは言い難い。しかし、同じ特別教育としてカテゴ
リー化される障害児教育と才能教育は、基本的には別個・独立して存在する
ものの、両者が重なり合う部分も存在する。そのため、近年、障害の中でも

特に学習障害などの発達障害と才能を併せ持つ子ども達に焦点を当てそれぞれの専門教育の特徴を活かしながら包括的な対応を行おうとする新しい教育実践が見られるようになっている。

　それでは、才能と発達障害を併せ持つ子ども達は、一体どの程度存在し、どのような特徴を有しているのだろうか。また、そうした子ども達にはどのような教育が行われているのだろうか。次節では、こうした才能と障害、特に発達障害を併せ持つ子ども達への対応について考察することで、才能教育の新たな方向性を明らかにしていくことにする。

第2節　才能と発達障害を併せ持つ子どもへの対応
1．2E 児の存在と心理特性
（1）2E 児に対する認識

　人間は誰でも得意な部分と苦手な部分を併せ持っており、認知特性においてその偏りが著しく大きい場合には、優れた才能と発達障害が同一人物に併存することもありうる。実際、ミケランジェロやアインシュタインなど、歴史上「天才」と呼ばれる人々の多くにアスペルガー症候群や学習障害などの発達障害傾向が見られたとされる[20]。

　この点、アメリカでは、特別教育の一環として障害児教育だけでなく才能教育も広く実施されていることを背景に、このような発達障害と才能の両方を持つ子どもを「二重に特別な（twice-exceptional : 2E)」[21]子ども達と呼び、近年、2E の子ども達を対象にした教育、いわゆる「2E 教育（education of twice-exceptional children)」が実践されている[22]。

　連邦法においては、2004 年に修正された IDEA で 2E 児に対する特別な教育的ニーズが初めて認識されており[23]、また、現在までにコロラド州、オハイオ州、アイダホ州、バージニア州、メリーランド州などが教師や保護者用に 2E 教育に関するガイドブックを作成するなど、2E 児への対応を積極的に進めている州も複数存在する[24]。

　但し、2E に関する統一的な定義はなく、定義の仕方は各州によってそれ
ぞれ異なる。例えばバージニア州では、2E の子ども達を次のように定義し
ている[25]。

　「2E の生徒（Twice-Exceptional students）とは、学校区の才能教育プ
ログラムのための認定・配置委員会（identification and placement com-
mittee）によって才能児として認定され、かつ、連邦及び州の特別教育の規
定によって定められた障害を持つキンダー（幼稚園年長）から第 12 学年ま
での生徒を意味する」

　しかし、2E の子ども達は、「才能」と「障害」が互いに打ち消し合って
どちらか一方しか認識されない、あるいはそのどちらもが認識されないと
いったことが多いため[26]、2E を識別する要件として才能児と障害児の両方
の認定基準を満たす必要があるとすると、非常に限られた数の子ども達しか
2E と見なされないことになる。そのため、2E 教育の関係機関や支援組織が
連携した「全米 2E 実践協議会（National Twice-Exceptional Community of
Practice : 2E CoP）」は、2014 年にこうした 2E の子ども達の特性に配慮し
た定義付けを行っている（表 4-2）[27]。
　また、2E 教育の対象となる主な発達障害の種類に関して言えば、アメリ
カでは学習障害（LD）と診断される子どもの割合が高いため、当初 2E 児
の障害も、学習障害に焦点が当てられていたが、次第に自閉スペクトラム症
（ASD）や注意欠陥多動性障害（ADHD）などのその他の発達障害も含め
て考えられるようになった。そして、現在では発達障害に限らず、子ども達
の文化的背景の違いや英語能力の不足など広く学習遅滞を引き起こす様々
な要因も障害に含めて言及されることが多くなっている[28]。
　なお、発達障害の種類に関して、社会性や対人関係を中心とした発達障害
として、これまで広汎性発達障害（PDD）をはじめ様々な名称が用いられ

表 4-2　2E CoP による 2E の定義

　2E の個人は、優れた能力と障害を示し、その結果、両者が組み合わさった独特な状況が生まれる。優れた能力が優位にあると障害を隠し、障害が優位にあると優れた能力を隠すことがある。また、両者が互いに隠し合うため、そのどちらもが認識・対処されないこともある。2E の生徒は、学年レベルよりも低いパフォーマンスや学年レベル以上のパフォーマンスを示すかもしれないが、以下のことが必要となる。

・才能と障害の相互作用を考慮した特別な識別方法
・子どもの興味や才能を伸ばしながら学習ニーズに応じる拡充・早修の機会
・子どもの学業面での成功と、合理的配慮、治療的介入、専門的指導などの社会的・情緒的福祉を同時に保障する支援

　この独特の子ども達を適切に支援するためには、専門的な教員養成と継続的な教員研修が必要である。

てきたが、近年、概念の整理が行われるようになった。そして、2013 年にアメリカ精神医学会による精神医学の診断基準 DSM-Ⅳが DSM-Ⅴに改訂され、従来の（カナー型）自閉症、アスペルガー症候群、高機能自閉症、特定不能の広汎性発達障害の 4 つが自閉スペクトラム症に統合された。そのため、本章でも社会性や対人関係を中心とした発達障害を表す用語として、「自閉スペクトラム症」の名称を用いることにする[29]。

（2）2E 児の推定人数

　それでは、2E の子ども達はアメリカ全体でどのくらい存在していると考えられているだろうか。この点、バージニア州のガイドラインに次のような記述が見られる。

　「連邦教育省の 2007 年教育統計ダイジェストによれば、公立学校におい

て、約 320 万人の生徒が才能児として認定され、660 万人の生徒が障害児と認定されている。教育に関する人口統計の研究では、才能児の 2〜5％が障害を持っていると推定されている。また、逆の統計では、障害のある生徒の2〜5％が才能児であると推定されている。しかしながら、そのユニークな特徴ゆえに、2E の生徒はしばしば識別されず、才能教育や障害児教育のプログラムにおいてサービスが受けられないでいる」[30]

　また、アイダホ州のガイドラインにも、次のような記述が見られる。

　「学習に困難を抱える才能ある生徒は、その社会的情緒的ニーズがしばしば見過ごされてしまうため、常にリスクを抱えている。これまでの調査では、人口の 2〜5％が障害を持ち、障害のある生徒の 2〜5％が才能児であるとされている。才能児の知的に優れた面は、特定の領域における困難さや弱さをしばしば覆い隠す。また、彼らの相反する学問的パフォーマンスによって、教師達は、彼らが十分な努力をしていないと信じてしまうことがある」[31]

　更に、公民権局（Office of Civil Rights）が公表した統計資料データ、「2013-2014 才能児在籍推計（2013-2014 Gifted and Talented Enrollment Estimations）」[32]によると、才能教育プログラムに参加している公立学校の生徒は、全米で 3,329,544 人おり、そのうち、IDEA の対象となる障害児は 78,601 人で、全体の 2.4％を占めていた[33]。

　2E 児に関する州レベルでの統計資料は数少ないが、オハイオ州教育省による調査資料（Ohio's Twice-Exceptional Children）[34]によると、2012-2013年のオハイオ州における 2E 児の在籍状況は以下の通りであり、才能児と 2E児の数を比較すると、才能児と認定された子ども達の約2.5％が 2E 児となっている（表 4-3）。これは公民権局（Office of Civil Rights）が公表したデータと概ね一致しており、才能児の少なくとも 2〜3％が、2E と推測することが出来る[35]。但し、2E の場合、才能と障害が互いに打ち消し合うことで「才能児」や「障害児」として認識されないことも多いため、実際には更に多くの子ども達が 2E として存在していると考えられる。

表 4-3　オハイオ州の 2E 児の在籍状況

全児童・生徒在籍者数	1,578,952 人
通常の児童・生徒	1,109,216 人 （70.25%）
才能児	250,966 人 （15.89%）
障害児	212,442 人 （13.45%）
2E 児	6,328 人 （0.40%）

＜2E 児の主な障害＞

・学習障害 （Specific Learning Disabilities）	1,962 人	（31.00%）
・軽度健康障害 （Other Health Impaired -Minor）	1,214 人	（19.18%）
・言語障害 （Speech and Language Impairments）	1,214 人	（19.18%）
・自閉症 （Autism）	934 人	（14.75%）
・情緒障害 （Emotional Disturbance: SBH）	641 人	（10.12%）

※2E 児の割合は全公立校児童生徒の 0.5%以下

※2E 児の男女比　男子 76%　女子 24%　（2E 児の 4 分の 3 は男子）

※2E 児の人種　86%が白人

※才能教育を受けている 2E 児の割合　12%

※2E 児の 3 分の 1 は経済的に不利な生徒である。

※2E 児の多くは第 3 学年までに認定される。

（出典：Ohio Department of Education (2014). *Ohio's Twice-Exceptional Children.*を基に筆者作成）

（3）2E 児の特徴

　次に、2E の子ども達に共通する特徴はどのようなものであろうか。

　この点、バージニア州教育省は、2E の生徒達は非常に多様な集団であるとした上で、2E の生徒によく見られる特徴として以下の内容を挙げている

表4-4　2Eの生徒によく見られる特徴

・高い言語能力を示すが、不適切な方法やタイミングで言葉を用いることがある。

・優れた観察力を見せるが記憶力に問題がある。

・現実世界の問題解決に優れていたり、際立った批判的思考や決定力を有していたりする。しばしば（自主的に）補償スキルを身に付ける。

・注意力不足が問題になるが、興味のあることには長時間集中したりする。

・気になることがあるとすぐに質問してくるが、教師や大人がそれに答えると失礼な態度を取ることがある。

・並外れた想像力を見せる。しばしば独創的で、時としてかなり風変わりな考えを生み出すが、考えを生み出す時、空想にふける。

・学校の勉強に関しては危険を冒すことは好まないが、それ以外では結果を顧みず進んで危険を冒す。

・学校の失敗から注意をそらすためにユーモアを使うことが出来る。友達をからかったり、トラブルを避けたりするためにユーモアを使うこともある。

・怒ったり泣き叫んだりすることが多い、感情を表に出さない、障害の影響などの理由で認知能力や年齢の割に未熟に見える。

・障害面で教師のサポートを頻繁に求める一方で、その他の面では高い自立性を示す。頑固で融通の利かない面がある。

・障害面に関しては繊細であるが、自己や教師を含む他人に対しては非常に批判的。反社会的な行動をとるような他人の感情にも関心を示す。

・他の子ども達に受け入れられず孤独を感じることがある。才能児や障害児の典型的なモデルに合致しないため、孤独を好む人として認識されることがある。社会的スキルに乏しいため、仲間に入れてもらえないこともある。

・都会（貧民街）を生き抜くしたたかさ（street-wise）を持った通常の子ども達とは異なる子ども達のリーダーとなることもあるが、逆に、障害が生徒のリーダーシップ能力の育成を妨げることもある。

・幅広い分野で興味を示すが、プロセスや学習の問題からそれらを追求することに

頓挫してしまうことがある。

・多くの場合、他を排除してでもある特定のトピックスに情熱を持つなど、とても焦点化した興味・関心を持つが、しばしばそれは学校の教科に無関係な事柄である。

・段階的に考えることが出来ず、指示に従うことが困難なことが多い。

・書き言葉(written language)の領域で極めて困難を抱えることが多い。

・認知的処理能に問題があるため、読解上の問題を経験したり、基本的なスキルの獲得に苦労したりすることが多い。

・視覚・舞台芸術において特別な才能を示すことが多い。

・しばしば非常に高度な思考力を有するが、初歩的な活動で苦労する。

（出典：Virginia Department of Education (2010). *Supporting the Identification and Achievement of the Twice-Exceptional Student: Frequently Asked Questions*, pp.6-7 を基に筆者作成）

（表 4-4）。但し、2E の生徒として識別されるためには、これらの特徴のすべてが見られなければならないというわけではないとする[36]。

　このように、2E 児は、精神面や能力面で長所と短所が入り混じった複雑で独特な特性を持つことから、対人面でも軋轢が生じやすく、教師をはじめとする周囲の無理解に大きなフラストレーションを抱えながら生活していることが多い。例えば、多くの 2E 児は自分の意見をしっかり持ち、相手と議論することを厭わない一方で、批判に対しては非常に繊細であり、また、自身の内面を認識・理解する能力や他者との関係性を良好に保つスキルに乏しいため、いじめの対象になりやすい。そして、友人関係を上手く築けないことから孤独に陥り、鬱屈した感情や、不安、怒りといった負の感情を持ちやすくなるという[37]。

　そのため、才能の伸長や障害の補償だけでなく、2E 児特有の心理的問題の解決・心理的ケアという部分も 2E 教育の重要な課題となり、2E 児に対し、自己認識を深め、自己肯定感の向上に向けた取り組みを行うことが強く

求められている[38]。

2. 2E 教育の特徴

(1) 2E 教育の概要とアプローチ

　2E 教育とは、アセスメントによって 2E 児の認知機能の偏りを的確に把握して、検査で高い数値を示す得意な認知領域（才能）を伸ばし、認知特性（認知処理様式）に合わせた教育方略を用いることによって、障害箇所を補償しながら、学力や自己肯定感を高めることを目的とした特別教育を指す。学習困難を示す才能児の存在は、1920 年代において既にハリングワースによって認識がなされているが、公立学校での 2E 児のための教育プログラムは、1980 年代になってニューヨーク州ウェストチェスター（Westchester）やメリーランド州モンゴメリー（Montgomery）などで行われたのが最初とされる[39]。

　2E は当初、「GT／LD (gifted and talented students with learning disabilities)」と呼ばれていたが、学習障害に限らず、広く学習に困難を抱える才能児に対処するため、1990 年代以降、「2E」という言葉が一般に用いられるようになっている。

　現在、2E 児のための教育プログラムは、後述するように、少数ではあるが全米各地の公立・私立学校で実施されており、共通する特徴をまとめると、概ね以下のようになる[40]。

① 2E 教育を障害児教育と才能教育の統合領域として位置付け、各領域の専門家を交えながら才能の伸長と障害の補償に関し包括的なアセスメントと学習計画の立案がなされる。
② 対象児の認知特性や認知処理様式に基づき、得意な認知スタイルを活かした長所活用型の指導方略が採られる。
③ 才能の伸長に関しては、障害特性も考慮しながら柔軟に早修や拡充教

育が行われる。

④ 学習を進める際には、障害の種類や程度に応じた合理的配慮（アコモデーション）がなされる。特に、識字や書字、数学に関して学習困難を抱える子ども達のために、様々な学習支援機器が積極的に活用されている。

　一般に 2E 教育は、才能の伸長と障害の補償の両方に等しく教育的価値を置くものであるが、才能と障害の程度によって、才能の伸長を重視するアプローチ（才能教育からのアプローチ）と障害の補償を重視するアプローチ（障害児教育からのアプローチ）の大きく二つに分けることが出来る。

　障害が比較的軽度で、なおかつ優れた才能を有している場合は、障害児教育の専門家によるサポートを受けつつ、あくまで認定された才能児として様々な才能教育プログラムに参加することが可能である。それに対し、才能よりも障害が顕著な時は、障害児教育のバリエーションとして才能教育の手法を取り入れるといった側面が強くなる。その場合、2E 教育の目的としては、才能の伸長よりもむしろ通常学級で他の子ども達と一緒に学習出来るようになることが重視される。即ち、2E 教育の専門家であるロイス・ボールドウィン（Baldwin, L.）によれば、2E 児が自分の長所・弱点を認識してその弱点を補うスキルを身に付け、学習する自信と意欲を持って通常学級に復帰出来るようにすることが 2E 教育の主な目的となる[41]。これは、障害児を分離せず、通常学級で個別のニーズに対処するという「インクルージョン」の理念に合致するものと言える。

　こうした障害の補償を重視したアプローチでは、個人の認知特性を把握した上で、得意な能力や機能を活かし、学習面での苦手な部分を補うことが重視されるため、必ずしも才能児としての厳格な認定を必要としないことが多い。そして、実際に 2E 教育を実践している学校の多くが、そうしたアプローチを重視しており、発達障害児と認定されながらも何らかの領域で比較的優

れた能力を持つ子ども達が、自己の興味・関心や得意な部分を活かしながら、才能教育的手法を取り入れた学習活動を行っている。その意味では、認定されたごく少数の才能児に限らず、全ての子ども達の得意な能力を伸ばそうとする現在の拡張された才能教育の理念と同様の考え方が、才能教育と障害児教育との近接・融合化の動きの中にも見られるのである。

　もちろん一概に 2E 児といっても、発達障害の程度や種類はさまざまであり、同様に才能の部分もそれぞれ異なっている。従って、実際に 2E 教育を行う場合は、通常の才能教育を実施する場合よりも心理面・学力面でのアセスメントを慎重に行い、才能と障害に留意した個別の指導計画やカリキュラムの作成など、充分な準備をしてから実施することになる。いずれにせよ、2E 教育では、通常の才能教育や障害児教育以上に類型的な指導は難しく、子ども達一人ひとりの認知的個性に応じたきめ細かい対応が求められていると言える。

（2）2E 教育の実施プロセス

　2E 教育プログラムに参加するためには、基本的に才能児と障害児の両方の認定が必要になる。しかし 2E 児には、障害が才能を隠すタイプの他、才能が障害を隠すタイプや、才能と障害が打ち消しあって結果的に才能も障害も認識されないタイプなど様々なタイプがあるために識別が難しい[42]。そのため、2E 児の認定には、才能教育や障害児教育の専門家、心理カウンセラー、学校管理者などがチームを組み、アセスメントデータを数多く収集しながら注意深く決定を下すことになる。そして、2E と認定されると個別教育計画（IEP）に、障害の補償のみならず才能の伸長に関する事項も盛り込みながら、少人数での特別指導が行われる。

　例えば、表 4-5 は、アイダホ州教育省が作成した 2E 児の識別やプログラム作成に関するガイドラインの一部であるが、それによるとアイダホ州では、才能児、障害児・学習困難児、2E 児がすべて同じプロセスによって識別さ

表 4-5 アイダホ州における 2E 児の識別とプログラム作成プロセス

- ・2E 児は長所と短所が隠されているために、認定には困難が伴う。
- ・親や教師は生徒の矛盾した行動や非同期性に気付くことがある。そうした場合、学校チームは教室での介入指導を計画する。また、それは RTI チームによってなされることもある。
- ・（介入指導の実施後）問題解決チームが現存するデータを考慮し、より多くの（フォーマル又はインフォーマルな）データを収集する必要性や更なる介入指導の実施を決定する。学校サービス提供者と生徒の両親から成る支援チームが、アチーブメントテスト、本物の課題（authentic tasks）、フォーマルなテスト、親の意見など、可能な限りのデータを考慮し、その後の介入指導の見通しを立てる。
- ・能力や障害、学習困難についての決定を下す時は、全てのフォーマルテストに対する下位尺度（subscales）の分析を申請する必要がある。（テストの実施は学校内部者又は外部の専門家によって監督される）
- ・検討対象となった生徒は、こうしたプロセスを経て才能児、障害児・学習困難児、2E 児として識別される。
- ・才能児と認定されると才能教育プログラムが利用出来る。
- ・障害児・学習困難児と認定されると、IEP 又は 504 プランの手続きが行われる。
- ・2E 児と認定されると、才能教育プログラムが利用出来る他、IEP 又は 504 プランの手続きが行われる。また、教室内で合理的配慮（アコモデーション）がなされる。

（出典：Idaho Department of Education (2010). *Twice-Exceptional: Students with Both Gifts and Challenges or Disabilities.* を基に筆者作成）

れることが分かる。

　才能を活かして障害を補うには、才能や障害の特性に応じて工夫した教材を提供し、学習内容や指導方法を個別化する必要がある。例えば、心理検査によって明らかになった得意な認知処理様式に基づき、聴覚優位・継次処理

型の学習者には手順を明確に言語化した上で段階的に順を追って説明したり、視覚優位・同時処理型の学習者には絵や図を用いて説明を図式化したりするなど、指導方略にはその子どもの得意な認知処理様式が活かされる[43]。

また、2E 教育においては、学習面での困難を回避し円滑な学習をサポートするため、教師によるアコモデーションが行われ、ICT を利用した学習支援機器が積極的に活用されている。例えば学習障害として識字や書字に問題を抱えている場合、音声テキストや PC への音声入力、文字を読み上げるソフトの活用など、障害の種類や程度に応じた様々な機材やソフトを用いながら学習困難に陥ることを避ける工夫をすることが重視されている。また、こうした ICT を利用した学習支援機器の活用は、単につまずきやすい学習を円滑に進めることに役立つだけでなく、2E 児のやる気や興味を引出し、才能の伸長にも良い影響を与えると考えられている[44]。

このように 2E 児一人ひとりの得意な認知特性に着目して、それを積極的に活用する長所活用型の指導方略と障害に応じたアコモデーションの実施が、2E 児の情緒的・社会的課題の克服とともに 2E 教育のベースとなっていると言える[45]。

なお、才能の伸長に関しては、通常の才能教育と同様、早修や拡充教育が中心となるが、併せ持つ障害の種類や程度が、その方法や内容に影響を与えることが明らかになっている。

例えば、非常に優れた ASD 才能児を対象にした最近の調査では、才能教育プログラムは特に数学の分野で効果が予測しやすいことが分かっている[46]。また、その研究においては、対象児の 50%が何らかの早修措置を体験している一方で、学習障害を併せ持つ優れた才能児を対象とした同様の研究では、対象児の一人も早修措置を経験しておらず、極めて対照的な結果となっている[47]。これは、ASD 才能児の場合、主に対人コミュニケーションや場面・状況に応じた柔軟な対応が障害特性として問題となるものの、学習障害を併せ持つ才能児ほど基礎的な学習能力や学習態度に関して特別なサ

ポートが不要なため、通常の才能児と同様の早修措置を実施しても支障が少ないためと考えられる[48]。更に、ADHD の才能児の場合は、創造性テストで高いスコアを示したり、独創的な物語を創造したりするなど、創造性の面で優れていることが多く、発散的思考（divergent thinking）をすることが報告されている[49]。

　このように、併せ持つ障害の種類によって才能面に共通性が見られたり、適する教育内容や指導方法が変わってきたりすることも、2E 教育の特徴と言えるだろう。

（3）2E 児に対する教育保障と 2E 教育の実施状況

　それでは、2E 児の教育に対する法的な保障はどうなっているだろうか。この点、才能教育サービスに関する連邦法は存在しないため、才能と障害を併せ持つ子ども達への教育サービスを直接規定した条文も現在のところ存在しない。しかし、州レベルにおいては、才能教育や障害児教育に関する規定の中で、才能と障害を併せ持つ子どもの存在に言及し、そうした子どもにも配慮するよう求めることが少なくない。例えば、最近の調査では、2E 児への対応が州法に盛り込まれている州は 18 州（才能教育法 11 州、特別教育法 7 州）あり、同様に、州の政策指針（policy guideline）に盛り込まれている州も 13 州存在している（才能教育指針 11 州、特別教育指針 2 州）[50]。

　次に 2E 教育の実施状況であるが、2E 児を支援するために 2003 年に創刊された "Twice-Exceptional Newsletter"（以下、2E Newsletter）のホームページによれば、2E に関し、教師や保護者用に手引書を発行している州として、コロラド州、オハイオ州、アイダホ州、バージニア州、メリーランド州などがある。また、実際に 2E 児の教育的ニーズに直接対応するプログラムをもつ学校区も数は少ないものの、以下の例が挙げられている[51]。

・ニューメキシコ州アルバカーキ（Albuquerque）学校区〜デニス・ヒギン

ズ（Dennis Higgins）とエリザベス・ニールセン（Elizabeth Nielsen）によって始められた小学校段階の教育プログラム。

・メリーランド州モンゴメリー（Montgomery）郡〜小学校から高校までの教育プログラム。

・ニューヨーク州ウエストチェスター（Westchester）郡〜共同教育委員会によるプログラム。第 4〜12 学年の子ども達を対象に実施されている。

・アリゾナ州スコッツデイル（Scottsdale）統合学校区〜ズニ（Zuni）小学校で LD の才能児のための授業が提供されている他、同州パラダイスバレー（Paradise Valley）、フェニックス（Phoenix）の統合学校区♯69 でも 2E 児に対する教育プログラムが実施されている。

　更に、カリフォルニア州ロサンゼルス郊外にある「ブリッジズ・アカデミー（Bridges Academy）」[52]のような 2E 児を対象とした私立の特別学校、又は 2E 児に対応可能な私立学校も 2E Newsletter のホームページ上では約30 校挙げられているが、こうした特別学校は近年増加傾向にある。

3．RTI モデルを用いた包括的支援の実施

　才能と障害を併せ持つ 2E 児に限らず、一般の才能児に共通する特性として、孤独感や抑うつ感、ストレス、学校に対する失望や完璧主義的傾向といった情緒面での様々な問題点が早くから指摘されている。そのため、才能教育における特別ニーズ教育としての機能は、こうした才能児に特有の情緒面での課題に着目し、個々の認知特性に応じた包括的なサポートを重視することで、才能の伸長だけでなく苦手な領域もカバーし、才能児の自己肯定感を高めることにあると考えられる。従って、才能教育を単なる優れた人材育成の手段としてではなく、才能児に対する補償教育としての役割も重視して公教育制度に位置付けようとする州では、特別ニーズ教育として才能教育の原理的正当性が認められやすく、積極的な教育的施策が講じられる可能性が高い

と言える。特に近年、才能児にも対応可能な RTI モデルを用いた包括的な学習支援システムを構築することで、認定された才能児であるか否かを問わず、子ども達一人ひとりの認知特性に応じた段階的な介入指導が行われるようになっている（ギフテッド対応型 RTI モデルの詳細については第 6 章を参照）⁵³。

　ピラミッド型の多層指導構造を特徴とする RTI モデルは、才能の伸長と障害の補償をレベルに応じて同時に包括的に行うことが可能なため、2E 児に対しても非常に有効なモデルと考えられている⁵⁴。例えば、才能教育に積極的なコロラド州では、特別ニーズ教育としての機能が重視された結果、州の教育法に才能教育のみならず 2E 教育に関する規定も盛り込まれ、障害面とともに才能面にも対応可能な RTI モデルを用いて包括的な学習支援が行われてきた⁵⁵。また、同州では、2002 年から社会的問題行動の予防・対処の多層システムとして PBIS（positive behavioral interventions and supports）が活用されているが、2013 年からは RTI と PBIS が統合され、新たな多層支援システムとして MTSS（multi-tiered system of supports）が構築されており、学習領域に限らず、生活・行動面も含めたより広範囲な包括的支援が行われている⁵⁶。

　このように、才能教育の特別ニーズ教育としての側面を重視する州では、通常教育を核とする才能教育のインクルージョンが進み、通常教育や障害児教育と一体となった新たな包括的教育支援システムが広がりつつあるが、こうした動向も 2E 教育を支える重要な要素と言えるだろう。

第 3 節　2E 教育に対する認識

　2E 児の存在と 2E 教育の必要性は、2006 年に、アメリカ最大規模の教員団体である全米教育協会（NEA）が、『二重に特別というジレンマ（The Twice-Exceptional Dilemma）』⁵⁷という啓発用冊子を発行したことで数多くの教師が認識するようになったが、2E 教育に関わっている人たちは、実

際こうした特別教育に対しどのような認識をもっているのであろうか。この点、2E Newsletter では、インターネットを利用して、2E 教育に対する意識調査を行っている。そこで本節では、2E Newsletter が行った意識調査を基に、2E 教育をめぐる人々の認識を分析し、2E 教育の現状と課題を明らかする。

　2E Newsletter を発行しているグレン・メディア（Glen Ellyn Media）によって 2007 年に行われた 2E の子ども達の教育的ニーズに関するオンライン調査では、2E の子ども達の保護者、教師、カウンセラーなど、600 人を超える人々が回答を寄せた[58]。

　調査はトータルで 39 の質問項目から成り、回答者全員を対象とした質問の他、保護者、教師、カウンセラーを対象とした質問がなされた。回答者の属性と割合は以下の通りである。

　① 保護者（69%）

　② 教師（21%）

　③ カウンセリング専門職（6%）

　④ その他（4%）

　本節では、以下、保護者、教師、カウンセリングの専門家の順に、2E 教育に対する関係者の意識を探っていくことにする。

1．保護者の認識

　保護者に関しては、2E とされる自身の子ども達について回答し、総計 551 人の 2E 児に対する保護者の意識が明らかにされた。子ども達が持つ障害として最も多く挙げられたのは ADHD であり、感覚統合の問題（sensory integration issues and anxiety）がそれに続いた。また、調査結果によれば、子ども達のほとんどは公立学校で教育されており、次いで私立学校、ホームスクーリングが続き、オンラインスクーリングを受けていた子どもは少数であった。

子ども達が学校に通っている保護者のうち約半数が、その学校が子ども達のためにやれることは全てやっていると、「とても」あるいは「幾分」信頼を寄せていた。また、約半数（46%）の保護者は、子ども達の現在の教師が才能と学習にまつわる問題を「とてもよく」あるいは「ある程度」理解していると感じている。IEP 又は 504 プランを持つ子どもの保護者のうち、過半数（56%）が、その計画が子どもの問題の改善に「とても効果的」または「いくらか効果的」であると信じていた。

　「2E の生徒が充実した生活を送れるようにするために学校がなしうることは何か」という質問に対する保護者の回答のうち、最も多かったのは次の三項目であった。

　① 才能と学習困難の同時存在の理解と認知（31%）
　② 子ども達の長所と短所に応じた配慮、柔軟性、差異化（16%）
　③ 2E の子ども達の学習と発達課題に関する教職員への教育と研修（13%）

　こうした調査からは、保護者の約半数が、学校や教師の対応についてある程度信頼を寄せている一方で、2E の子ども達のために更なる配慮や適切な対応を望んでいることが分かる。

　この他にも、調査の結果、家庭では母親が圧倒的に 2E 児に生じる問題や関心事に取り組む役割を担っていることや、子どもが 2E か否かを識別する場合、回答者の 43% が心理学者を頼りにしていることなどが明らかとなっている。なお、子ども達のカウンセリングを求める場合、人々は具体的に、次のような専門家に依頼していた。

　① 心理学者（359 人）
　② その他（223 人）
　③ 精神科医（189 人）
　④ ソーシャルワーカー（106 人）

　そして、カウンセリングを専門家に依頼するケースの 76％で、その専門家が子どもの助けとなる能力や知識を有していると、保護者は「とても」あるいは「幾分」信頼を寄せていることが分かった。

2．教師の認識

　次に、教師の回答に着目してみると、調査に回答した教師の多くは才能児と関わっており（53％）、次いで LD の生徒（18％）、2E の生徒（11％）、通常の生徒（11％）、その他（9％）、の順であった（パーセントは概数のため合計では100％を超える）。また、そのほとんどが公立小学校の教師であった。

　才能教育に関する研修（training）について尋ねたところ、教師の 78％が、研修は「とても」あるいは「幾分」適切であると感じていた。また、69％が、特別教育や学習障害に関する研修について同様に感じていた。しかし、2E の生徒を教育することに関する研修については、研修は「とても」あるいは「幾分」適切であると評価する教師は、58％にとどまった。

　教師に学校側が子ども達に対し出来ることを全て行っていると思うかどうか尋ねたところ、通常の生徒に対しては 95％の教師が「とても」あるいは「幾分」そう感じている一方で、障害児・LD 児に対してそう感じている教師は83％、才能児に対してそう感じている教師は76％、2E の生徒に至っては 54％にすぎなかった（2E Newsletter はこの結果を今回の調査で明らかとなった最も重要な知見の一つと見ている）。

　また、ちょうど半数の教師が、彼らの学校管理責任者が 2E 問題に関し、「とても」あるいは「幾分」理解していると感じていた。保護者の意見とは対照的に、教師の多く（72％）は、IEP や 504 プランは 2E の生徒に「とても」あるいは「幾分」役立っていると感じていた。

　2E の生徒のニーズに対応するため、学校管理責任者に求めているものは何かを教師に尋ねたところ、結果は次のようなものであった。

① 支援と研修（43%）

② 問題のより一層の認識（21%）

③ 2E の生徒を支援するための時間、お金、特定のリソース（17%）

④ 特定の方略、方策（16%）

　教師の 70%超が 2E 児の保護者が 2E 児の問題について「とても」あるい
は「幾分」知らされていると認識している。2E 児に適切な対応をするため、
保護者に何を求めているかを尋ねたところ、69%の教師が、保護者による支
援、保護者の参加、保護者とのコミュニケーションを挙げた。また、16%の
教師が、保護者に 2E の状況を否定せずに受け入れ、それについて学んでほ
しいと感じており、7%の教師が、保護者に対し子ども達の特別な教育的ニー
ズを主張してもらいたいと思っていた。

3．専門家の認識

　更に、カウンセリングの専門家の回答にも着目すると、今回の調査では、
合計 33 名のカウンセリングの専門家が調査に回答した。サンプル数が少な
いため一般化することは難しいが、回答は次のようなものであった。

　まず、カウンセラーが頻繁に出会う障害のトップスリーは、ADHD、不
安（anxiety）、抑鬱（depression）で、算数障害（dyscalculia）も専門家の
41%が「とても」よく見かけると答えている。それに対して、「一度も／稀
にしか」見ない症状としては、双極性障害（bipolar disorder）やトゥレッ
ト症候群（Tourette Syndrome）が挙げられた。また、2E 児のカウンセリ
ングで最もよく問題とされるのは、自己肯定感の低さや長所と短所の組み合
わせに関するものであった。

　研修に関して言えば、カウンセリングの専門家の約 41%が、2E に関する
問題で、広範囲にわたる研修を受けていた。2E 児の長所を上手く伸ばし、
かつ短所を補うために必要な専門家の能力に関する質問では、自分以外の専

門家の能力について「とても」信頼していると答えた専門家は 19%に過ぎない一方で、72%が自分自身の能力に「とても」自信を持っていた。

　保護者の理解に関しては、カウンセラーの 4 分の 3 近くが、2E 児の保護者が、子ども達の 2E 問題を「とてもよく」あるいは「ある程度」理解していると考えていた。また、回答したカウンセラーの一人を除く全員が、クライアントである 2E 児に代わって学校側に働きかけを行っていくつもりであると述べるなど、2E 問題に積極的な姿勢を見せている。

4．求められる環境整備

　2E Newsletter の発行責任者らは、2007 年の調査によって、「2E」という周囲に誤解され教育サービスが行き届いていない「失われた（lost）」子ども達の存在がより明確になったと考えている。

　この調査で、ある回答者が、「特別教育（障害児教育）の教師は障害に対処するが、そのプログラムは学習能力が低い子どものためにデザインされたものである。また、才能教育の教師は、2E 児達が才能児の特性（mold）を示さず、しばしばアコモデーションを必要とするため、自分たちの教室に 2E 児が在籍することを望まない。2E 児は障害児教育と才能教育のどちらにも適合しない」と述べているように、2E 児に対する学校側の対応はまだまだ十分とは言えない状況にある。そのため、2E Newsletter の発行責任者は、2E の子ども達が自分たちの固有の居場所を見つけられるようにするために、次のようなことをする必要性があると強調している。

・学校管理者の間で 2E に対する認識を高めること
・2E 児のニーズを理解し対処するため、教師やメンタルヘルスの専門家に対する研修を充実させること
・2E の生徒に提供されるプログラムを開発し、サービスの増強を図ること
・2E の生徒に必要な支援を与えるため、IEP や 504 プランをより良く利用

すること

・2E の子ども達の教育プロセスに保護者の関与を増やすこと

　こうした内容からも分かるように、才能も障害もその子どもの個性として同等に扱い、2E 児を特別視することなく適切に対処することが出来る環境造りが学校側に強く求められていると言えるだろう。

　それでは具体的に、どのような環境造りを学校側は行う必要があるだろうか。これについてまず考えられるのが、2E の子ども達がもつ才能や障害の程度・特性に合わせて、才能教育と障害児教育のいずれのサービスも可能な限り同時に受けられるようにすることである。この点、既に才能教育サービスを受けている子ども達が何らかの障害を認識・診断された場合では、障害に対する配慮や障害児のための教育サービスを別途受けつつ、才能教育プログラムに参加し続けることが出来るのが通常であり、州によっては障害を理由に才能児の認定や才能教育サービスを拒むことは州法違反となる[59]。

　しかしながら、子ども達が才能児の認定よりも先に障害児と認定され、IEP や 504 プランによる障害児教育が実施されている場合では、学習において才能児としての側面は考慮されず、才能教育プログラムに参加する機会がほとんど失われてしまうことが指摘されている[60]。例えば、学習障害と診断された 1,000 人以上の子ども達の IEP を調査したクリムら（Crim, C. et al., 2008）の研究によれば、そのうち 112 人が 116 以上のアビリティ・スコアを記録していながら、誰も早修カリキュラムを含む才能教育サービスを受けてはいなかったとされるが[61]、このことは、障害児教育の教師や専門家に 2E の子ども達や 2E 教育に対する理解が不足していることの表れでもある。

　また、才能教育へのアクセスが容易となるような学習環境の整備とともに、学校側が 2E の子ども達のために専用の教育プログラムを用意することが難しい場合には、特に、2E の子ども達に提供する才能教育プログラムの種類

や内容の適切さが重要となる。

　即ち、2E の子ども達は、認知能力に大きな偏りが存在したり、複雑な心理的問題を抱えていたりすることが少なくないため、一人ひとりの認知特性やニーズに応じたきめ細かい学習プログラムが必要不可欠とされる。そのため、学校側も単に才能教育プログラムを用意するだけではなく、そのプログラムが果たして 2E の子ども達に適したものになっているのかを慎重に考慮する必要がある。この点、比較的参加人数が多く、サービスの枠組みや内容が固定化しているプログラムは、2E の子ども達にとってあまり適さないと考えられる。

　例えば、小学校で広く才能児のために実施される「全てに適合する（one-size-fits-all）」（とされる）プログラムは、2E の子ども達には適さず、逆に彼らを才能教育の領域から排除する原因となってきたが、それと同じように、高校段階においては、AP プログラムや IB プログラムへの 2E の生徒達の参加には問題が多いことが指摘されている[62]。

　その理由の一つとして挙げられるのが、AP プログラムへの参加基準が 2E の生徒に適合しない点である。AP プログラムは、才能児に限らず多くの学業優秀な生徒が参加するため、学校側が設定する選抜基準は GPA のスコアを基準とするなど画一的なものが多く、このことは、障害の影響で才能面が学業成績に反映されにくい 2E の生徒の参加を妨げる要因となっている。また、AP プログラムを実施する場合は、学校の規模も重要であるとされる。小規模校の方が、大規模校よりも AP コースの在籍率が高い傾向にあるが、これは、小規模校の方が生徒一人ひとりの得意な能力や特性を把握しやすく、教師も柔軟に対応することが出来るためと考えられる。更に、一般の生徒が多く在籍する AP コースにおいては、障害に応じた適切なアコモデーションを受けられるとは限らず、大学レベルの授業を受ける場合は、AP コースよりも大学への移行が容易な才能児向けの特別コースの方が 2E の生徒には適していることが多いとされる。

このように、2E の子ども達の特別な教育的ニーズを満たすためには、一人ひとりの特性に応じた個別の教育プログラムの作成・実施が重要であり、才能教育と障害児教育と両方の専門的知識を基にした包括的な学習支援体制の構築が学校側に求められているが、現時点では、そうした要求に学校側はほとんど応えることが出来ていないと言えるだろう。しかし、2E Newsletter のアンケート調査からも分かる通り、2E 教育は、才能教育における特別ニーズ教育としての側面を明確に示すものであり、才能教育の多様化に伴い、今後ますますその重要性が認識されていくものと考えられる。

第4節　小括

　本章では、優れた才能の他に発達障害を併せ持つ子ども達のための特別支援に焦点を当てて、才能教育の現代的変容を障害児教育との関係から考察した。才能教育と障害児教育は、ともに通常の学校教育に適応出来ない子ども達に対応するための特別教育として通常教育から分離される形で形成されていったものの、才能児の教育保障は、リハビリテーション法 504 条項並びに障害者教育法の二つの連邦法によって二重に厚く保障されている障害児の場合と比較すると全く不十分であり、才能教育は事実上、法制面において障害児教育に劣後する特別教育として位置付けられていると言える。しかし、1980 年代以降、才能と発達障害を併せ持つ 2E と呼ばれる子ども達の存在が認識されるようになるにつれ、そうした子ども達の特別な教育的ニーズに対応するため、両者を近接・融合化させる動きが徐々に進んでいる。

　本章では、こうした動向を踏まえた上で、才能児の少なくとも 2〜3% は 2E と推定されることや、才能と障害が互いの長所や短所を打ち消し合うため 2E の識別には困難が伴うこと、才能と障害を併せ持つが故に 2E 児は心理的問題を抱えやすいことなどを指摘した。また、2E 教育の特徴として、才能と障害を考慮した包括的なアセスメントや学習計画がなされた上で、対象児の認知特性、認知処理様式に応じた指導や ICT を活用した学習支援が

重視されていることなども明らかにした。

　2E 教育は、才能教育と障害児教育の両方にまたがる二重に特別な教育のため、アメリカにおいても未だ一般的とは言えないが、近年 2E 教育を行う学校は増加しており、2E Newsletter が実施した意識調査からも、2E 児の存在や 2E 教育の重要性に対する認識は全米各地の教育関係者に広がりつつあると言えるだろう。

　2E 教育に代表されるように、現在では、才能教育と障害児教育とが互いに対峙するような教育領域間の関係は大きく変わり、教育領域の統合が起こりつつある。それは言い換えれば、才能や障害を特別視せず、それぞれの領域の教育関係者や専門家が、互いに連携・協働し合いながら、子ども達一人ひとりの教育的ニーズに対応していく形へと教育の在り方が変わりつつあることを意味する。

　それでは、こうした才能教育の広がりによって、通常教育との間には、どのような変化が生じているのであろうか。次章では、才能教育の拡大に伴う一般教員の役割の変化に着目しながら、通常教育との関係性を明らかにする。

1　アメリカにおける義務教育制度は、ロードアイランド州（1840 年）、マサチューセッツ州（1851 年）を先駆けとして、1918 年（ミシシッピ州）までに全州で義務就学法が制定されたとされる。吉利宗久（2007）『アメリカ合衆国におけるインクルージョンの支援システムと教育的対応』渓水社, p.33.

2　宮本健市郎（2005）「アメリカにおける英才教育の出現過程—開放的英才概念から閉鎖的英才概念へ—」『アメリカ進歩主義教授理論の形成過程』東信堂, pp.45-52.

3　同上書, pp.87-97.

4　吉利宗久（2007）前掲書, p.33.

5　同上書, pp.42-43.

6　同上書, pp.42-43.

7　FAPE は小学校から高校まで要請される。大学では要請されず学費は免除されないが、大学側は合理的配慮を行う義務がある。FAPE が保障する障害種別には、ASD の軽度スペクトラム（従来の高機能自閉症やアスペルガー症候群）も含む「自閉症」

や LD 等の発達障害が含まれる。なお、特別教育を受ける生徒の障害種の約 4 割が LD である。松村暢隆「発達障害生徒の才能を活かす高度な特別支援—アメリカの特別学校キングズベリ校の実践から—」『関西大学文学論集』63 (2), 2013 年, pp. 71-94.

8 吉利宗久（2007）前掲書, pp.44-46.

9 同上書, p.73.

10 具体的には、①自閉症、②盲聾者、③聾者、④難聴者、⑤知的障害、⑥身体障害者、⑦健康障害者、⑧情緒障害者、⑨学習障害者、⑩言語障碍者、⑪外傷性脳損傷、⑫盲者を含む視覚障害者、⑬重複障害者、の 13 種を指す。

11 障害基準は、基本的に心理・医学的定義が採用されている。但し、障害者教育法の障害規定と、各州の障害児教育法制における障害規定とは異なることも少なくない。

12 清水貞夫（2004）『アメリカの軽度発達障害児教育—「無償の適切な教育」を保障』クリエイツかもがわ, pp.6-7.

13 IEP の開発は、IEP チームによってなされるが、その構成員として、①保護者、②通常教育の教師、③障害児教育の提供に責任を持つ公的機関の代表、④適切な場合は障害児者本人、⑤関連サービス提供職員などの当該児童生徒に関わりを持つ者、などが「施行規則」に挙げられている。

14 清水貞夫（2004）前掲書, pp.10-11.

15 同上書, pp.12-22.

16 一定の配慮を必要とするものの、障害による学習困難が生じてはいない障害者、言い換えれば通常学校に在籍する「軽度」の障害者を指し、具体的には、肝炎やアレルギー、糖尿病などの患者、事故等による一時的な障害者、通常学校在籍のASD／ADHD 児、22 歳以上の障害者などが想定されている。

17 Beisser, S. R. (2008). *Unintended Consequences of No Child Left Behind Mandates on Gifted Students,* The Forum on Public Policy, p.9.

18 Borders, C., Woodly, S., & Moor, E. (2014). Inclusion and Giftedness. In J. P. Bakken, F. E. Obiakor, & A. F. Rotatori (Eds.), *Gifted Education: Current Perspectives and Issues* (pp.127-146), Advances in Special Education vol.26, UK: Emerald Group Publishing Limited, p.134.

19 Colangelo, N., Assouline, S. G., & Gross, M. U. M. (2004). *A Nation Deceived: How Schools Hold Back America's Brightest Students, I・II.* The

University of Iowa ; Ohio Department of Education (2006). *Model Student Acceleration Policy for Advanced Learners,* Columbus, OH, Author, pp.3-4.

20　病跡学的視点から「天才たち」を分析したものに、フィッツジェラルド, M. (2008)『アスペルガー症候群の天才たち―自閉症と創造性』（石坂好樹他訳）星和書店や、フィッツジェラルド, M. (2009)『天才の秘密―アスペルガー症候群と芸術的独創性』（井上敏明監訳）世界思想社などがある。

21　アメリカ国内においては "2 e" と表記される場合も多いが、我が国の先行文献では、"2E" という表記が一般的であるため、本論でもそれに従うことにする。

22　Kaufman, S. B. (Ed.) (2018). *Twice Exceptional: Supporting and Educating Bright and Creative Students with Learning Difficulties.* New York, NY: Oxford University Press.

23　Idaho Department of Education (2010). *Twice-Exceptional: Students with Both Gifts and Challenges or Disabilities,* p.22. 具体的には、LD の識別における知的能力と学業成績とのディスクレパンシーについて述べた 614 (b) (6) (A) などの規定を指す。614(b)(6)(A)は、学習障害の識別に関し、従来のディスクレパンシー・モデルの他、RTI モデルの利用も認めた規定となっている。

24　例えばオハイオ州は、2007 年に 2E の生徒に対応するためのガイドブックを作成するなど、2E 児への対応を積極的に進めている。Ohio Department of Education (2007). *Twice-Exceptional: Preparing Ohio Schools to Close the Achievement Gap for Gifted Students with Disabilities.*

25　Virginia Department of Education (2010). *Supporting the Identification and Achievement of the Twice-Exceptional Student: Frequently Asked Questions*, p.5.

26　こうした現象は しばしば「マスキング効果（masking effect）」と呼ばれる。Fugate, C. M. (2018). Attention Divergent Hyperactive Giftedness: Taking the Deficiency and Discover out of the Gifted / ADHD Label. In S. B. Kaufman (Ed.)*, Twice Exceptional: Supporting and Educating Bright and Creative Students with Learning Difficulties* (pp.191-200). New York, NY: Oxford University Press, p.194.

27　Baldwin, L., Baum, S., Pereles, D., & Hughes, C. (2015). Twice-Exceptional Learners: The Journey Toward a Shared Vision. *Gifted Child Today,* 38 (4), pp.206-2014. 但し、この 2E CoP の定義は、2E の留意点や 2E 教育の指針を概略

的に述べるにとどまっており、才能と障害の特性や具体的な識別方法、基準などについては触れられていない。

28 Davis, J. L., & Robinson, S. A. (2018). Being 3e, A New Look at Culturally Diverse Gifted Learners with Exceptional Conditions: An Examination of the Issues and Solutions for Educators and Families. In S. B. Kaufman (Ed.), *Twice Exceptional: Supporting and Educating Bright and Creative Students with Learning Difficulties* (pp.278-289), New York, NY: Oxford University Press.

29 DSM-Ⅳでは細分化されていた「学習障害（Learning Disabilities: LD）」もDSM-Ⅴでは包括的に再定義され「限局性学習症（Specific learning disorder: SLD）」という名称に変更されている。但し、日本では「学習障害」という言葉が未だに一般的なため、本論文でも「学習障害」と表記する。

30 Virginia Department of Education (2010). *op.cit.,* p.6.

31 Idaho Department of Education (2010). *Twice-Exceptional: Students with Both Gifts and Challenges or Disabilities.*

32 (https://ocrdata.ed.gov/StateNationalEstimations/Estimations_2013_14. 2017年11月20日取得)

33 なお、英語学習者は93,603人で、才能教育プログラムに参加している生徒全体の2.8%を占めていた。

34 Ohio Department of Education (2014). *Ohio's Twice-Exceptional Children.* (https://education.ohio.gov/getattachment/Topics/Other-Resources/Gifted-Education/Teaching-Gifted-Students-in-Ohio/Presentations-on-Gifted-Children/OAGC-2014-Twice-Exceptional-Children-in-Ohio.pdf.aspx. 2017年11月5日取得)

35 英語に不自由な英語学習者なども含めると、才能児と認定された子ども達の5%程度が、優れた才能を持ちながら学習活動に何らかの困難を抱えていると考えられる。

36 Virginia Department of Education (2010). *op.cit.,* pp.6-7.

37 Trail, B.A. (2011). *Twice-Exceptional Gifted Children: Understanding, Teaching, and Counseling Gifted Students.* Waco, TX: Prufrock Press Inc, pp.2-4.

38 *Ibid.,* pp.121-154.

39 Baldwin, L., Baum, S., Pereles, D., & Hughes, C. (2015). *op.cit.,* pp.206- 214.

40　Trail, B.A. (2011). *op.cit.*

41　野添絹子（2008）「アメリカにおける才能のある学習困難な子供への学校教育の取り組み」『BERD』ベネッセ教育研究開発センター 11 号, pp.36-41.

42　Row, A., Pace, J. F., & Cohen, K. T. (2013). *Creating effective programs for gifted students with learning disabilities.* Waco, TX: Prufrock Press Inc, pp. 69-82.

43　Trail, B.A. (2011). *op.cit.,* pp.69-102.

44　Bouck, E. C., & Hunley, M. (2014). Technology and Giftedness. In J. P. Bakken, F. E. Obiakor, & A. F. Rotatori (Eds.). *Gifted Education: Current Perspectives and Issues* (pp.191-210). Advances in Special Education vol.26, UK: Emerald Group Publishing Limited, pp.198-202.

45　Row, A., Pace, J. F., & Cohen, K. T. (2013). *op.cit.,* pp.133-142, pp.163-174.

46　Assouline, S. G., Marron, M., & Colangelo N. (2014). Acceleration: The Fair Equitable Intervention for Highly Able Students. In J. A. Plucker, & C. M. Callahan (Eds.). *Critical Issues and Practices in Gifted Education: What the Research Says (2nd ed.)* (pp.15-28). Waco, TX: Prufrock Press Inc., p.21.

47　*Ibid.*

48　ASD 才能児に対する学習支援に関しては、関内偉一郎（2017）「ASD 才能児を対象とした学習支援に関する研究―2E 教育の理論と実践的応用―」『SNE ジャーナル』第 23 巻, pp.100-118.を参照のこと。

49　Fugate, C. M. (2018). *op.cit.,* pp.193-194.

50　Roberts, J. L., Pereira, N., & Knotts, J. D. (2015). State Law and Policy Related to Twice-Exceptional Learners: Implications for Practitioners and Policymakers. *Gifted Child Today.* 38 (4), pp.215-219.

51　http://www.2enewsletter.com/topic_resources_schools-programs.html. 2017 年 11 月 21 日取得。なお、各地区や特別学校の 2E 教育の具体的な内容については以下の先行研究を参照のこと。

＜モンゴメリー郡での実践＞

Weinfeld, R., Barnes-Robinson, L., Jeweler, S., & Shevitz, B. R. (2013). *Smart Kids with Learning Difficulties: Overcoming Obstacles and Realizing Potential* (2nd ed.). Waco, TX: Prufrock Press, pp.173-179；野添絹子（2007）「学習障害児のための才能教育に関する考察―メリーランド州モンゴメリー郡公立学校を例に

―」『アメリカ教育学会紀要』第 18 号, pp.51-63.

＜ニューヨーク州ウエストチェスター郡及びブリッジズ・アカデミーでの実践＞

野添絹子（2008）前掲論文, pp.45-47.

52 ブリッジズ・アカデミーで実践されている長所活用型モデルに関してはSabatino, C. A., & Wiebe, C. R. (2018). Bridges Academy: A Strengths-Based Model for 2E. In S. B. Kaufman (Ed.), *Twice Exceptional: Supporting and Educating Bright and Creative Students with Learning Difficulties* (pp.301-321). New York, NY: Oxford University Press.を参照のこと。

53 才能児にも対応可能な RTI モデルは、コロラド州の他、オハイオ州やモンタナ州など複数の州でガイドラインが作成され、実施が推奨されている。

54 Trail, B.A. (2011). *op.cit.,* pp.17-31.

55 野添絹子（2009）「発達障害と才能を併せ持つ子どものための教育方法の工夫―2E 教育の新しい支援の在り方 RTI について―」『アメリカ教育学会紀要』第 20 巻, pp.31-44.

56 Colorado Department of Education (2016). *Multi-Tiered System of Supports (MTSS).* Denver, CO: Author.

57 National Education Association (2006). *The Twice-Exceptional Dilemma,* Washington, DC: Author.

58 http://www.2enewsletter.com/topic_2e_survey.html. 2017 年 11 月 26 日取得。

59 例えばオハイオ州では、州法（Ohio Administrative Code 3301-51-15 (c)）において、障害児や社会経済的に不利な子ども達に配慮した認定手続きの実施を定めている。

60 Foley-Nicpon, M., & Cederberg, C. (2015). Acceleration Practices with Twice-Exceptional Students. In S. G. Assouline, N. Colangelo, & J. V. Tassel-Baska (Eds.), *A Nation Empowered : Evidence Trumps the Excuses Holding Back America's Brightest Students, vol.II* (pp.189-198). Belin-Blank Center, College of Education, The University of Iowa, p.190.

61 Crim, C., Hawkins, J., Ruban, L., & Jhonson, S. (2008). Curricular Modifications for elementary students with learning disabilities in high-, average-, and low-IQ groups. *Journal of Research in Childhood Education,* 22. pp.233-245.

62 Foley-Nicpon, M., & Cederberg, C. (2015). *op.cit.,* pp.191-192.

第5章　通常教育との近接・融合化

　才能児の優れた才能を十分に伸長させるためには、専門的な指導を行う教師の役割が非常に重要である。しかし、これまで見てきたような才能教育の拡大・多様化の動きに伴い、才能教育は通常教育にも取り込まれ、才能教育の専門教員のみならず、一般の教員も才能教育プログラムの実施に大きな役割を果たすようになっている。

　そこで本章では，現在の才能教育と通常教育との関係性を明らかにするための視点として、才能教育における一般教員の役割に焦点を当て、特に、1980年代以降の通常教育との近接・融合化の動きが、一般の教員にどのような影響を与えているのかを明らかにしていくことにする。

　第1節では，まず才能教育に携わる教師に必要な資質について述べ、才能教育の実施に欠かせない専門家や専門教員の養成方法について検討する。次に、拡大・一般化する才能教育の現状に焦点を当て、才能教育における一般教員の役割の変化について考察する。続く第2節では、具体的な事例として才能児の認定率が高く才能教育に積極的なオハイオ州を取り上げ、実際に一般教員がどのように才能教育の中に位置付けられているのかを考察する。そして第3節では、一般教員の間で広がりつつある「個に応じた指導（differentiated instruction）」について取り上げ、才能教育に関わる一般教員の拡大とともに、才能教育と通常教育との間にインクルーシブな関係性が築かれつつあることを明らかにする。

第1節　才能教育における教師の役割
1．教師に求められる資質と教員養成の方法
　障害児をはじめとする例外的な子ども達（exceptional children）には、

その特性に応じた特別な教育的措置が必要であり、才能児の場合も同様に、その優れた潜在的能力を十分に開花させるためには、才能に応じた特別な教育が必要となる、というのが才能教育における最も基本的な考え方である[1]。そして、こうした考えに基づき、才能教育に関する研究を初めて本格的に行ったのが、コロンビア大学のハリングワースであった。当時、知能検査が新たに開発されたことで、高い IQ 値を示す知的才能児の特性それ自体や社会的成功との関連性に関心が集まっていたが、「才能教育の母」とも呼ばれるハリングワースは、才能児に適した教育の必要性を重視し、1922 年にニューヨークの公立学校で才能児のための特別教室を開設するなど、才能教育に関する先駆的な実践研究を行っている[2]。

　才能教育は、才能児と認定されたごく少数の子ども達を対象とする特殊な教育ゆえに、ハリングワースの時代から、才能教育を専門とする一部の教師が中心となって教育実践がなされてきた。そして才能教育に携わる教師は、単に教育実践者としての役割だけでなく、評価者としての役割や、連絡・調整係としての役割など、様々な役割を担っており、その内容は一般教員と比べてより専門的である。

　即ち、才能教育を専門とする教師には、まず教育実践者として、個々の才能児の能力や特性に応じて教育の内容や方法を決定し、才能児の教育ニーズに適した教育を実施することが求められる。また、才能児や才能教育の評価者として、才能児の探索・発見や認定に携わったり、自らの教育実践に対する評価を行ったりもすることも必要になる。更に、才能教育の実施は保護者や学校管理者、心理カウンセラーなどの専門家や外部の専門機関などと連携しながら一体となって進める必要があることから、教師はその連絡・調整役としての役割も担っている[3]。

　このように、才能教育を専門とする教師には、通常教育の教師以上に様々な職務や役割をこなす必要があるため、学習プログラムや指導方略に関する様々な専門的スキルの他、心理的・社会的な面でも優れた資質や能力が要求

される。

　例えばハリングワースは、1926 年に『才能児―その特性と育成（Gifted Children: Their Nature and Nurture）』を著し、その中で、才能教育を実践する教師の資質として、才能児に対する偏見のない態度や寛容な心、ユーモアのセンス、忍耐力、真実に対する愛着などが必要であると述べている[4]。また、リム（Rimm, S. B.）をはじめ多くの専門家も、才能教育を担う教師に必要な心理的・社会的資質として、才能児の育成や才能教育に対する情熱、文化的・知的な興味関心を有していることなど、優れた教員に共通する項目を数多く挙げているが[5]、それらを整理すると、特に、「高い知性と学識」、及び「精神的な成熟さ」の 2 つが、才能教育に関わる教師にとって重要であると考えられる。

　なぜなら、知的好奇心が強く、独特の発想や教師が思いもよらない質問をする才能児に的確に対応し、その優れた才能を伸ばしていくためには、教師自身がギフテッドである必要はないまでも、高い知性と学識を備え、専門分野だけでなくその他の分野についても豊かな知識を有している必要があるからである。また、才能児はその優れた能力や独特な個性ゆえに周囲との軋轢を生じやすいため、教師は才能児の学習面だけでなく、生活面・精神面にも十分配慮する必要がある。従って、才能教育に携わる教師には、一般の教師以上にコミュニケーション能力に優れ、子ども達の悩みや欲求に対処し得るだけの精神的安定性や成熟さが必要であると考えられるのである。

　それでは、こうした資質・能力を備えた専門性の高い教員はどのように養成されているのだろうか。

　一般に、才能教育の専門教員は、その高度な専門性ゆえに、主に大学院レベルで養成されている。例えば、ハリングワースが初めて才能教育の講義を行ったとされるコロンビア大学のティチャーズ・カレッジ（teachers college）には、現在でもいくつかの才能教育プログラムが存在する[6]。中でも 32 履修単位時間（credits）を要する修士学位取得プログラムは、認定され

た教員養成プログラムを卒業し、初任者免許状（initial teaching certificate）を有する学生を対象としており、卒業するとニューヨーク州の才能教育資格が取得可能になる。

　才能教育プログラムの専門科目としては、才能児の知性や例外性といった才能の本質に関わるものと、個別化されたカリキュラムや指導モデルといった才能児に対する教育方法や内容に関するものとに大きく分かれ、教育実習も行われる。

　また、既にニューヨーク州の標準免許状（valid initial teaching certificate）や上級免許状（professional teaching certificate）を取得、又はまもなく取得予定の学生に対しては、12 履修単位時間の夏期コースが用意されており、これによっても、ニューヨーク州の才能教育資格が取得可能となっている。

　このように、現在アメリカの多くの大学では、大学院を中心として才能教育に関する様々なプログラムが開設されており、また、オンライン学習による修士号取得が可能な大学も少なくとも 30 校存在している[7]。修士課程に入学するためには、教員免許の他に教育歴も必要とする大学が多いが、こうした状況を見ても、現職の一般教員が働きながら才能教育を学び、才能教育の専門家としての道を歩む機会は着実に広がりつつあると言えるだろう。

２．一般教員の役割の変化

　それでは、才能教育に直接かかわることの少ない一般教員は、才能教育の実施場面においてどのような役割を果たしてきたのであろうか。ここからは、才能教育の歴史と関連付けながら、才能教育における一般教員の位置付けの変化について考察していくことにする。

　第 1 章で述べたように、アメリカの才能教育は、通常教育とは分離した特別教育として形成されたため、基本的に才能教育を担当する教師も一般の教員ではなく、才能教育を専門とする特別な教員が求められた。その結果、ハ

リングワースが 1917 年に初めてコロンビア大学で才能教育の講義を行ってから、徐々に才能教育の専門教員が養成されるようになり[8]、1976 年の時点では，34 の大学で才能教育に関する大学院レベルの専門教育プログラムが実施されていたとされる[9]。

　しかしその一方で、才能教育に対する一般教員の役割は、極めて限定的なものであったと推測出来る。一般教員に求められたのは、通常学級に在籍する子ども達の優れた才能を発見・認識することであり、才能児と思われる子どもを推薦すること以外は基本的に才能教育とは無関係な立場にあったと言える。当初、才能教育は知的才能児のみを対象としていたため、才能児の認定には、知能検査や学業成績などの客観的要素が重視された。また、才能教育は、通常教育とは質的に異なる特別教育として位置付けられ、通常とは異なる教育環境が与えられた結果、正式な才能教育プログラムにおいて、一般の教員が特別クラスに分離された才能児を直接指導する機会はほとんど存在しなかった[10]。

　このように、1970 年代までは、才能教育を取り入れる公立学校自体少なく、才能教育に全く関わりを持たない一般教員も数多く存在したが、1980 年代以降、才能教育の拡大・多様化の動きによって才能教育が広く公立学校に取り入れられた結果、才能教育に関わる一般教員の数は飛躍的に増大したと考えられる。

　例えば才能児の探索・発見の段階では、知的才能に限らず多様な領域の才能を見つけ出すため、一般教員向けに様々な才能チェックシートが開発され[11]、また、ポートフォリオ評価なども積極的に活用されるようになったことで、才能児の認定作業への関与が広がっている。その上、才能教育の対象となる才能領域の拡大によって、美術や音楽、ダンスといった芸術・体育分野に関する教師も才能児の認定に関与するようになっている。

　次に、才能教育の実施段階では、早修措置によって担当する上位学年クラスへと入ってきた生徒への指導・対応だけでなく、通常クラスでの拡充プロ

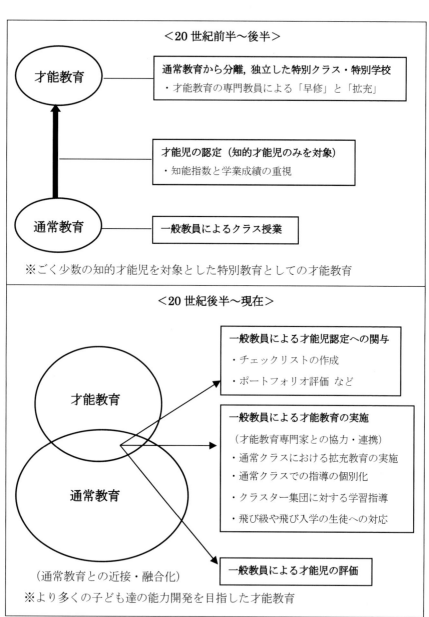

図 5-1 才能教育と通常教育との関係

（概念図は Stephens & Wolf（1978），Davis et al.（2014）等を参考に筆者が独自に作成した）

グラムやクラスター集団[12]による学習の個別化などが一般化したことで[13]、才能教育専門家と協力し合いながら才能児への直接指導が行われるようになっている。また、それによって一般教員も、才能児や才能教育プログラムの評価に関与するようになっている[14]（図5-1参照）。

　更に、2000年代後半以降、才能教育においても多層指導構造を特徴とするRTIモデルが活用されるようになっており（第6章で詳述）、一般教員には、教室内で学習の個別化を図ることが求められるだけでなく、スクリーニング検査の実施・分析によって第2層における介入指導の必要性を判断したり、専門家と連携しながら問題解決チームを牽引したりするなど、RTIの枠組みを活かすための様々な役割が課せられている。こうした役割は、学年レベルの学習指導を行うことに対してのみ責任を負ってきた従来の一般教員の役割を大きく超えるものと言える[15]。

　しかしこうした一般教員の役割の増大は、才能児・才能教育への理解不足による不適切な対応を招きやすく、才能教育の質の低下が危惧されるが、才能教育に関する教員研修の機会は十分には与えられていない。例えば、フォーダム協会（Fordham Institute）による全米調査によると、58%の教師が、過去数年間において、学問的に優れた生徒達を教えることに関し何ら職能開発の機会を有してはおらず、73%の教師が、「優秀な生徒達は学校で退屈しており、彼らに成長の機会を十分に与えてはいないと頻繁に感じる」と答えている[16]。そうした状況の中、近年、才能教育に関し、一般教員に対する職能開発の必要性が認識されるようになり、オハイオ州など一部の州では、一般教員に対しても才能教育の研修を義務化する動きが見られる。

　そこで、次節では、オハイオ州コロンバスの事例を取り上げ、こうした才能教育における一般教員の役割や位置付けについて、具体的に分析していくことにする。なお、オハイオ州を取り上げる理由としては、才能教育に関する法制度が整備され、州の財政支援も豊富なことから、才能教育に積極的な州と認められ、更に、そうした州の中でも、才能児と認定される子どもの割

合が高く、才能教育の拡大が進んでいると判断されるためである[17]。

第2節　地方学校区における才能教育サービスの仕組み
1．オハイオ州コロンバスの才能教育の特徴

　オハイオ州の州都であるコロンバスは、オハイオ州中央部に位置し、政治、行政、商工業の中心地であるとともに、オハイオ州立大学を抱える学術都市でもある。コロンバスシティースクールズ（Columbus City Schools）は、1845年に設立されたオハイオ州最大の学校区であり、109校の学校に在籍する51,000人以上の子ども達に様々な教育サービスを提供している[18]。

　コロンバスシティースクールズは、Dan Good 教育長（Ph.D.）と7名の学校区教育委員会のメンバーから構成されている。また、同学校区の才能教育部門（Gifted and Talented Division）には、統括責任者（Director）の下、テストコーディネーター（Testing Coordinator）や才能教育リソース専門員（Gifted Resource Specialists）[19]、初等拡充教育専門員（Primary Enrichment Specialists）[20]、才能教育指導専門員（Gifted Intervention Specialists）といった様々な才能教育の専門職員が在籍しており、職務の細分化が認められる。

　同学校区の直近3年間の才能教育関連支出額は次の通りである[21]。オハイオ州最大の学校区ということもあり、全部で620以上あるオハイオ州の学校区[22]の中で最も支出額が大きく、また、その額は近年増加傾向にある（表5-1）。

　次に、才能教育の拡大・多様化という観点に着目してコロンバスシティースクールズにおける才能教育サービスの特徴を整理すると、そのポイントは大きく三つある。

　一つ目は才能の概念を広く捉え、才能児の認定を4つの領域にまで拡大して行っている点である。コロンバスシティースクールズでは、具体的な才能児の認定領域として、1）優れた認知能力、2）特定の学問的能力、3）創造

表 5-1　コロンバスシティースクールズにおける才能教育関連支出額の推移

<2015 年度>
・アカデミック才能児のための特別指導及びサービス関連費用　　1,850,019 ドル
・コーディネイトサービス関連費用　　2,798,319 ドル
・合計支出金額　　4,648,338 ドル

<2016 年度>
・アカデミック才能児のための特別指導及びサービス関連費用　　3,031,044 ドル
・コーディネイトサービス関連費用　　3,111,200 ドル
・合計支出金額　　6,142,243 ドル

<2017 年度>
・アカデミック才能児のための特別指導及びサービス関連費用　　3,486,867 ドル
・コーディネイトサービス関連費用　　3,515,754 ドル
・合計支出金額　　7,002,621 ドル

(出典：オハイオ州教育省の HP (Gifted Education Expenditures (http://education.ohio.gov/Topics/Special-Education/Special-Education-Data-and-Funding/Gifted-Education-Expenditures, 2018 年 1 月 31 日取得) を基に筆者作成)

的思考力、4) 視覚・舞台芸術、の 4 つを挙げ、領域ごとに異なる認定方法・基準を定めて各領域の才能児を認定している (表 5-2)。

　この点、全米才能児協会 (NAGC) の調査報告書 (2014-2015 State of the States in Gifted Education) によると、多くの州では連邦法に定められた才能の定義をそのまま、又は修正して採用しており、才能の種類に関しては、そのほとんどが知的能力やアカデミックな領域での優れた能力を才能の定義に含めている。しかし、州法等で才能の定義を定めている 37 州のうち、リーダーシップ能力を才能の定義に含めている州は 13 州にすぎず、舞台芸

表 5-2　コロンバスシティースクールズの才能児の認定領域と基準

1. **優れた認知能力**（Superior Cognitive Ability）
　　第 2 学年と第 5 学年の全ての生徒にオハイオ州認定のアビリティ・テスト "InView" を実施。認定基準スコア 128 以上。
　　（代替可能なその他のテスト）
　・Naglieri Nonverbal Test of Abilities(K-6)—認定基準スコア 126 以上
　・Cognitive Ability Test—認定基準スコア 128 以上

2. **特定の学問的能力**（Specific Academic Ability）
　　特定の学問領域には，読解（リーディング），数学，理科，社会が含まれる。
　　第 2 学年と第 5 学年の生徒に対して，アチーブメントテストとして"Terra Nova" を使用。
　　（代替可能なその他のテスト）
　・Measure of Academic Progress（MAP）
　・Iowa Test of Basic Skills
　・Woodcock-Johnson Test of Achievement
　　才能児の認定には，これらにおいて 95 パーセンタイル以上の成績が必要。

3. **創造的思考力**（Creative Thinking Ability）
　　アビリティ・テスト "InView" において 112 以上のスコア（その他のアビリティ・テストにおいても，同等のレベルに達していれば可）。但し「優れた 生徒の行動特徴の評価尺度」（Scales for Rating the Behavioral Characteristics of Superior Students : SRBCSS）の "Checklist of Creative Behaviors" に関する認定基準をクリアする必要がある。

4. **視覚・舞台芸術**（Visual and Performing Arts）
　　認定領域には，美術，音楽，演劇，ダンスが含まれる。教師や保護者によって推薦された生徒に対し行動チェックリストの記入が行われ，加えてパフォーマンス評価が ODE ルーブリックを用いて点数化される。認定基準 Art 21 以上　Music 18 以上　Drama 20 以上　Dance 26 以上。その他，高校生は "Advanced Placement Studio Art Test" においてスコア 5 を獲得出来れば，才能児として認定される。

（出典 : Columbus City Schools: Areas of Gifted Identification (http://www. ccsoh.us/Gifted Identification.aspx.2017 年 8 月 3 日取得）に基づき筆者作成）

術（演劇・ダンスなど）や視覚芸術（絵画・彫刻など）、創造性などを才能の定義に含めている州は全体の約 6 割にとどまっている[23]。これに対し、コロンバスシティースクールズでは、才能児の認定領域を創造性や芸術分野まで拡大することで、出来るだけ多くの子ども達の多様な才能を見出そうとしており、才能教育に対する積極的な姿勢が窺われる。

　二つ目は、認定された才能児に対し、カテゴリーA からカテゴリーD までの 4 段階の連続した教育サービス（continuum of services）を提供し、子ども達一人ひとりの優れた能力や特性に柔軟に対応している点である（表 5-3）。

　カテゴリーA は全ての学校の才能児・優秀児を対象としたインフォーマルな教育サービスであり、教育計画書は作成されない。それに対してカテゴリーB は、才能が認定された特定領域におけるフォーマルな才能教育サービスであり、教育計画書が作成され、才能教育の拠点となる複数の学校で実施される。また、カテゴリーC は、優れた認知能力または複数領域で優れた才能を示す才能児のためのフォーマルな教育サービスであり、教育計画書が作成される。なお、カテゴリーC は、才能児のための特別学校であるコロンバス・ギフテッドアカデミーで実施される（小・中学生のみ）。最後に、カテゴリーD は、全ての学校において、才能児の学習ニーズに応じケース・バイ・ケースでなされる教育サービスである。飛び級や飛び入学を含むアカデミックな早修が行われ、柔軟な単位取得が認められる一方で、学業不振など学校生活に問題を抱える才能児には、個別に介入指導や支援が行われ、教育計画書が作成されることもある。人数的にはカテゴリーA が最も多く、B、C、D とより高いレベルに進むにつれ人数は少なくなる[24]。

　なお、才能児と認定された場合、該当する子どもは、その能力に合った高いレベルのサービスを受けるか、それよりも低いレベルのサービスを受けるかを選択することが出来る。例えば、カテゴリーC の才能児専用の特別プログラムが相応しいとされた生徒は、そのプログラムに参加することが出来る他、カテゴリーB の読解・数学クラスに在籍しても良いし、元の学校に通い

表 5-3　コロンバスシティースクールズにおける才能教育サービス

	カテゴリーA	カテゴリーB	カテゴリーC	カテゴリーD
小学校	・個別指導を伴うクラスター集団（1-6 学年，必要に応じて） ・クラブ活動としての拡充プログラムや通常カリキュラムにおける拡充プログラム	・才能教育の専門指導員による才能児を対象とした読解・数学授業（3-5 学年） ・通常クラスでの才能教育専門指導員による学習支援（3-6 学年，ランゲージ・イマージョン学校及びインディアノーラ校のみ）	・コロンバス・ギフテッドアカデミーにおける特別プログラム	・アカデミック領域の早修 ・学業不振に対する介入指導と支援
中学校	・個別指導を伴うクラスター集団（6-8 学年，必要に応じて） ・上級数学コース ・クラブ活動としての拡充プログラムや通常カリキュラムにおける拡充プログラム	・アートインパクト中学校デイリープログラム ・才能教育専門指導員がサポートする才能児を対象とした読解・数学のクラスター授業	・コロンバス・ギフテッドアカデミーにおける特別プログラム	・アカデミック領域の早修 ・学業不振に対する介入指導と支援
高校	・個別指導を伴うクラスター集団（7-10 学年，必要に応じて） ・クラブ活動としての拡充プログラムや通常カリキュラムにおける拡充プログラム ・拡充セミナー（9-12 学年）	・フォートヘイズ高校デイリープログラム ・AP，IB，生物医学コース，ケニヨン・アカデミックコース (Kenyon Academic Pathway) ・大学の単位取得		・柔軟な単位取得 ・アカデミック領域の早修 ・学業不振に対する介入指導と支援

（出典：Columbus City Schools: Gifted and Talented Brochure (http:// www. ccsoh.us/Down loads/201718%20 GT%20Brochure.pdf. 2017 年 8 月 3 日取得) に基づき筆者作成)

続け、カテゴリーA のクラスター集団授業や拡充教育を受けても良いとされ

る。こうした配慮は、学習環境の変化による心理的悪影響を避けることに役立つとともに、子ども達一人ひとりの家庭環境や学習ニーズを重視した特別ニーズ教育としての位置付けを明確にしたものと言えるだろう。

　三つ目は、才能教育に関する最初のプログラムとして、早期の介入指導と拡充教育を行う「初等教育思考スキルプログラム」が実施されている点である。これは、才能児が認定される割合が最も低いとされる学校（2017年度38校）を対象として、K学年（幼稚園年長）から第2学年までの全てのクラスで、初等拡充教育専門員の指導の下に行われる。有効とされる能力開発プログラムの研究結果に基づいて開発されたこのプログラムは、クラスに在籍する全ての子ども達に対し、批判的・創造的思考の基礎的な能力を身に着けさせることを目的としている。

　このプログラムでは、伝統的なテストでは見逃されてしまいがちな才能児の認定に役立つ情報を得ることが期待されているが、その意義は非常に大きいと思われる。なぜなら、才能教育において、社会経済的に不利な子ども達のアクセス率の低さをどう改善するかが古くから問題となっているが、才能児の認定率の低い学校を対象としたこうした積極的な取り組みは、認定率に関する学校間の不均衡を是正し、才能教育の公平性確保に役立つだけでなく、社会経済的に不利な子ども達のアクセス率の向上にも寄与すると考えられるからである。

２．才能教育における一般教員の役割

　それでは、こうしたコロンバスシティースクールズにおける才能教育サービスにおいて、一般の教員はどのような役割を果たしているのだろうか。

　まず特徴的なのが、一般教員も才能教育の専門家と協力しながら積極的に才能教育に関与している点である。例えば創造的思考力に関する才能の認定場面では、生徒はアビリティ・テストの成績の他、「優れた生徒の行動特徴の評価尺度（Scales for Rating the Behavioral Characteristics of Superior

Students：SRBCSS）」[25]の「創造的行動チェックリスト（Checklist of Creative Behaviors）」に関する認定基準をクリアする必要があるが、その評価は当該生徒を担当している一般教員に委ねられている。また、視覚・舞台芸術的才能の認定では、各学校の美術や音楽、演劇、ダンスなどの芸術・体育分野の教員によって生徒の推薦や行動チェックリストの記入が行われる他、州教育省の定める ODE ルーブリック（Ohio Department of Education Visual／Performing Arts Rubric）を用いたパフォーマンス評価にも関わり、才能児の認定に主導的な役割を果たしている。

　また、才能児に対する学習指導の面でも一般教員の果たす役割は大きく、特に全ての学校で行われるカテゴリーA の才能教育サービスにおいては、才能児を対象としたクラスター集団への学習指導や、クラブ活動や通常授業における拡充プログラムの実施などで、中心的役割を担っている。また、カテゴリーB においては、中学校段階で才能教育専門指導員のサポートを受けながら才能児に対する読解・数学のクラスター授業が行われる他、高校段階でも、AP や IB プログラムの担当教員には、一般生徒に混じって参加する才能児に対してその能力に応じた学習指導を行う必要性が生じている。更にアカデミックな早修が行われるカテゴリーD においては、飛び級や飛び入学によって上位学年クラスに在籍するようになった才能児に対し、通常のクラス授業として学習指導を行う必要がある。

　このように、一般教員の役割は、通常教育との近接・融合化の割合が高いカテゴリーA を中心に、才能教育サービスと深く関わっていることが分かる（表 5-4 参照）。

　なお、オハイオ州は、州法で才能教育サービスに関し様々な規定を設けており、才能教育の専門家及び一般教員が提供する教育サービスについても細かい規定が存在する。例えば、才能教育指導専門員によって提供されるサービスの種類として、

1）フルタイムの特別支援教室（Full-time Self-contained Classroom）

表 5-4　カテゴリー別才能教育サービスの内容と一般教員の関わり

＜カテゴリーA＞

全ての学校の才能児・優秀児を対象としたインフォーマルな教育サービス。教育計画書は作成されない。

・クラスター集団

才能児として認定された 1-10 学年の生徒は、同じ学年レベルの才能児と同じ教室で授業を受ける。教師は、生徒のニーズに応じて指導を個別化する。才能教育コーディネーターは、教師に授業計画に役立つリソースを提供する。

・拡充プログラム[26]

チェスや発明大会、数学研究、ディベート、キャリア・カフェといった生徒の意欲をかきたてるプログラムが、授業時間中や学校時間外で行われる。こうした拡充プログラムはコア・カリキュラムを高めるためのものであり、コア・カリキュラムに取って代わるものではない。また、拡充プログラムはそれ自体、才能児のみを対象としたものではないが、教師たちは通常の教室指導で拡充プログラムを実施するため、才能教育コーディネーターの支援を得ることが出来る。

・上級数学コース（Advanced Math Pathway）

6 学年に在籍中、数学の才能がある生徒や優秀な成績の生徒はスクリーニング検査を受け、7年生の時に 7 年生と 8 年生の数学を学習し、8 年生の時に「統合数学Ⅰ」（Integrated Math Ⅰ）を学習することが出来る。テストはカリキュラム課（Curriculum Department）によってコーディネートされ、秋と冬に実施される。生徒は 7 年生の時、数学教科の早修が検討される。

・高校拡充セミナー

優れた認知能力、又は創造的思考において才能のある生徒は、学期ごとに 1 日セミナーに参加することが出来る。これらのセミナーは、リサーチスキルや創造的思考、問題解決といったトピックや生徒の思考を拡張するその他のトピックを含む。

＜カテゴリーB＞

才能が認定された特定領域におけるフォーマルな才能教育サービス。教育計画書が作成される。拠点となる複数の学校で実施。

・読解・数学クラス

実施学校として選ばれた小中学校には、3−8 学年の才能児のために特別の読解・数学の授業が設けられ、それらの教科で才能児と認定された生徒や、直近のナショナルアチーブメントテストで 85 パーセンタイル以上のスコアを持つ創造的思考に関する才能児は、それに参加す

ることが出来る。小学生は読解の場合は1日当たり90分、数学の場合は60分の授業を才能教育の専門家から受ける。中学生は1日1回、非常勤の才能教育専門家の支援を受けながら、読解・数学担当教師の授業を受ける。実施学校への送迎サービスは、学校区の送迎規則に従って行われる。

> ※7年生の数学の才能児は、上級数学コース（Advanced Math Pathway）に対応して7学年と8学年の数学クラスに二重に在籍することが出来る。

・ランゲージ・イマージョン学校及びインディアノーラ校における才能児支援

3－6学年の在籍する優れた認知能力に関する才能児は、週当たり225分間、通常クラス内で才能教育専門家と交流する。実施校は、Ecole Kenwood French Immersion School、Columbus Spanish Immersion Academy、 Indianola Informal K-8 School の三校である。

・アートインパクト中学校、フォートヘイズ高校デイリープログラム

アートインパクト中学校（Arts Impact Middle School）、又は 、フォートヘイズ高校（Fort Hayes High School）に在籍する芸術分野の才能児は、日々の教育プログラムに芸術活動が取り入れられている。生徒たちはまた、資格を持つ芸術指導員が教えるユニークなアートコースを受講することも出来る。

・AP、IB、ケニヨン・アカデミックパートナーシップ等

全ての高校は、数多くのAPコースやケニヨン（Kenyon）コースを提供しているが、それらは大学1年生が受講する内容に類似する。IBコースは、Columbus Alternative High School、生物医学コース（Biomedical Pathway）は Eastmoor Academy で受講可能である。

・大学単位取得（College Credit Plus）

生徒達は高校に在籍しながら、上記のプログラムを含め、学校区内の大学やその他の大学の科目を履修することが出来る。

＜カテゴリーC＞

優れた認知能力または複数領域で優れた才能を示す才能児のためのフォーマルな教育サービス。教育計画書が作成される。コロンバス・ギフテッドアカデミーで実施。

・コロンバス・ギフテッドアカデミー

3－8年生は、それぞれの母校に在籍しつつ、終日コロンバス・ギフテッドアカデミーの授業に出席する。専門科目の学習は、生徒一人ひとりのペースで行われ、問題解決学習が重視されている。 3－5年生は常にアカデミー内で学習するが、6－8年生は独立した体験学習プログラムに基づき COSI やコロンバス美術館など、アカデミー外でも学習活動を行う。統合芸術（Unified Arts）教育がなされており、生徒たちは母校を通じてスポーツチームに入ることも出来る。コロンバス・ギフテッドアカデミーのプログラムに参加するためには、優れた認

知能力において才能児と認定されるか、読解と数学の両方で才能児と認定されなければならない。ギフテッドアカデミーへの送迎サービスは、学校区の送迎規則に従って行われる。

＜カテゴリーD＞

全ての学校において、才能児の学習ニーズに応じケース・バイ・ケースでなされる教育サービス。教育計画書が作成されることもある。

・アカデミックアクセラレーション

一つ又はそれ以上の教科で特に優れている生徒は、特定の教科又は学年レベルでの早修が検討される。そのための推薦は遅くとも学期開始 60 日前になされなければならない。早修による生徒の配置は、学校区のアクセラレーション・ポリシーに従って決定される。

早修のタイプは次の5つである。

(1) 飛び級（Whole Grade）

(2) 科目ごとの早修（Single-Subject）

(3) キンダーガーテンへの早期入学

(4) 小学校1学年への早期入学

(5) 早期卒業

・柔軟な単位取得

高校生は、自主学習（independent study）や外部コース、オンライン学習プログラム、コース外テストといった代替的な方法を通じて、高校の単位を取得することが出来る。生徒は、学校区のガイドラインに従って計画書を提出しなければならない。

・学業不振に対する介入指導

才能教育のスタッフは、学校生活で困難を抱える才能児を手助けするための支援リソースを、各学校の管理職やカウンセラーに提供する。これは事例ごとに個別になされる。

注) 一般教員が関係する部分には傍線、芸術分野の教員が関係する部分には破線をそれぞれ付した。（出典：Columbus City Schools: Gifted and Talented Brochure (http:// www.ccsoh.us/ Downloads/201718%20 GT%20Brochure.pdf. 2017 年 8 月 3 日取得) を基に筆者作成）

2) 単一教科の特別支援教室（Single Subject Self-contained Classroom）

3) クラスター集団クラスにおける共同指導

4) リソースルーム又は取り出し授業（プルアウト）

の4つが規定されている（Ohio Administrative Code 3301-51-15 (D) (3)，(D) (4) (a-d)）。

また、通常教育の一般教員によって提供されるサービスの種類としては、

次の5つが規定されている（Ohio Administrative Code 3301-51-15 (D) (3), (D) (4) (e)-(h)）。

1) クラスター集団クラス
2) クラスター集団クラスにおける共同指導
3) 優等生クラス（Honors Classroom）
4) AP クラス
5) IB クラス

その他にも、教育サービスのオプションとして、研修を積んだ芸術指導員によるサービスや、大学の単位取得、早修に関する規定などが存在する（Ohio Administrative Code 3301-51-15 (D) (3), (D) (4) (i)-(m)）。

コロンバスシティースクールズは、こうしたオハイオ州の規定を踏まえながら、前述したような4つのカテゴリー別に才能教育サービスを実施しており（表5-3, 5-4参照）、州の政策方針を忠実に反映した才能教育が実践されている。

3．一般教員に対する才能教育研修の義務化

才能教育の拡大・一般化に伴う今日的課題の一つとして、才能教育サービスの質保証の問題がある。従来、才能教育の専門教員によって実施されてきた才能教育は、一般教員の役割の増大によって、才能教育における質の低下が懸念されるようになっている。

特に才能児は、標準的な子ども達と比較して、学習の到達度・速度・スタイルなどが大きく異なるため、才能に応じた学習の個別化が必須となる。また、才能児は通常の学業優秀児とは異なり、抑うつ傾向や極端な完璧主義、自己肯定感の低さといった心理的問題を抱えることが多く、学業不振や学校不適応を起こしやすい。そのため、才能児を教育するためには、才能教育に対する専門知識を修得する必要がある。

　この点オハイオ州では、近年、通常教室において才能教育サービスを提供する一般教員のほとんどが、これまで才能教育に関する職能開発の機会を十分に与えられてこなかったことが問題視され[27]、2017年7月1日発効のオハイオ州の新しい才能教育実施基準（Ohio Administrative Code 3301-51-15）[28] では、才能教育を行う一般教員（general classroom teachers）向けの研修に関する新しい規定が盛り込まれている（表5-5）。

　例えば、一般教員に対する職能開発は、1）才能教育に関するライセンスを保有または承認（endorsement）を得ている教育関係者、2）才能教育に関する学位（graduate degree）を保持する教育関係者、3）才能教育に関し州や国が推薦・任命した者、のいずれかの専門家の指導の下で実施されなければならないとしている他、才能教育に従事する一般教員は、才能教育の免許や資格を持つ教員から継続的なサポートを受けること等が明記されている（Ohio Administrative Code 3301-51-15 (D) (8) (b) (i)−(iii)）。

　また、才能教育に関する職能開発は、教員ごとに「個別職能開発計画（Individual Professional Development Plan：IPDP）」として文書化しなければならず、それは、「才能教育職能開発リソースガイド（Gifted Education Professional Development Resource Guide）」に掲載されている書式やオハイオ州教育省によって決められたその他の方法を通じて行われる。

　なお、各学校区は、独自に開発した書式を教師の個別職能開発計画に利用することも出来るが、その場合、1）タイトルを含む才能教育の職能開発に関する簡潔な記述、2）取り組まれる才能教育の専門的能力、3）職能開発の担当講師に関する名前や資格などの情報、4）規定時間に算入される時間数、の4つの内容を含んでいる必要がある。但し、学校区は、州教育省が求めない限り、こうした独自に開発した書式を提出する必要はない[29]。

　教員研修の時期及び内容に関しては、以下のように、1年目、2年目、3年目以降の大きく三期に分けられており、1・2年目で集中的に研修が行われた後も毎年継続して研修が行われるようになっている。

表 5-5　一般教員の職能開発に関する州法規定

- 職能開発は、学校区が才能教育サービスを提供する以前か提供期間中に行われなければならない。
- 個別職能開発計画（Individual Professional Development Plan：IPDP）または、オハイオ州教育省によって決定されたその他の手段を通じて、才能教育の資格要件となる職能開発を記録すること。
- 要求がない限り州教育省に職能開発の証拠書類を提出する必要はない。
- 才能教育に関する職能開発要求は、才能教育サービスを提供するよう任じられた一般教員に対してのみ適用される。
- これらの要求は、才能教育の免許などを有しながら通常教育に関わる教員には適用されない。

＜職能開発で修得すべき専門的能力＞

1) 生徒のレディネスや知識，スキルレベルに基づいて指導を個別化する能力で、その中には、早修的措置の利用や複雑で深い思考力、挑戦心、創造性、物事を抽象化する能力等を含む。
2) より高度で挑戦的な、複雑で特色ある内容を組み込んだ多様なカリキュラムを選択、採用、作成する能力。
3) 通常教育のカリキュラムを拡張したり置き換えたり，カリキュラム短縮などの方法を通じて学習のプロセスを変更したり、生徒一人ひとりのニーズに基づき代替的な課題やプロジェクトを選択したりすることが出来る能力。
4) 才能児の社会的・情緒的ニーズを理解し，学習に関する課題に対処する能力
5) 社会経済的，文化的に不利な才能児の特徴やニーズを認識し，そうした子ども達に適した学習環境を整える能力。
6) 才能児の成長を測定・チェックする様々な情報源からのデータを活用する能力。
7) 教育内容を決定通知するために、フォーマル、インフォーマルなアセスメントを選択、活用したり、技術的に解釈したりする能力。
8)「教育計画書（the Written Education Plan：WEP）」の開発や作成に参加しうる能力。

（出典：Ohio Administrative Code 3301-51-15 (D) (8) (b)）

・1 年目（トータル 30 時間）
　1）才能児の認定（1.5 時間）
　2）才能児の特徴（3.5 時間）
　3）ハイレベルな思考スキル（10 時間）
　4）才能児を指導するための授業計画（15 時間）

・2 年目（トータル 30 時間）
　1）才能児に対する指導の個別化（15 時間）
　2）教育計画書の開発（5 時間）
　3）アカデミック領域の早修（5 時間）
　4）メンターシップと自立学習（5 時間）

・3 年目以降（年間 6 時間）[30]
　職務と研修目的に基づく専門的なテーマ

　また、才能教育研修が義務付けられる教員の範囲に関しては次のように定められている[31]。

1）才能教育に関する職能開発は、全ての一般教員に課せられるのではなく、才能教育サービスを実際に提供する教員に限られる。
2）才能教育実施基準は、K−12 学年までの教育に適用されるため、大学は高等教育機関として実施基準の適用外となる。そのため、College Credit Plus 担当教員（大学教員）には職能開発の義務はない。但し、優等生クラスや AP・IB コースなどの教員を兼任する場合には職能開発の義務が生じる。
3）研修を積んだ芸術指導員は、通常、一般教員とは看做されないので、職

能開発に関する義務はない。

4) 早修措置は、学習のペースを個別化した結果であるため（2 年かかるカリキュラムを 1 年で終えるなど）、早修措置によって上級学年に在籍する才能児を担当することになった教師には、職能開発に関する義務はない。

　こうした規定をまとめたのが、表 5-6 である。才能教育に関わる一般教員には、毎年継続して職能開発の機会やサポートが求められており、オハイオ州が才能教育の拡大・一般化に伴い、授業の質の向上に努めていることが窺われる。

表 5-6　一般教員等の職能開発に関する州法規定

才能教育に関連する専門職員・教員の種類	初年度における 30 時間の職能開発	2 年目における 30 時間の職能開発	継続的な職能開発	継続的なサポート
一般教員（優等生クラス担当教員、AP・IB 教員など）	○	○	○	○
才能教育指導専門員、才能教育コーディネーター	×	×	○	×
研修を積んだ芸術指導員	×	×	×	○
College Credit Plus 担当教員（大学教員）	×	×	×	×

（出典：Ohio Department of Education (2017b), *Gifted Education Professional Development Resource Guide: A Guide for Ohio School Districts and Designated Providers of Gifted Education Services*, p.13.を一部改変して作成）

　以上のようなオハイオ州のガイドライン[32]に従って、現在, コロンバスシティースクールズでも一般教員に対する才能教育研修を義務化し, 対象と

なる教員に対し職能開発の機会を与えている。対象となる一般教員は以下の通り，カテゴリーBにおいて専門的な才能教育を行う教員が中心となっている。

〈教員研修対象者〉
・AP担当教員　　・IB担当教員
・イーストムーア・アカデミーの生物医学コース担当教員
・才能教育を実施する特定中学校（6校）における読解・数学クラスタークラス担当教員
・二重在籍する7年生を教える8学年数学担当教員
・ランゲージ・イマージョン学校（2校）で才能教育専門員と共同して指導にあたるクラスター担当教員

　なお、この他の教員は才能教育実施基準で求められる教員研修を受ける必要はないが、将来担当する可能性がある場合や自身の専門性の向上のため、受講が推奨されている。また、才能教育に関する認定（endorsement）プログラムを終了、若しくは現在受講中の教員にはこの規定は適用されない。但し、才能教育に関する認定証を持ち、現在才能児を教えている教員や、上級統合芸術コースを通じて才能児を指導している統合芸術の教員（Unified Arts teachers）は、年間6時間の才能教育研修を受けることが期待されている。

　こうした研修の対象となる一般教員は、才能児を受け持つ最初の年（又は新しい実施基準が発効する最初の年）とその翌年に30時間、その後も毎年6時間の研修に参加しなければならないとされ、研修では専門家の指導の下で様々な内容の職能開発が行われている。但し、オハイオ州における一般教員を対象とした才能教育研修は義務化されたばかりであり、その具体的な内容と効果については今後詳しく検証する必要があるだろう。

なお、オハイオ州コロンバスの事例に限らず、近年、一般教員の養成・研修の場面において最も注目を集めているトピックとして挙げられているのが、生徒の多様性を重視した「個に応じた指導法（differentiated instruction）」の修得である[33]。これは、インクルーシブ教育の広がりによって、一般教員に障害や才能のある子ども達にも柔軟に対処し、子ども達一人ひとりの特性に応じた指導が出来るよう求められたことの帰結でもあるが、小中学校で最もよく用いられる才能教育カリキュラムモデルの一つとしてキャロル・トムリンソン（Tomlinson, C. A.）の「個に応じた指導（Differentiated Instruction : DI）モデル」が挙げられているように（第3章第2節、表3-4及び3-5 参照）、通常学級における指導の個別化が才能教育の拡大・一般化を促す大きな特徴となっている。

　そこで最後に、一般教員に求められる専門的能力として重視されるようになった「個に応じた指導」について取り上げ、その内容や特徴について検討していくことにする。

第3節　一般教員に求められる「個に応じた指導」
1．個人差を重視したクラス授業の必要性

　「個に応じた指導」とは、端的に言えば、教師が、子ども達一人ひとりの違いや変化に合わせて適切な指導を行うことを重視する教授法のことである[34]。例えば、インクルーシブ教育理念によって、障害のある子どもが通常教育の環境下で学習活動を行う場合、通常教育の教師の役割は大きく変化することになる。従来のように教室の前方に立って、全ての子ども達に対して同じことを同じように教える一斉授業は困難になるため、柔軟なグループ分けや、障害児教育専門教師との共同指導、チームティーチングなどによる指導の差異化が必要になる。そしてこのことは、才能教育の領域においても同様に考えられる。

　IQ 値を基に才能児を認定し通常学級から分離することから始まった従来

の才能教育プログラムとは異なり、通常学級を才能教育の起点と考え、そこでの多様な活動を通じて子ども達の多様な才能を認識し、徐々にその才能に応じた介入指導を強めていこうとする現在の才能教育の考え方においては、一般教員が子ども達一人ひとりの特性にどれだけ対応し得るかがその後の才能教育プログラムの成否を握るカギとなっている。また、才能と障害を併せ持つような複雑で多様な特性を持つ子ども達に柔軟に対応していくためには、インクルーシブ教育理念の下、通常教育、障害児教育、才能教育というカテゴリーを超えた指導の在り方を模索する必要性が生まれる。

　この点、アメリカでは、1960年代から70年代にかけても、「指導の個別化（individualization）」や「学習の個性化（characterization）」が叫ばれ、「個別指導（individualized instruction）」の導入やオープン・スクールの実施などが試みられた歴史がある。その中でも個別指導を目指したプロジェクトでは、主に、英語（リーディング）や数学に力点が置かれ、学習教材の開発とその普及に当たっては、特に学習適性や学習スタイルに配慮され、一人ひとりのレディネスや到達度に応じた指導が意図されていた[35]。

　しかし、バージニア大学で個別化教授法の研究を専門とするトムリンソンによれば、1990年代以降盛んに提唱されるようになった「個に応じた指導」は、1960年～1970年代において実践された「個別指導」とは性質が大きく異なるという。即ち、当時の「個別指導」は、優秀な生徒の学習能力の違いに対応するために行われたのに対し、現在の「個に応じた指導」の概念は、クラスの生徒全員が、最終的な到達目標を共有し、それに向けて教師が、生徒のレディネスや興味・関心、学習のプロフィールに応じた複数の方法を提供しながら、必要とされる概念やスキルを学習させていこうとするものであり、各生徒をレベル別に分けて異なる学習内容を修得させようとするものではないとする[36]。

　トムリンソンによれば、かつて行われた個別指導の試みは、30人以上いる教室において、各生徒の学習能力の違いに応じた指導が求められたため、

教師の負担が大きすぎた点、また、各生徒の能力に一つひとつの授業内容を正確に適合させようとしたため、学習内容が断片的になり、カリキュラム全体をマスターさせるにはほとんど意味のない不適切な指導になってしまった点で問題があったとする[37]。

２．「個に応じた指導」の特徴

　それでは、現在トムリンソンが提唱している「個に応じた指導」とはどのような特徴を有しているだろうか。まず、「個に応じた指導」における構成要素とその関係性をまとめると次のようになる（図5-2）。

　トムリンソンによれば、子ども達一人ひとりの多様性に応じた指導を行う前提として、学習者の持つ個人差や個性を知る必要があるが、特に重要視されるのが ①学習のレディネス（特定の知識・理解・スキルの獲得状況）、②興味・関心（学習内容に関してどのような興味・関心を抱いているのか）、③学習プロフィール（個々の学習者の学び方、学習のスタイルに影響する様々な要因（認知的特性など））の３つである[38]。

　教師はこうした子ども達の個人差を理解した上で、「個に応じた指導」に関する一般的な原理・原則（①質の高いカリキュラム、②柔軟なグループ編制、③継続的なアセスメント、④工夫された課題、⑤支えとなるコミュニティ（生徒同士が互いに助け合い、支え合いながら学習していけるような良好な人間関係）など[39]）を用いて、子どもの学習ニーズに効果的に対処することが求められる。

　そして、トムリンソンはこうした原理・原則を適用する学習カテゴリーとして、①学習内容（カリキュラムに従って学習した結果、得られる知識やスキル）、②学習プロセス（学習内容を理解し修得するための活動）、③学習の成果物（学習した知識やスキルを統合し、それらを応用・発展させたもの）、④学習環境（授業のルールや教室のアレンジなど）の４つを挙げている[40]。

　また、授業における具体的な学習法としては、①多層化（レベル別のプリ

```
┌─────────────────────────────────────────────────┐
│               ＜個に応じた指導＞                  │
│                                                   │
│       「個に応じた指導」とは、学習者のニーズに対する │
│                                                   │
│          教師のプロアクティブな反応である          │
│                                                   │
│                        ↓                          │
│                                                   │
│          ＜学習者の違い（個人差や特性）＞          │
│                                                   │
│   ・レディネス　・興味、関心　・学習プロフィール   │
│                                                   │
│  学習者の違いは、次のような原理・原則によって効果的に対処される │
│                                                   │
│                        ↓                          │
│                                                   │
│    ＜「個に応じた指導」に関する一般的な原理・原則＞ │
│                                                   │
│       ・質の高いカリキュラム　・柔軟なグループ編制  │
│                                                   │
│ ・継続的なアセスメント・工夫された課題・支えとなるコミュニティなど │
│                                                   │
│   これらの原理・原則は、教室内での学習に関係する各要素に適用される │
│                                                   │
│                        ↓                          │
│                                                   │
│          ＜教室内での学習に関する各要素＞          │
│                                                   │
│  ・学習内容　・学習プロセス　・学習の成果物　・学習環境 │
│                                                   │
│     教室内での学習は、様々な学習法を利用しながら行われる │
│                                                   │
│                        ↓                          │
│                                                   │
│               ＜具体的な学習法＞                  │
│                                                   │
│ ・多層化（tiering）・RAFT・学習／関心センター・アンカー活動など │
└─────────────────────────────────────────────────┘
```

図 5-2　「個に応じた指導」の構成要素とその関係性

（出典：Tomlinson, C. A.（2017, 2018）を参考に筆者作成）

ントや課題を数種類用意し、完成したら順次難易度の高いものに取り組んでいく等）、②RAFT（役割（Role）、観客（Audience）、構成（Format）、主題（Topic）に関する情報から興味のあるものを選んで文章を作る）、③学習／関心センター（教室内を複数のスペースに区切り、興味のある課題に分かれて活動する）、④アンカー活動（読書や短文日記といった空いた時間に毎

日一人で取り組めるようなルーティン的な課題）など、様々な学習法が提示されている⁴¹。

　トムリンソンが提唱する「個に応じた指導」は、才能児や障害児といった特定の子ども達のために行われる指導法ではなく、あくまで通常教育の一環としてクラス単位で行われる通常の指導法の一つである。そのため、クラスを能力別に複数のグループに分割し固定化したり、一人ひとりに全く違う教材を与えたりして、クラスを分断してしまうのではなく、学習内容や子ども達の興味・関心などに応じて様々なグループを流動的に作りながらも、「クラス」という一つのまとまりの中で、どのように子ども達一人ひとりの多様な能力を伸ばしていくのかが重視されている⁴²。換言すれば、クラス内で共有された学習の到達目標に向かって、予め決められた一本の道を学習者全員が同じようにたどるのではなく、学習のレディネスやスタイル、スピードが異なる学習者に合わせて、教師が複数の道を用意しようとする点に、指導法としての最大の特徴があると言えるのである。

　こうした指導法は、特に才能児に焦点を当てた指導法ではないため、才能児と認定されるような優れた能力を持つ子ども達の特別な学習ニーズを完全に満たすことは出来ないまでも、子ども達一人ひとりの学習のレディネスや興味・関心、学習プロフィールが学習指導の場面において積極的に考慮されており、少なくともレディネスに合致しない画一的な一斉授業による学習意欲の減退や自己肯定感の喪失といった精神的悪影響は避けることが出来ると考えられる。

　「個に応じた指導」と才能教育との関係性については、トムリンソン自身も、「個に応じた指導」は、次のような少なくとも三つの理由で才能教育と密接な関連性があるとし、その重要性を指摘している。即ち、①認定された才能児の多くは、様々な子ども達と同じクラスで一緒に過ごさなければならず、カリキュラムや指導が個別化されない限り適切な教育を受けることが出来ない。②認定された才能児達それ自体もまた多様な存在であり、得意分野

や能力のレベル、障害の有無などが異なる。③黒人やヒスパニックなどの社会経済的弱者は才能児と認定されにくく、こうした才能児と認定されなくても高い潜在的能力を持つ子ども達も学校には多く存在する[43]。

　また、子ども達の個性に応じた指導を行うことは、従来の一斉授業では気付くことが難しい多様な潜在的能力を見つけ、それを顕在化させることにも役立つため、一般教員によるクラス指導の個別化は、才能児の認定や専門的なプログラムの実施といった次のステップへと子ども達を円滑に接続する機能も有していると言える。特に、第 6 章で詳述する RTI モデルの第 1 層としてこうした一般教員による個別化教授法を組み入れた場合、定期的なスクリーニングや継続的なアセスメントによって、子ども達の学習のレディネスや個別的な学習ニーズに対する調査はよりシステマティックで、より診断的な（diagnostic）性格を帯び[44]、その結果、一般教員による通常学級での学習指導は、第 2 層以上の介入指導の実施をより強く意識した連続性のあるものとなる。その意味では、一般教員によるクラス指導の個別化は、通常教育における指導の一形態としてそれのみで完結するものではなく、才能教育の第一段階としての重要な役割も果たしていると言えるだろう。

第 4 節　小括

　本章では、才能教育の変容に伴い、通常教育との関係性にどのような変化が生じているのかを明らかにするため、才能教育における一般教員の役割に着目して考察を行った。

　まず、20 世紀初めの才能教育形成期においては、才能の根拠として遺伝的要素を強調する優生学の影響や知能検査の普及によって、人間の一般的能力は知能検査によって客観的に測定することが可能であり、また、その能力は生涯変わることがないという固定的能力観が教育の現場で広く信じられていた。そのため、高い IQ 値を示す才能児に対しては通常教育から切り離された特別な教育を行うことが最適であると考えられ、一般の教員が才能児

の認定プロセスや実際の教育に関わることは少なかった。

　しかし1980年代以降、基礎学力の底上げを目指す教育改革によって従来の才能教育がエリート主義的で不公平であると批判され、また、ハワード・ガードナーの多重知能理論など知能の多元性や潜在性に関する心理学理論が進展する中で、才能教育の理念は子ども達の多様な個性を重視した適能教育主義的なものへと変化し、現在、才能教育の一般化が進んでいる。

　こうした状況の中で、一般教員も様々な形で才能教育に関わるようになってきている。例えば、事例として取り上げたオハイオ州コロンバスでは、チェックリストやポートフォリオによって対象となる子どもの才能の評価を行うなど、才能児の認定に直接関与したり、才能教育の専門家と協力・連携しながら実際に才能児に対する授業を行ったりするなど、一般教員にも才能教育において積極的な役割が期待されていた。また、現在の才能教育では、限られた才能児のみならず、全ての子ども達の得意な部分を伸ばすことも重視されており、オハイオ州コロンバスの事例でも、一般教員が、通常クラスの子ども達を対象とした様々な拡充プログラムの実施に深く関わっていることが確認出来た。

　こうした一般教員の役割の変化は、トムリンソンの「個に応じた指導」モデルをはじめとする子ども達一人ひとりの多様性に応じた指導法の広まりとともに、インクルーシブ教育の一つの表れと捉えることが出来るが、その一方で拡大する才能教育の質をどう担保していくのかが大きな課題となっている。今回、事例分析を行ったオハイオ州では、その対応策として才能教育に関する教員研修を一般の教員にまで拡大し義務化したが、財政的な問題もあり、こうした措置を取る州は数少ない。今後、一般教員の負担に配慮しつつ人的資源を確保し、才能教育の質を維持・向上させていくことが、通常教育との近接・融合化が進む才能教育の大きな課題と言えるだろう。

　本章では、一般教員が才能教育に深く関わるようになっている現状を示すことで、才能教育と通常教育との近接・融合化の動きを明らかにしたが、こ

のような通常教育を起点としたインクルーシブな才能教育への変化こそが、才能教育の現代的変容の最も大きな特徴と言えるだろう。次章では、こうした変化を加速させる役割を果たす才能教育の新しいフレームワークとしてギフテッド対応型 RTI モデルに焦点を当て、その特質を明らかにしていくことにする。

---

[1] Swassing, R. H. (1988). Gifted and Talented Students. In W. L. Heward, & M. D. Orlansky (Eds.), *Exceptional Children: An Introductory Survey of Special Education (3rd ed.)* (pp.405-438). Columbus OH: Merrill Publishing Company, A Bell & Howell Information Company, p.436.

[2] Hertberg-Davis, H. (2014). Leta Hollingworth: A Life in Schools (1886-1939). In A. Robinson, & J. L. Jolly (Eds.), *A century of contributions to gifted education: illuminating lives* (pp.79-100). New York, NY: Routledge.

[3] 例えば、NAGC が CEC（the Council for Exceptional Children）と共同で作成した「2013 年度版 才能教育専門教員養成に関するスタンダード（2013 NAGC -CEC Teacher Preparation Standards in Gifted and Talented Education）」では、教師の身に付けるべき専門的能力として 7 つの基準を設け、こうした点に言及がなされている。Johnsen, S. K., et al. (2016). *Using the National Gifted Education Standards for Teacher Preparation (2nd ed.)*. Waco, TX: Prufrock Press Inc., pp.14-34.

[4] Hollingworth, L. S. (1926). *Gifted Children: Their Nature and Nurture.* New York, NY: Macmillan, pp.306-307.

[5] Rimm, S. B., Siegle D., & Davis, G. A. (2018). *Education of the Gifted and Talented (7th ed.)*. Upper Saddle River, New Jersey: Pearson Education, Inc., pp.36-38.

[6] コロンビア大学ティチャーズ・カレッジの HP 参照。(https://www.tc.columbia.edu/curriculum-and-teaching/gifted-education/2019 年 3 月 4 日取得）.

[7] The 30 best Online Master's in Gifted & Talented Education Programs. (https://thebestschools.org/rankings/best-online-masters-gifted-talented-education/ 2019 年 3 月 4 日取得)

[8] Robins (2010). *Ibid.*, p.7 ; Stephens, T. M., & Wolf, J. S. (1978). The Gifted

Child. In N. G. Haring (Ed.), *Behavior of Exceptional Children: An Introduction to Special Education (2nd ed.)* (pp.387-405). Columbus OH: Charles E. Merrill Publishing Company, A Bell & Howell Company, pp.395- 396.

9 Stephens, T. M., & Wolf, J. S. (1978). *Ibid.,* p.396.

10 早修措置として、下位学年から飛び級してきた生徒に対し他の生徒達と一緒に通常の授業を行うことは古くから行われているが、通常教育全体から見ればごく僅かな割合に過ぎない。

11 代表的な才能チェックシートとして、レンズーリが開発した「優れた生徒の行動特徴の評価尺度」(Scales for Rating the Behavioral Characteristics of Superior Students : SRBCSS) がある。

12 様々な能力の子ども達が集まる集団(クラス)において、能力的に同じ子ども達を集めて編成された小グループのこと。なお、クラスター集団を編成する教室は、一般に「クラスター教室(cluster classroom)」や「クラスター集団教室(cluster group classroom)」などと呼ばれ、通常教育の教師が才能教育の専門家と協働して授業を進めることが多い。

13 Davis et al. (2014). *op.cit.,* pp.147-176.

14 *Ibid.,* pp.485-506.

15 Nichols, L. (2012). *Response to Intervention for Gifted Students: Implementation by Classroom Teachers in Colorado*, D.E. Dissertation, Jones International University, pp.26-27.

16 Farkas, S., Duffet, A. & Loveless, T. (2008). *High-Achieving Students in the Era of No Child Left Behind,* Fordham Institute, p.78. (https://edexcellence.net/publications/high-achieving-students-in.html. 2017 年 1 月 3 日取得)

17 オハイオ州の K-12 学年に在籍する全生徒数 1,717,323 名のうち，才能児と認定された生徒数は 265,555 名で，全体の約 15%を占める (2011-2012 年)。また，才能教育プログラムに対する州の財政支援額は 40,723,826 ドル (2012-2013 年) である。Davidson Institute for Talent Development Website, Search- Database 参照 (http://www.davidsongifted.org/Search-Database /region/S10010, 2017 年 8 月 10 日取得)。

18 コロンバスシティースクールズの才能教育に関する情報は Columbus City Schools の HP から入手した (http://www.ccsoh.us/Gifted andTalented1.aspx.

2017 年 8 月 10 日取得)。
¹⁹ 才能児の認定，カリキュラムの作成指導，実践研究等を行う才能教育の専門家。
2017 年現在，11 名（各地区担当者 6 名，中学校担当者 2 名，高校担当者 2 名，文
化・学習施設担当者 1 名）が在籍。
²⁰ コロンバスシティースクールズがキンダーから第 2 学年までの児童を対象に
実施する思考スキルプログラムを担当する拡充教育の専門家。2017 年現在，11 名
在籍。
²¹ オハイオ州教育省の HP（Gifted Education Expenditures）参照。
(http://education.ohio.gov/Topics/Special-Education/Special-Education-Data-
and-Funding/Gifted-Education-Expenditures, 2018 年 1 月 31 日取得)
²² 支出額一覧表には、2017 年度は 622 学校区、2016 年度及び 2015 年度は 638 学
校区の支出額が記載されている。
²³ National Association for Gifted Children and The Council of State Directors of
Programs for the Gifted. (2015). *2014-2015 State of the States in Gifted Educa-
tion: Policy and Practice Data.* (https://www.nagc.org/sites/ default/files/key%20
reports/2014-2015%20State%20of%20the%20States%20 (final).pdf. 2017 年 8 月
3 日取得)
²⁴ Columbus City Schools. (2017). *Policy and Plan for the Identification and
Service of Children Who Are Gifted.* (http://www. ccsoh.us/Downloads/ Poli-
cy%20and%20Plan 2017 Print.pdf. 2017 年 8 月 3 日取得)
²⁵ Renzulli, J. S. et al. (2002). *Scales for Rating the Behavioral Characteristics
of Superior Students* (Revised Ed.), Mansfield Center, CT: Creative Learning
Press 参照。
²⁶ コロンバスシティースクールズの HP では、約 20 種類の拡充プログラムが列挙
されている。
²⁷ 例えば、近年の OAGC の調査では、回答した教師の 3 分の 2 以上が才能教育に
関する職能開発をほとんど何も受けてこなかったとされ、また、70%の教師が、教
育計画書の実施方法に関し、才能教育の専門家と相談したことが全くないと答えて
いる。Ohio Association for Gifted Children (2017). *What is Gifted High Quality
Professional Development? The OAGC's Position (updated February 2017)*,
pp.10-13. (http://www. oagc.com/files/OAGC%20HQPD update2.2017.pdf. 2017
年 12 月 2 日取得)

²⁸ Ohio Department of Education (2017a). *Operating Standards for Identifying and Serving Students Who are Gifted* (https://education.ohio.gov/getattachment /Topics/Other-Resources/Gifted-Education/Rules-Regulations-and- Policies-for-Gifted-Education/Gifted-Operating-Standards-OAC-3301-51-15.pdf.aspx. 2017 年 8 月 3 日取得)

²⁹ Ohio Department of Education (2017b). *Gifted Education Professional Development Resource Guide: A Guide for Ohio School Districts and Designated Providers of Gifted Education Services* (https://education.ohio. gov/getattachment/Topics/Other-Resources/Gifted-Education/Teaching-Gifted-Students-in-Ohio/High-Quality-Professional-Development-HQPD-in-Gi/Gif ted-Education-Professional-Develop ment-Resource-Guide.pdf.aspx. 2017 年 12 月 1 日取得)

　なお、才能教育指導専門員および才能教育コーディネーターにも、才能教育に関する資格要件として、継続して実施される職能開発について記録することが義務付けられている。但し、特段の要求がない限り州教育省に職能開発の証拠書類を提出する必要はない（Ohio Administrative Code 3301-51-15 (D) (8) (a) (ⅱ), (c) (ⅰ)-(ⅳ)）。

³⁰ 3 年目以降の研修時間は各学校区によって異なる。Ohio Department of Education (2017b). *Ibid.*, p.12.

³¹ Ohio Department of Education (2017b). *Ibid.*, pp.13-14.

³² Ohio Department of Education (2017c). *Implementing the Operating Standards for Identifying and Serving Students Who are Gifted: A Guide for Ohio School Districts and Educators* (https://education.ohio.gov/getattach ment/Topics/Other-Resources/Gifted-Education/Rules-Regulations-and-Polici es-for-Gifted-Education/Implementing-the-Operating-Standards-for-Identifying-and-Serving-Students-Who-are-Gifted. pdf. aspx.2017 年 12 月 1 日取得）; Ohio Department of Education (2017c). *Ibid.*

³³ Rimm, S. B., Siegle D., & Davis, G. A. (2018). *Education of the Gifted and Talented (7th ed.).* Upper Saddle River, New Jersey: Pearson Education, Inc., p.121.

³⁴ Tomlinson, C. A. (2018). Differentiated Instruction. In C. M. Callahan, & H. L. Hertberg-Davis (Eds.), *Fundamentals of Gifted Education: Considering Multi-*

ple Perspectives (2nd ed.) (pp.279-292). New York, NY: Routledge, p.280.

35 加藤幸次（2010）「指導の個別化・学習の個性化」アメリカ教育学会編『現代ア
メリカ教育ハンドブック』東信堂, pp.109-110.

36 Tomlinson, C. A. (2017). *How to Differentiate Instruction in Academically Diverse Classroom* (3rd ed.). Alexandria, VA: Association for Supervision and Curriculum Development, pp.1-11.

37 *Ibid.,* p.2.

38 Tomlinson, C. A. (2017). *op.cit.,* pp.83-123

39 Tomlinson, C. A. (2018). *op.cit.,* p.280 ; トムリンソン, C. A. 著, 山崎敬人・山元隆春・吉田新一郎訳（2017）『ようこそ、一人ひとりをいかす教室へ──「違い」を力に変える学び方・教え方』北大路書房, p.24. ［原著］ Tomlinson, C. A. (2014). *The differentiated classroom: Responding to the needs of all learners (2nd ed.).* Alexandria, VA: ASCD.

40 Tomlinson, C. A. (2017). *Ibid.,* pp.43-53, 124-156.

41 *Ibid.,* pp.66-67, 120, 166-172.

42 *Ibid.,* pp.12-82.

43 Tomlinson, C. A. (2014). Differentiated Instruction. In J. A. Plucker, & C. M. Callahan (Eds.), *Critical Issues and Practices in Gifted Education: What the Research Says (2nd ed.)* (pp.197-210). Waco, TX: Prufrock Press Inc., p.199.

44 IQ による才能児の認定を前提としない拡張された才能教育においては、才能児か否かの区別よりも子ども達一人ひとりの特性に焦点が当てられ、より診断的な判断を基に指導の個別化が行われる。Dai, D. Y., & Chen, F. (2013). Three Paradigms of Gifted Education: In Search of Conceptual Clarity in Research and Practice. *Gifted Child Quarterly,* 57 (3), pp.151-168.

第6章 RTIモデルによる学習支援システムの拡大

　本章では、才能教育の現代的変容を考察する上で、最も重要な実践的枠組みと考えられる「教育的介入に対する反応（Response to Intervention：RTI)」を取り上げ、RTIモデルの導入に伴う才能教育と通常教育との統合化の動きについて考察する。

　RTIモデルは、もともと障害児教育における学習障害判定法として開発されたものであるが、その後徐々にその適用範囲が拡大され、現在、全ての子ども達に対応し得る学習支援システムとして、全米で広く利用されている[1]。こうした動きは、才能教育の領域においても大きな影響を与えているが、特に、2000年代後半以降、才能児を対象としたギフテッド対応型RTIモデルが開発されたことで、RTIを新たなフレームワークとする包括的な学習支援システムが構築されつつある。

　そこで本章では、才能教育におけるRTIモデルの導入の背景を明らかにした上で、ギフテッド対応型RTIモデルの構造的特徴とその機能について考察する。

　具体的には、まず障害児教育の領域においてRTIが学習障害児支援システムとして導入された背景やRTIモデルの基本的な仕組みを確認する。次に、こうした従来のRTIモデルが才能教育にも活用されるようになった要因を考察した上で、ギフテッド対応型RTIモデルの実践的枠組みとその具体的な特徴を明らかにする。そして、ギフテッド対応型RTIモデルの多くが、才能の伸長といった学習面のみならず社会性などの行動面に関する支援も重視していることや、様々な問題を抱える才能児達にも対応可能であることを示すとともに、RTIモデルに適合しやすいカリキュラムモデルの特徴についても考察する。

第1節　才能教育における RTI モデルの導入
1．障害児教育における RTI
（1）LD 判定法としての機能

　ギフテッド対応型 RTI モデルについて考察する前提として、まず、障害児教育における一般的な RTI モデルについてその特徴を確認しておく。

　アメリカでは 1960 年代半ば以降、学習障害を法的に一つの障害として認める動きが高まる中で、学習障害か否かを正確に識別する方法が求められるようになった。特に、貧困など環境的な要因による学力不振と中枢神経系の機能障害である学習障害とが見分けにくい点が問題視された。そこで連邦政府は 1977 年の全障害児教育法（Education for All Handicapped Children Act）施行に合わせて、知能検査で測定された知能（IQ 値）と標準学力検査での学業成績との著しい差異（discrepancy）を根拠として診断を行う LD 判定法を示した。いわゆるディスクレパンシー・アプローチである。

　しかし、ディスクレパンシー・アプローチは実践現場で採り入れられる中で徐々にその問題点が顕在化する。例えば「診断の正確さ」という点では、ディスクレパンシーを診断基準とすること自体の妥当性が批判され、また、「診断と指導との繋がり」という点では早期の診断が困難であることや検査内容と指導内容の関連性の低さなどが問題視された。2001 年の LD サミットでもこうした批判が多く寄せられたため、学習障害の診断方法としてディスクレパンシー・アプローチに替わり、次第に RTI が推奨されるようになった[2]。連邦政府もこうした動きを受け、2004 年に行われた障害者教育法（IDEA）の改正では、ディスクレパンシー・アプローチに対する順守要件を削除し、学習につまずきのある子どもが学習障害児として障害児教育の対象となるか否かを判断するのに RTI を用いることを認めた[3]。

（2）RTI の基本構造

　それでは RTI は、ディスクレパンシー・アプローチと比較しどのような

点で優れていると言えるのだろうか。次にその特徴を述べる。

　RTIの目的は、ある子どもの学業不振の原因が、学習・指導環境の不適切さからくるのか、それとも特異的な（specific）学習障害が原因なのかを判断し、「学習障害」として判定される子どもの数を減らすとともに、子どもに合った適切な指導環境を整備することにある[4]。一般的なRTIモデルは、多層指導によって徐々に教育的介入の度合いを強めていくためピラミッド型の三層構造をしているが、その基本構造は次のようなものである[5]。

　まず、第一層では通常学級において全ての子ども達を対象に、共通指導が実施される。ここでは、「通常の授業の中で、質の高い、科学的根拠に基づく指導」を行うことが求められ、80%程度の子どもの教育ニーズに合致するとされている。オンラインCBM（Curriculum-Based Measurement）ツール等を用いた定期的なスクリーニング検査により基礎的な読み書きスキルに関して学習のつまずきが確認される。

　続く第二層では、第一層で十分な学力の伸びが見られない子どもに対して、読み書きの専門家などによる介入指導が通常授業に加えて補足的に行われる。この層ではプログレス・モニタリングが頻繁に行われ、行動観察や判断基準評価（ベンチマーク・アセスメント）によってつまずきの原因を特定し、それに応じた少人数グループ指導が通常の学級の内外で実施される。それにより15%程度の子どもがカバーされると想定されている。

　第三層では、第二層での補足的な指導でも十分な効果が認められない子ども達に対し、より集中的な指導が障害児教育の教師によって行われる。この段階で残り約5%の子ども達はLDなどの何らかの障害を持つと認定され、個別の教育計画（IEP）が作成される。ここではより頻繁にプログレス・モニタリングが行われ、通常の学級外で個別指導に近い形で子ども達の特性や教育的ニーズに特化した指導が実施される。

　このようにRTIは、通常教育としての第一層、スクリーニング検査で選ばれた子ども達を対象として介入指導を行う第二層、第二層で効果が認めら

れない者に対し障害を認定し IEP に基づく特別教育を行う第三層の三層構
造でモデル化されている。なお、ここでいう「介入指導」とは、障害がある
と判断されて特別教育を受ける段階には至っていないものの、学業上あるい
は行動上の問題の兆候が見られる子ども達に対して提供される通常の授業
以外の補充的な指導のことである[6]。

（3）LD 判定における RTI の優位性

　RTI がディスクレパンシー・アプローチよりも優れているとされる点は、
「診断の正確さ」と「診断と指導の繋がり」というディスクレパンシー・ア
プローチの問題点を概ね克服していると考えられているからである[7]。

　即ち「診断の正確さ」という点では、客観性を重視し、「カリキュラムに
基づく測定」（CBM）のデータ等に基づいて判断を下すことにより人為的な
バイアスを防ぎ、また、診断の指標としては、知能と学力の差異ではなく、
音韻や流暢さなどの読み・書きに関するスキルを用いている。また、「診断
と指導の繋がり」という点でも、RTI は入学後早期にそのプロセスが開始さ
れ、子どもの学力の伸びに応じて補充的な指導を行いながら学習障害児の識
別がなされている。定期的なスクリーニング検査やベンチマーク・アセスメ
ント、プログレス・モニタリングなどによって子ども達一人ひとりの学力の
伸びを正確に把握し、適切な指導を行う点で、診断と指導が一体的になって
いると言える。

　従来のディスクレパンシー・アプローチは、学習の遅れが深刻化しディス
クレパンシーが明らかになってから学習障害児として認定し教育支援を行
うため、必要な教育支援の開始時期が遅くなりがちである。一方 RTI は、
スクリーニング検査などによってつまずく可能性がある子ども達を早期に
発見し、学習障害児の認定を待たずに介入指導を行うことで「落ちこぼれ」
を防止するセーフティネットとしての役割も果たしている。そのため RTI
は、単なる LD 判定法にとどまらず、学習面でのつまずきに焦点を当てた早

期の教育的介入によって、全ての子ども達の学力の向上を目指す体系的な学習支援システムとして機能しているのである。

　また、近年 RTI は学習面のみならず行動面での問題を解決するシステムとしても利用され[8]、更には才能児に対応した RTI モデルの開発など、障害児教育の領域のみならず才能教育の領域にまでその活用範囲が広がってきている[9]。

　それではなぜ、こうした RTI モデルが才能教育においても活用されるようになってきたのであろうか。次に、本来学習障害児を対象とした RTI モデルが、才能児を対象としたモデルとしても活用されるようになった要因を、才能教育の理念と才能児の特性に着目して検討する。

2. 才能教育における RTI モデル活用の要因

　早修と拡充プログラムを中心に展開してきたアメリカの才能教育において、2000 年代半ば以降、ギフテッド対応型 RTI モデルが徐々に活用されるようになった要因としては、これまで述べてきたような才能教育の概念的枠組みの転換とともに、才能児の特性に対する理解の深まりが関係していると思われる。

　近年、アメリカの才能教育は少数の非常に優れた才能を持つ才能児に限定されたプログラムから、より多くの子ども達を対象としたプログラムへと拡大され、子ども達一人ひとりの才能伸長を目指す「適能教育主義」的な取り組みへとその方向性を大きく転換しているが[10]、全ての子どもが持つ個々の特性に応じて学習が最善に進む方策を講じようとするこうした考え方は、「才能」を「並外れて優れた能力」という意味の他に、「個人内での比較的優れた特性」と広く捉えることで、全ての子ども達の得意な部分に公正に応じようとするものである[11]。子ども一人ひとりの教育的ニーズを実質的に保障しようとする才能教育の理念は、特別教育の一環として、障害児教育と同等の正当性をもつと考えられており、レンズーリが開発した「全校拡充モ

デル」（SEM）が、全校で取り組む全ての子どものための拡充モデルの代表として広く用いられているのもこうした背景による[12]。

　適能教育主義に拠って立つ才能教育は、当事者である子どもの視点に立ち、その子の教育的ニーズを第一に考えようとする。つまり適能教育主義は才能児の特性に注意を払い、才能児一人ひとりの認知的個性に応じて得意な領域のみならず不得意な部分も等しく重視して指導の個別化・学習の個性化を図ろうとする個性化教育と親和する教育理念である[13]。そのため、早修や拡充によって才能の伸長を目指すばかりでなく、優れた才能を有するが故に生じる様々な問題やマイナス面に着目し、それを解決しようとすることで、才能児の自己肯定感の向上を目指している。

　実際、才能児は標準的な子ども達と比較して学習の到達度・速度・スタイルなどが異なるため、通常学級における一斉授業ではかえってレディネスに不適合な指導となり、成績不振や様々な問題行動を引き起こすことが指摘されている[14]。また、才能児はある特定の分野で才能を示すが、同時に別の分野で学習困難を示す場合も多く、その上、才能児の中には発達障害を示す者も存在する[15]。優れた才能の陰に隠れてあまり目立たない場合もあるが、障害面に配慮した適切な教育が受けられない結果、学習意欲や自信を失い障害が深刻化したり、周囲との軋轢や不登校などの新たな問題を引き起こしたりすることもある。そのため、第 4 章で述べた通り、このような発達障害を伴う才能児に対しては、特に、その認知特性に応じて得意な認知領域を伸ばしつつ、障害箇所を補償しようとする特別な教育的措置が必要となる[16]。

　こうした才能児の特性に応じるため、才能教育の先進国であるアメリカでは、才能児に対する心理的支援の重要性を早くから認識し、心理カウンセリングを充実させてきた[17]。才能児に対する心理的支援の必要性については第 1 章でも指摘したように、1920 年代からすでにハリングワースによって、社会的孤立や早修による学級への不適応問題など才能児の特殊な社会的・情緒的ニーズが指摘され、また 1950 年代以降、アイオワ大学のベリン・ブラ

ンク国際才能教育センター[18]など、いくつかの大学で才能児のカウンセリングの研究・実践のための組織が創設されている。そして現在では、才能児の心理特性に対する理解とそれに基づくカウンセリングの実施は、才能教育の実践において欠かせないものとなっている[19]。

　以上のような才能教育の理念と才能児に対する理解からは、才能児の才能の伸長のみに着目するのではなく、優れた才能を持つが故に生じる様々な教育上の課題を克服することも含めて考える包括的な教育支援が求められる。その結果、才能児や障害児といった区別なくあらゆる子ども達の「特別な教育的ニーズ（Special Educational Needs）」[20]に対応して学習環境の改善を図ることが可能な RTI の枠組みが、障害児教育における RTI の普及とともに、才能教育にも用いられるようになったと考えられるのである。

第2節　ギフテッド対応型 RTI モデルの構造的特徴
1．ギフテッド対応型 RTI モデルの実践的枠組み
（1）モンタナ州における RTI モデル

　それでは、学習障害児を対象とする従来の RTI モデルと比較して、才能教育におけるギフテッド対応型 RTI モデルはどのような特徴を有しているのだろうか。ここでは、ギフテッド対応型 RTI モデルの一例として、最も一般的な三層構造をフレームワークとするモンタナ州の RTI モデルを取り上げる（図6-1）[21]。

　RTI の第一層では、通常学級において全ての子ども達に対し、読み・書き、算数などのコアとなる科目のエビデンスに基づく指導が行われる。アセスメントのデータは、継続中のスキル向上のサイクルを観察し維持するために利用される。スクリーニングやベンチマーク・アセスメントはスキルに優れた子どもを見つけ出すために、新学年の最初の4週間以内に全ての子ども達に対して実施される他、年2回以上、学力の向上や特別なサポートの必要性を判断するために行われる。指導はそれに応じて計画され、才能児や学業優秀

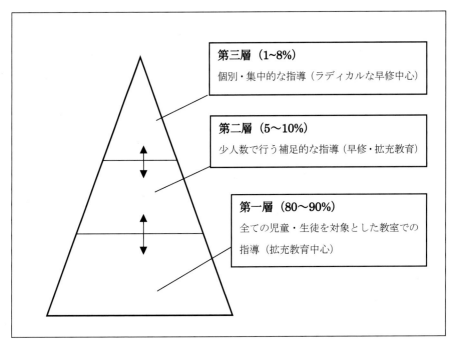

図 6-1　モンタナ州ギフテッド対応型 RTI モデル

(出典：Montana Office of Public Instruction (2009). *Response to Intervention and Gifted and talented Education* を基に筆者作成)

児に対しては、より進んだ学習が学級内のグループ活動によって行われる。なお、モンタナ州のガイドラインによれば、第一層における介入指導方略は30 種類に及ぶ。

　第二層では、第一層で十分な対応が出来ない才能児や学業優秀児に対して特別なサポートが行われる。専門的な訓練を受けた通常教育の教師や才能教育の専門家が共同して指導にあたる他、学習障害や読み書きに問題を抱える2E 児には障害児教育や言語・聴覚に関する専門家も協力して対応にあたる。介入指導では、第一層の指導に加えて、毎日 20 分から 1 時間程度、教室やその他の場所で、優れた能力を持つ子ども達同士による少人数のグループ指導が行われる。第二層では、第一層以上にアセスメント・データに基づく指

導の分化（differentiation）が重視されるため、アセスメントは第一層のベンチマーク・アセスメントに加え、プログレス・モニタリングが週ごとや月ごとに行われる。モンタナ州のガイドラインでは第二層における介入指導方略は 28 種類が挙げられている。

　第三層は、第一層や第二層の付加的な介入では対応出来ない高い知能をもつ子ども達への教育的介入である。才能児の中でも、IQ145 以上の highly gifted（1,000 人に 1 人の割合で出現）や IQ180 を超える exceptionally gifted（100 万人に 1 人の割合で出現）などはこの層での指導対象となる。こうした子ども達は学習のペース、レベル等において第一層で行われる通常の学習指導では適合せず、早修を中心とした代替的な学習機会を確保する必要がある。毎週または隔週でプログレス・モニタリングが行われる他、知能検査や行動面での尺度評価など才能児に対して様々なアセスメントが行われ、IEP や個別学習計画（Individual Learning Plan：ILP）に基づく個別指導が行われる。

　指導方略もラディカルな早修を中心とし、カリキュラムの短縮の他、二重在籍や早期入学など、優れた才能児の教育的ニーズや特性に合わせて最適なものが用意される。その中には学校内だけでは対応出来ないプログラムも多く、外部の学校や高等教育機関との連携も考慮される。また、才能児のための特別学校への入学も選択肢の一つとなる。早修に関して言えば、モンタナ州のガイドラインでは早修のタイプとして科目ごとの部分早修や飛び級などの完全早修を含む 14 種類が例示されており、第三層における介入指導方略の中心となっている。

　なお、2E 児に対しては、才能の伸長だけでなく、識字や読み・書きのスキルなど苦手な領域の補償も専門家による介入指導チームによってサポートされることが明記されている。

（2）その他の RTI モデル

　モンタナ州の RTI モデルでも明らかのように、多層指導モデルでは階層が上方へ進むごとに介入指導が強化され、全ての子どもを対象とした全体指導から、少人数グループ指導、そして個別指導へと指導形態も変化していくのが一般的である。もっとも、各州において導入されているギフテッド対応型 RTI モデルは固定化した単一モデルではなく、州ごとに様々なバリエーションが見られる。

　例えば、ユタ州では幼稚園児から高校生まで、包括的でより質の高い教育指導を行うために、通常の三層構造ではなく四層構造のギフテッド対応型 RTI モデル（Four-Tier Model for Gifted and Talented Instruction）を採用している[22]。ユタ州の RTI モデルは通常の三層モデルと比較すると、通常モデルの第一層に該当する部分が更に二つの階層に分化しており、成績中位層から上位層にかけての生徒に対する発展学習がより充実したものとなっている。

　これに対してコロラド州の RTI モデル（Colorado Multi-Tiered Model of Instruction and Intervention）は、同じピラミッド型の多層指導モデルでありながら、各階層の区別をあまり強調せず階層間の流動性を重視している。そのため、RTI モデルの概念図には各層を分けるラインがなく、かわりに問題解決のプロセスを示す「矢印の円」（flywheel）が三角形の中心に描かれていることもある[23]。なお、コロラド州では 2E 教育が推進されており、RTI モデルを利用した 2E 教育が実践されている[24]。

　また、ウィスコンシン州の RTI モデル（multi-level system of support）は、州の各地区がそれぞれの実情に合わせて自由に RTI モデルを構築出来るよう、ピラミッド型の三層構造をしておらず、①質の高い介入指導、②バランスのとれたアセスメント、③多様なコラボレーションの 3 つを柱とした円柱状の概念図となっている[25]。

2．ギフテッド対応型 RTI モデルの特徴

次に、ギフテッド対応型 RTI モデルの特徴を検討する。まず、学習障害児を対象とした RTI モデルとの比較において、共通する重要な点は、

1）支援とサービスへの多層的アプローチ
2）正式な診断に優先する早期の教育的介入
3）スクリーニングやアセスメント、プログレス・モニタリングなど、子どものニーズを判断し、介入指導を計画するための力動的評価（ダイナミック・アセスメント）
4）標準化された介入指導法の利用
5）通常教育の教師と各専門家、保護者との連携や協力による問題解決の重視

などである[26]。また、客観的なデータに基づく問題解決、科学的根拠のある質の高い指導や柔軟性のある指導の提供、通常学級における定期的な子どもの伸びの追跡、といった点を重視している点でも、従来の RTI モデルと同様である。

　両者の最も大きな違いは、介入指導の内容である。学習障害児を対象とした RTI モデルでは、読み書きにつまずく児童のための介入指導プログラムとして、ニュージーランドの教育学者クレイ（Clay, M. M.）によって開発されたリーディング・リカバリーなどがしばしば推奨されているが[27]、ギフテッド対応型 RTI モデルでは、これまで才能教育で用いられてきた実に様々な早修や拡充プログラムが各層で用意されている。介入指導の目的が通常教育への復帰を目指すものなのか、それとも通常教育からの離脱を促進するものなのか、という方向性の違いが、介入指導の内容に反映されていると言える。従って、各層の流動性という点でも、従来の RTI モデルでは学習のつまずきが改善されれば再び第一層へ戻ることが予定されているのに対し、才能の伸長を目的とするギフテッド対応型 RTI モデルでは、学習面で

の下位層への移行は基本的に想定されていない。

　また、両者には介入指導のアプローチの仕方にも違いがみられる。学習障害の診断と指導の繋がりを重視して開発された当初の RTI モデルが、語彙の流暢さに関し CBM による伸びのチェックを核として多層的に組み上げられているスタンダード・プロトコル・モデル（The Standard Protocol Model）を基本としているのに対して、ギフテッド対応型 RTI モデルの多くは、全ての生徒に対して共通した、標準化されたプログラムを基にした介入指導ではなく、生徒の抱える問題を特定した上で介入指導を強化しながら個々の問題に対応しようとする問題解決モデル（The Problem-Solving Model）に依拠しているとされる[28]。

　こうしたアプローチの違いは、RTI モデルの適用範囲の拡大によるものと考えられる。即ち 2004 年の IDEA 改正以降、RTI モデルは急速に全米に広まるとともに、その役割も学習面のつまずきに対する早期介入にとどまらず、行動面での問題の改善なども期待されるようになった。しかし、スタンダード・プロトコル・モデルは、CBM の研究を基に開発された経緯から基本的に学習障害に焦点を合わせた介入モデルであるため[29]、学習障害以外の問題に柔軟に対処することが難しい。そこで用いられるようになったのが問題解決モデルである。問題解決モデルは、スタンダード・プロトコル・モデルが第一層で用いるような全生徒を対象にした読み書きに関するスタンダードプログラムや CBM ツールを用いず、かわりに個々の生徒の抱える問題を識別した上で効果的な介入指導計画を検討し、生徒の反応をモニタリングしながら介入指導を修正しつつ問題の解決を図ろうとするモデルである。そのため、読み書きスキルを中心とした学習上のつまずきの改善に限定されることなく、生徒のレディネスに応じた学習指導により、学校不適応を防ぎ才能の伸長を図ろうとする才能教育に適していると言える。

3．ギフテッド対応型 RTI モデルの意義と課題

（1）統合モデルとしての機能

　これまでギフテッド対応型 RTI モデルの実践的枠組みを中心にその特徴を見てきた。ここで、こうしたギフテッド対応型 RTI モデルが才能教育においてどのような役割を果たしているのか、その意義を考察したい。

　第一に挙げられるのが、ギフテッド対応型 RTI モデルの登場により、通常教育と才能教育の一体化が図られ、才能児の能力や特性に合わせた指導がより合理的かつ効果的に行われるようになった点である。即ち、RTI モデルは通常の学級指導を核としながら、流動性が確保された多層的アプローチによって子ども達を階層ごとに切り離すことなく才能に応じた柔軟な指導を可能にする。長期継続的なモニタリングにより介入指導の効果を客観的に確認することが出来る上、様々な指導方略が階層ごとに分類、整理されているため、各階層における適切な指導方略の検討も容易である。また、こうした教育システムの一体化は、インクルージョンの理念にも合致する。

　第二に、知能検査などの心理検査を経ることなく能力や学力に応じて早期の介入指導がなされるため、才能児の認定を待つことなく才能の伸長に向けた取り組みが可能となる点である。こうした早期の介入指導は、例えばIQ130 以上といった才能児の恣意的な認定基準による才能教育への参加制限を避けることにも役立つ。また、全ての子ども達の得意な部分を伸ばそうとする広義の才能教育の理念を活かした拡充教育プログラムが第一層を中心に実施されるなど、ギフテッド対応型 RTI モデルは高い知能を持つ才能児だけでなく、全ての子どもの得意な部分に対応するユニバーサルな学習・指導環境の構築を目指したモデルであると言える。

　第三に、通常教育の教師と才能教育や障害児教育の各専門家、保護者との連携・協力による問題解決が重視されることで、学習面のみならず、障害面や行動面での問題も包括的に対処されている点である。前述の通り才能児の特性として心理的援助は重要であり、特に、2E と呼ばれる才能と発達障害を併せ持つ子どもや、言語・文化的背景を異にする才能児、貧困や家庭環境

に問題を抱える才能児などには、障害面の補償をはじめ様々な問題の解決や心理的サポートが求められる。このように才能教育には才能の伸長のみならず学校生活を円滑に送るための様々な支援が必要であり、通常教育と才能教育、障害児教育の一体化が図られ、心理カウンセラーや各分野の専門家が連携して支援するこうした RTI モデルの存在意義は大きいと言える。

　このように、ギフテッド対応型 RTI モデルは、従来の RTI モデルを才能教育の領域にまで拡大することで、通常学級で学ぶ「全ての」子ども達の多種多様な教育的ニーズに、より一層、的確に対応出来るようになっている。但し、ギフテッド対応型 RTI モデルが有効な実践モデルとして機能するには、いくつかの課題が存在する。そこで次に、この点について検討する。

（2）実践モデルとしての課題

　才能教育に対する RTI の利用は未だ萌芽期を脱しておらず、現在、才能児に対応しうる RTI モデルのいくつかが紹介され、各モデルの特徴が明らかにされてはいるものの[30]、才能児をはじめ 2E 児や学業優秀児に対する RTI の有用性に関する調査・研究はまだまだ数少ないことが指摘されている[31]。しかしながら、コロラド州教育省は、従来の学習障害児を対象とした RTI モデルを拡張し、才能児を含む全ての子ども達を対象とした RTI モデルの活用を 2009 年から義務付けていることから[32]、ニコルス（Nichols, L.）は、コロラド州の公立学校の一般教員（classroom teachers）を対象とした意識調査を行い、ギフテッド対応型 RTI モデルの実践における課題を明らかにしている[33]。

　ニコルスが行ったオープンエンド型質問形式による意識調査[34]によれば、才能児に対する RTI モデルの活用は一般教員の多くに好意的に受け止められているものの、総回答数の約 4 割（41.4%）が、それを実施するための十分な時間が確保できないことを課題として指摘している[35]。

　また、総回答数の約 1 割（10.6%）が才能児に対し RTI モデルを活用し

ていないとしており、その理由として「学校区や学校が才能児に対する RTI
モデルの活用を重視していない」「RTI モデルが使われていることに対する
認識不足」などが挙げられている[36]。

　クラスを受け持つ一般教員は、RTI モデルの枠組みにおいて重要な役割を
果たしているため、意識調査では、RTI モデルを活用するにあたり、一般教
員の職能開発の重要性を指摘する回答も多く寄せられていた。特に、学習の
個別化を図るために必要な指導法を習得することの重要性を指摘する回答
が複数見られた（総回答数の 2.4%）他、ギフテッド対応型 RTI モデルにつ
いて全体的な知識が不足していることを認める回答も一定数見られる（総回
答数の 7.3%）など、才能教育における RTI モデルの実施・拡大には、第一
層で中心的な役割を果たす一般教員に対する研修を充実させる必要性があ
ることが、ニコルスが行った調査からも認められる[37]。

　こうした RTI モデルを実施する一般教員側の課題の他にも、ギフテッド
対応型 RTI モデルの活用に関しては、いくつかの課題が考えられる。

　一つ目は、対象となる才能児が LD などの発達障害を併せ持つ 2E の場合、
従来の RTI が抱える LD 判定における問題がギフテッド対応型モデルにも
そのまま当てはまる点である。即ち、新しい LD 判定法としてディスクレパ
ンシー・アプローチに代わって導入された RTI は、知能検査や神経学的な
知見を必須としないため、LD 判定法としては不十分であるとしばしば批判
される[38]。そのため 2E 児に対する LD 判定という点では、RTI のみならず、
他の診断方法を併用することで正確性を担保する必要があると言える。

　二つ目は、「全ての」子ども達のための学習支援システムとして有効に機
能するためには、才能児に対応しうる RTI を確立した上で、従来の RTI と
の融合が必要になる点である。

　才能の伸長と落ちこぼれの防止はレディネスに応じた学習支援として表
裏一体をなすものであり、あらゆる子ども達の教育的ニーズに対応するには、
従来の RTI モデルとギフテッド対応型 RTI モデルとが独立して存在するの

ではなく、これらを統合した RTI モデルを構築する必要がある。

　近年、この点を重視し、二つのピラミッド型モデルを組み合わせたダイヤモンド型の新しい統合モデル（Response to Intelligence Diamond Model）も提唱されており[39]、今後、実践モデルとしての活用が期待される。

　三つ目は、ギフテッド対応型 RTI モデルの実践が、アメリカ全体で行われているのではなく、州レベルの実践にとどまっている点である。そのため、州政府によって取り組みに差が生じ、才能教育におけるサービスの公平性やシステムの実効性が問題となっている。

　学習障害児を対象とする従来の RTI モデルに関しては、LD 判定に RTI を用いることが可能であると IDEA に明記されているため、現在ほぼ全ての州で導入されている。それに対し、才能教育に関する連邦法にはそうした規定がないため、才能児にまで適切に対応しうる RTI モデルを実践している州は数少ない[40]。例えば、2012-2013 年の NAGC の調査[41]では、RTI において才能児は留意されているかという問いに対し、回答した 41 州のうち 10 州のみが州の政策としてそうすることを認めていると答えている[42]。

　才能教育に関する公平性の問題について付言すれば、現在アメリカの多くの州では才能教育を法制化し財政支援を行っているものの、NCLB 法施行の影響により教育予算は学力不振児の学力向上のために優先的に配分され、才能教育のための予算は厳しい状況が続いている[43]。そのため現在、各州や郡、学校区によって才能教育の質に大きな差が生じており、財政的要因による地域格差が才能教育の公平性に大きな影を落としている。

　しかしそうした中で、オハイオ州のようにギフテッド対応型 RTI モデルを積極的に活用しつつ、才能児間の公平性の確保に努めようとする州も見られる。

　例えばオハイオ州の RTI と才能児に関するガイドライン[44]によれば、才能教育に関する州法「才能児を認定し教育するための実施基準（Operating Standards for Identifying and Serving Gifted Students）」（Ohio Admin-

istrative Code (OAC) 3301-51-15) によって才能児と正式に認定されている
か否かを問わず、どの才能児にとっても RTI のプロセスが適切であること
が述べられていると共に、発達障害を併せ持つ 2E 児を始め、貧困や家庭内
でのトラブル、英語を母語としないなど様々な問題を同時に抱える才能児た
ちにも等しく対応しようとするものであることを明らかにしている[45]。

　また、ギフテッド対応型の RTI は、才能児の才能伸長に関する学習環境
の整備や指導方略面でのサポートが中心になりがちであるが、オハイオ州の
ガイドラインでは、才能児に対する支援として学習面でのサポートのみなら
ず行動面・心理面でのサポートも重視され、階層ごとに具体的な支援内容が
記載されている[46]。

　こうした才能児に対する充実した支援には各地区の財政的な問題が絡ん
でくるが、オハイオ州法（OAC3301-51-15 (D) (2) (a-e)）は地区ごとの実践
での公平性を重視し、同一の基準を満たす才能児に対しては公平なサービス
を行うよう求めている[47]。

　現在のところギフテッド対応型RTIモデルを推進する州は少数であるが、
才能教育に RTI モデルを活用する場合においても、オハイオ州のようにア
クセスやサービス面での公平性の確保に向けた政策的配慮は必要不可欠と
言えるだろう。

第3節　RTI モデルにおける才能教育プログラム

　本節では、ギフテッド対応型 RTI モデルがその多層構造的枠組みによっ
て才能教育の伝統的なカリキュラムや教育内容にどのような影響を与え、そ
れにより才能教育の実践にどのような変化がもたらされているのか、という
観点からギフテッド対応型RTI モデルの特質を明らかにしていく。

　具体的には、初めにユタ州のギフテッド対応型 RTI モデルを例として取
り上げ、早修や拡充に関する様々な才能教育プログラムが、RTI モデルの各
階層で具体的にどのように組み込まれているのかを検討する。また、代表的

な才能教育のカリキュラムモデルである「全校拡充モデル（Schoolwide Enrichment Model）」を取り上げ、既存のカリキュラムモデルが RTI の枠組みの中でどのように適合するのかを検討し、ギフテッド対応型 RTI モデルに適合しやすいカリキュラムモデルの特徴についても考察を加える。

1．ギフテッド対応型 RTI モデルの利用
（1）ユタ州モデルの特徴と実施状況

　ギフテッド対応型 RTI モデルにおいて、早修や拡充といった才能教育のカリキュラム類型はどのような形で取り入れられ、実践されているのだろうか。それを知るため、ここでは、ギフテッド対応型 RTI モデルの一例として、一般的な三層構造よりも多層化・細分化が進んだ四層構造をフレームワークとするユタ州の RTI モデル "Utah's Four-Tier Model for Gifted and Talented Instruction" を取り上げて検討することにする[48]。なぜなら、より多層化した構造を持つモデルの方が、各階層における才能教育の特徴が明確になり、実践形態やプログラム内容の違いが把握しやすいと考えられるからである。

　図 6-2 の通り、ユタ州では幼稚園児から高校生まで、包括的でより質の高い教育指導を行うために通常の三層構造ではなく四層構造の RTI モデルを州のガイドラインに取り入れているが、ピラミッド型の多層指導モデルとしての基本構造の特徴は他の RTI モデルと同様である。

　まず第一層では全ての生徒に適した、興味を引きつけるような課題が与えられ、思考力や自律的な学習に必要な基礎的な知識、スキルの指導が行われる。ゲストを招いての講演会やフィールド調査など様々な体験学習が行われ、グループ活動を通じた総合学習的な拡充教育となっている。

　続く第二層では、より深い学習が可能な生徒たちのために、それぞれの興味や得意分野に応じた探求活動が個人や少人数のグループ活動を通じて行

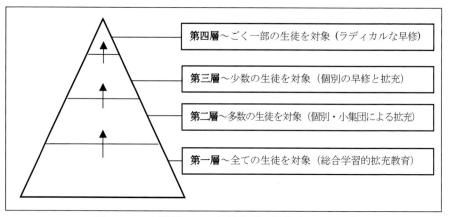

図 6-2　ユタ州ギフテッド対応型四層構造 RTI モデル

(出典：Utah State Office of Education (2012). *Utah Gifted and Talented Handbook* を基に筆者作成)

われる。問題解決型の学習やディベートなどによる複雑・高度な知識、スキルの獲得に重点が置かれ、コア・カリキュラムの範囲を超える学習内容となっている。カリキュラム短縮などを含んでおり、成績中・上位層を対象としたより明確化された拡充教育と言える。

　次の第三層では、優れた能力を持つ一部の生徒のために特別なプログラムや授業が学校や外部機関によって提供される。才能教育の専門家など才能児に関する特別な訓練を受けた人々によって早修や拡充教育が行われ、その指導形態や中身も、取り出し授業やクラスター集団による特別学習の他、APやIBプログラムへの参加など才能教育に特化したものとなる。

　そして最後の第四層は、才能児と認定されるようなごく少数の生徒を対象とする。個々の学習ニーズに応じて個人別に学習プログラムが組まれ、第三層の内容を含むより高度な才能教育がなされる。2～3 年以上先に進むラディカルな早修の他、高校・大学への早期入学や二重在籍など多様な教育機会が設けられ、外部の専門機関との連携も図られる。また、こうした措置は、個々の才能児における学習面・心理面での特別なニーズを満たすために、専門家によって包括的にコーディネートされている[49]。

　このようにユタ州の RTI モデルは、第一層における通常教育のコア・カリキュラムを基礎としながら、階層ごとに介入指導の方法や学習内容、進度を変えることで能力や特性に応じた「全ての」生徒のための才能伸長が図られており、その点では一般的な三層モデルと共通している。但し、通常の三層モデルと比較すると、第一層に該当する部分が更に細かく二つの階層に分化していることが分かる。そのため、第一層でのスクリーニング検査を基に、学習活動に問題を抱える生徒に対しては、問題となる部分に対応する介入指導が早期に行われる一方で、その他の生徒に対してはより充実した発展学習を第二層において引き続き行うことが可能になっている[50]。つまり、ユタ州のギフテッド対応型 RTI モデルは、四層構造を採ることによって成績上位層以外の生徒に対しても第二層を中心に充実した拡充教育を実施することが出来る点で、通常の三層モデルよりもユニークなモデルとなっている。

　もっとも、ユタ州では才能教育を地方教育行政機関に対し義務付けてはいないため、学校区によって提供される才能教育プログラムの内容は様々であり、四層構造の RTI モデルが州全体でどの程度浸透しているかは不明である。そこで筆者は、ユタ州における RTI モデルの実施状況を知るため、ユタ州才能児協会（Utah Association for Gifted Children）にメールでの問い合わせを行ったところ、会長のシャリー・テイラー（Shari Taylor）から直接回答を得ることが出来た[51]。

　まず、ユタ州では実際この四層構造の RTI モデルをどのくらい多くの学校や学校区で利用しているのかを尋ねたところ、テイラーは、州の RTI モデルに関するガイドブックは学校区に対するガイダンスではあるが、ユタ州では才能教育は義務付けられていないため、強制力はないということを強調した上で、「各学校区はそれぞれ実施する才能教育プログラムに従って州のガイドブックを様々に活用している。それ故、私は州全体についてではなく（私が在籍する）アルパイン学校区（Alpine School District)についてのみ正しく答えることが出来る」として、アルパイン学校区における現状につい

て次のように述べた。

「アルパイン学校区では明確な四層構造モデルを利用してはいない。但し、第3学年から第8学年までの生徒に対し発展学習プログラムを実施しており、これは少なくとも三層構造モデルと見なすことが出来る。まず、第一層として通常学級での一般的な教室指導が行われ、次に第二層として同じ教室内で個別化された指導が行われる。そして第三層として、優秀な生徒達のための特別プログラムが用意されている。生徒達は三段階のアセスメントを通じてテストされ、この特別プログラムに参加することが出来る。こうした生徒達は、一日中、あるいは年間を通じ通常教室から移動することになるが、個別化された指導の内容からこれを四層構造モデルとして説明する人もいるかもしれない」

また、ユタ州のモデルでは、第一層は「全ての生徒を対象」とし、第二層では「多くの生徒を対象（for many students）」とするとなっているが、その違い（どのような生徒は第二層に上がれないのか等）について尋ねたところ、生徒は個々の知識や学力の向上に応じ、第二層へ移動したり、第二層の指導から離れることが出来るが、アルパイン学校区では、生徒達を第一層の生徒、第二層の生徒というように明確に区別したり、特定の資格を与えるといったことはせず、これらの層の移動は、学習状況に関する様々なデータに基づいて評価、決定されているとしていた。但し、第三層の指導は、教室指導を超える特別な支援を必要とする生徒に対して行われる専門的なものであるとし、第一層、第二層の生徒が行う学習活動と第三層の生徒が行う学習活動とでは内容面でのレベルの差が大きいことを指摘している。

更に、各層の生徒の割合について尋ねたところ、アルパイン学校区では、第一層80%、第二層15%、第三層5%などというように一律に生徒の割合を決めることはしておらず、生徒一人ひとりの学習状況によって常にその割合は変化するとしていた。また、学校区が実施する特別プログラムに関しても、テストした生徒達のデータを見て受け入れる生徒を決めていくため、学

校ごとに受け入れる生徒の割合は異なると答えている。

　このように、ユタ州才能児協会の回答からは、ユタ州において実際に四層構造のRTIモデルがどのくらい利用されているのかは不明であるが、少なくとも通常の三層構造モデルは利用されていることは確認出来た[52]。但し、アルパイン学校区のRTIモデルの場合、階層ごとに生徒の比率が定まっているような明確なピラミッド型階層構造を保っているわけではなく、特に通常指導を行う第一層と同じ教室内で指導の個別化が行われる第二層との区別は、専門的な特別指導が行われる第三層と比べるかなり曖昧であると言えるだろう。しかしそれは、第一層、第二層間の流動性の高さの表れでもあり、通常教育の枠内においてより柔軟に子ども達の能力に対応することを重視していると捉えることが可能である。

（2）RTIの枠組みを活用する利点

　ここまでは、ユタ州のRTIモデルを例にギフテッド対応型RTIモデルと才能教育プログラムとの関係性を示したが、次に他の州のモデルも参考にしながら、RTIの枠組みを活用することの利点をカリキュラム面から検討していく。

　RTIモデルを活用する最大の利点は、従来の才能教育の様々な指導方略や早修・拡充の方法がレベルに応じて階層ごとに分類・整理されているため、子ども達一人ひとりの能力や個性に応じた指導が一層効果的に行えるようになっている点である[53]。即ち、RTIモデルでは長期継続的な学力のモニタリングによって絶えず指導の効果が確認され、指導内容の修正・変更や階層の移動が定期的に判断されるが[54]、移動した階層ごとに適切な指導方略や才能教育プログラムが用意されているため、子ども達はカリキュラム類型の枠を超えて常に最適なカリキュラムと学習環境の中で学習を進めることが可能である。

　また、カリキュラム類型ごとにRTI活用の利点を考察すると以下のこと

が言える。

　まず早修面の利点としては、心理的サポートを重視した早修プログラムの実施が可能になる点が挙げられる。早修には、才能児の達成水準の高度化といった才能伸長面のメリットのみならず、才能児の学習意欲の低下を防ぎ、学校不適応問題を回避できるといったメリットがある一方で、特に初等教育における画一的な早修は、子どもの社会性、精神面での発達を阻害する恐れがある[55]。しかし、教師と才能教育や特別教育の各専門家、保護者との連携が重視され、子どもの学習ニーズに合わせて徐々に早修の度合いが強化されていく RTI モデルにおいては、子どもの精神的な負担も十分考慮されており、才能伸長に向けた柔軟かつ適切なカリキュラムの実施が可能となっている[56]。また、RTI は元々学習障害児に対する支援システムとして普及してきたため、優れた才能と学習障害などの発達障害を併せ持つ 2E と呼ばれる子ども達に対しては、才能の伸長のみならず、2E 児の特性や認知機能の偏りに起因する学習・行動面での問題にも十分な対応が可能である[57]。

　次に拡充教育の面からは、RTI の活用により拡充教育カリキュラムの適用範囲の拡大や通常教育における実施がこれまで以上に進むと考えられる。従来の才能教育では才能児の認定を基に特別クラスなどで個別の才能教育プログラムが実施されていたが、こうした能力別集団編成（ability grouping）による才能教育は早期のラベリングによって通常教育から少数の才能児を切り離してしまうため、エリート主義的で教育の公平性から問題であると批判されてきた[58]。しかし、RTI では才能児であるか否かを問わず「全ての」子ども達の能力の伸長が通常教育の段階で図られている。これは、第一層の通常教育における拡充教育カリキュラムの実施拡大と、コア・カリキュラムとの一体化をもたらすと考えられる。実際、ユタ州の事例からも、下位層では全ての子ども達にも適用出来る拡充教育が中心であり、上位層に移行するにつれて優れた才能を持つ子ども達のための個別の拡充・早修教育が中心になっていることが読み取れる。

　こうした点からも分かるように、ギフテッド対応型 RTI モデルを才能教育の実践現場で活用することは、才能児の選抜と認定を前提としてきた才能教育のこれまでの在り方を大きく変える可能性を持っている。RTI の枠組みでは、強力なコア・カリキュラムを基盤とした教室での通常教育があくまで基本であり、それだけでは十分に対応できない才能部分についてのみ、個別のニーズに応じて才能伸長のための介入指導を行っていこうとする。ごく少数の才能児を対象とした狭義の才能教育の枠を超え、適能教育主義[59]に基づく包括的な学習支援システムの形成を目指すこうした考えは、通常教育によるインクルージョンが進むアメリカの障害児教育の動向とパラレルに理解することが出来るだろう[60]。

２．RTI モデルに適合するカリキュラムモデル
（1）「全校拡充モデル」の適合性

　各学校において実際に才能教育プログラムが実施される場合、専門家によって開発されたカリキュラムモデルに基づくことが少なくない。一般にカリキュラムモデルとは、才能伸長に向けた特別な学習活動が計画されるとき、その理論的枠組みを提供するものである[61]。しかし、既存のカリキュラムモデルのほとんどは RTI との適合性を意識することなく開発されているため、RTI モデルにうまく適合するかが不明である。そこで次に、既存のカリキュラムモデルに焦点を当て、RTI との適合性を検討する。なお、具体的な検討対象としては、全ての子ども達の才能伸長を目的とした代表的なカリキュラムモデルである「全校拡充モデル」を取り上げることにする。

　1990 年の設立以来、長く国立才能教育研究所（NRC／GT）の所長を務めたレンズーリは、1980 年代中頃、保守的な狭い才能の概念に基づいて特定の子どもを「才能児」としてラベル付けを行い、能力別編成による特別クラスなどに隔離するこれまでの才能教育の在り方を批判し、リース（Reis, S. M.）らと共同で全校拡充モデルを開発した[62]。そのため全校拡充モデルは

従来の才能教育プログラムに起源をもちながらも、文化的・経済的に不利な子どもを含む「全ての」子ども達のための拡充教育が強調され、学習の個別化によって才能の伸長が図られるカリキュラムモデルとなっている[63]。

　全校拡充モデル全体は、「組織の構成要素（Organizational Components）」「学校の構成（School Structures）」「指導実施の構成要素（Service Delivery Components）」の三つの構成要素から成り立っているが[64]、本項では、特に「指導実施の構成要素」の部分で実施される実際の学習活動モデルである「拡充三つ組みモデル（Enrichment Triad Model）」に着目してRTIとの適合性を検討することにする。

　この拡充三つ組みモデルは、「タイプⅠ〜一般的探索の活動」「タイプⅡ〜集団訓練の活動」「タイプⅢ〜個人・小集団による現実の問題の探求」の三つのタイプの学習で構成されている[65]。まず、「タイプⅠ〜一般的探索の活動」では、通常カリキュラムではあまり取り上げられないような新しくて面白い領域やテーマについて、講演、デモンストレーション、見学、ビデオなど多様な方法で、学年や学級全体の子ども達に触れさせ、発展的な学習の基盤を形成する。次いで「タイプⅡ〜集団訓練の活動」では、発展的な学習を続けるために必要なスキルや技能を小集団で学習する。それぞれの子どもの学習ニーズに応じて、通常カリキュラムの中で調査・研究、発表の仕方などの幅広いスキルの基礎訓練がなされる。タイプⅡの拡充はこうした一般的なスキル獲得のための訓練の他、優れた才能を持つ子ども達のために、タイプⅢの拡充で必要となるより高度で専門分野に特化したスキル（専門的な実験スキル等）を身に付けるための特殊な訓練も行われる。最後の「タイプⅢ〜個人・小集団による現実の問題の探求」は、個人や小集団で行われる最も高いレベルの拡充であり、それぞれの子どもが興味を持った現実の問題について、高度に個別化・個性化された学習が行われる。このようなタイプⅢにおける学習活動は、専門家と同じような方法で進められ、「本物の学習（authentic learning）」と呼ばれる。また、学習成果の発表は、その領域の

専門家が用いる基準に従って評価を受けるが、これは「本物の評価
（authentic assessment）」と呼ばれる。これら三つのタイプの拡充はタイ
プⅠから順にタイプⅡやⅢに進んでいくことを基本とするが、例えばタイプ
Ⅲの研究発表が他の子ども達のタイプⅠの拡充の経験になるなど、三つのタ
イプの拡充は相互作用を繰り返しながら発展していくところに特徴がある。

　それでは、こうした基本構造を持つ拡充三つ組みモデルは、RTIの枠組み
の中でどのような形で取り入れることが可能だろうか。前述したように、拡
充三つ組みモデルは学習活動のタイプを三種類に分け、必要な学習スキルを
学びながら興味のある内容を探究していけるような段階的な学習モデルであ
る。従ってRTIの階層と各段階の学習のタイプを次のように対応させて
考えることが可能である[66]。

　まず第一層では、通常の拡充プログラムとして、教室内において全ての子
ども達に対してタイプⅠを中心にタイプⅡ（通常のスキル獲得に向けた訓
練）の拡充も含めた拡充活動が行われる。指導者は専ら通常教育の教師が拡
充教育に関する研修を受けた上で拡充指導を行う。通常こうした拡充を行う
際はカリキュラム短縮がペアでなされる。次に第二層では、早修を行う生徒
のうち探究活動を望む生徒によってタイプⅡ（特殊なスキル訓練）やタイプ
Ⅲの拡充が行われる。指導者は通常教育の指導者の他、才能教育の専門家が
行う。そして第三層では、特に優れた才能を持つ生徒が、高度な専門的知識
を要するレベルの探究活動をその分野の専門家の助言を受けながら行う拡
充活動が行われる。才能児を対象とした最も高水準で個別化されたタイプⅢ
の拡充と言える。

　このように拡充三つ組みモデルでは、学習活動を三つのタイプに分け段階
的に発展させるカリキュラムのため、同様の多層構造を持つRTIの枠組み
へ特別な配慮を必要とせず組み入れることが容易であり、RTIに親和するカ
リキュラムモデルと評価しうる。また、これら三つのタイプの拡充は相互作
用することによって子ども達の学習を発展させるが、第一層を核としながら

階層移動の流動性が確保された RTI の枠組みの中では、様々な階層の子ども達が完全には分離せず、お互いの学習活動を通じて触れ合うことが出来る。そのため、どの階層の子ども達も相互に良い刺激を受けながら、能力に応じたそれぞれの階層でタイプ別の拡充活動を行うことが可能となっている。

（2）RTI に適合するカリキュラムモデルの特徴

　才能教育のカリキュラムに関して、才能教育の専門家達はこれまで様々なタイプのカリキュラムモデルを開発してきたが、RTI の枠組みに親和するモデルとしては、前述の全校拡充モデルの他、「パデュー三段階拡充モデル（Purdue Three-Stage Enrichment Model）」や「教育支援の段階的アプローチ（Levels of Service Approach）」などが考えられる[67]。表 6-1 にある通り、これらは子ども達の能力やニーズに応じて指導のレベルや内容が段階的に変化する多層・多段階構造を有している点や、導入の段階で全ての子ども達を対象としている点で共通しており、同様の構造を持つ RTI の枠組みの中へとパラレルに移行し組み入れることが容易だからである。

　この他、多層構造ではないものの RTI の枠組みの中での適合方法が検討されているモデルとしては、「自立学習者モデル（The Autonomous Learner Model）」[68] や「統合カリキュラムモデル（The Integrated Curriculum Model）」[69]、「U-STARS～PLUS」[70]などがある。いずれのモデルも対象とする年齢層や重視する指導内容・方略等に特徴があるものの、RTI の枠組みに対応しうる構造や構成要素を有し、特定の才能や学力レベルの生徒に焦点を合わせたモデルではないため、RTI の階層ごとに効果的なカリキュラムを提供することが出来るようになっている。こうした子ども達の能力の伸長に合わせて柔軟に指導内容や方法を変更出来る構造のカリキュラムモデルは、階層間の流動性が確保された RTI の枠組みによって常に最適な実践環境が整えられるため、あらゆる生徒の包括的支援に適した実効性のあるモデルとして RTI に取り入れることが可能である。

表 6-1　RTI の枠組みに適合する多層・多段階構造カリキュラムモデル例

	第一層	第二層	第三層
全校拡充モデル (Schoolwide Enrichment Model)	全生徒に対して行うタイプ I とタイプ II の活動（いわゆる「通常の拡充」）。プレアセスメントとカリキュラム短縮。	深い探究を望む早修対象の生徒に対して行うタイプ II（特化型）の活動とそれに基づくタイプ III の活動。	早修の対象となる優れた才能を持つ生徒が、専門家の助言を得て行う高度な専門的知識を要するタイプ III の活動。
パデュー三段階拡充モデル (Purdue Three-Stage Enrichment Model)	拡散的、収束的及び創造的な問題解決スキルを強調した全ての生徒に対するステージ 1 とステージ 2 の活動。	徹底した研究や複雑な成果物を生み出すことを望む早修対象の生徒に対して行うステージ 3 の活動。	早修の対象となる優れた才能を持つ生徒が、専門家の助言を得て高度な専門性を開発するステージ 3 の活動。
教育支援の段階的アプローチ (Levels of Service Approach)	全生徒を対象としたレベル 1 とレベル 2 の活動。生徒の得意な面や才能，興味が活かせるような探究的体験を含む。	認定されたスキルや継続した興味を持つ生徒のために，通常教育のカリキュラムを超えて拡張されたレベル 3 の活動。	非常に高いスキルを有するため高度に個別化されたプログラムを必要とする少数の生徒のために，通常教育のカリキュラムを超えて拡張されたレベル 4 の活動。

（出典：Johnsen, S. K., Sulak, T. N., & Rollins, K. (2012). *Serving Gifted Students Within an RtI Framework.* p.22 を基に筆者作成）

　但し、カリキュラムモデルにはそれぞれモデルの枠組みや構成要素などの構造面での違いの他、適用条件や有効性などにも違いがあるため、RTI に組

み入れる場合には、各モデルの特性を十分理解した上で、各学校の導入目的・対象（全校生徒を対象とするのか、才能児のための拡充コースでの導入なのか、個々の教室での通常教育における実践なのか等）や各学校の教育レベル、運営状況に最も適するモデルを選択する必要があるだろう。

3．才能教育プログラムの実効化に向けての課題

　これまでの論考から、ギフテッド対応型 RTI モデルは、従来の才能教育における様々な早修・拡充プログラムを階層ごとに効果的に組み合わせることが可能な学習支援の枠組みを備えていることを明らかにしてきたが、RTI の枠組みの中で早修や拡充プログラムを実効化するためにはいくつかの課題が考えられるため、最後にこの点を考察する。

　才能教育プログラムの実効化に向けての課題の一つは、プログラムの実施に適した指導形態の実現である。特に、第一層では才能児を含む全ての子ども達に対する才能伸長が求められるため、教室内におけるグループ学習による指導の分化や差異化 (differentiation) が重視される。また、第二層では、興味や得意分野を同じくする才能児達によるグループ学習が教室の内外で行われる。そのため、第一層と第二層では如何に指導内容・指導方略に適したグループ編成を行うかがカリキュラム実施の鍵となる。これに対して第三層では、特に優れた才能を有する才能児に対するより集中的な介入指導のため、才能教育の専門家や数学などの得意分野の専門家による個別指導が基本となる。従って、こうした複数の専門家をどう確保しコーディネートするかがポイントとなる。

　二つ目は、コア・カリキュラムの充実である。RTI では、初めから才能児を選別し特別な指導を行う従来の才能教育とは異なり、第一層の通常教育において、才能児を含む全ての子ども達を対象に、コア・カリキュラムを基礎とする拡充教育が行われる。そして、そうした拡充教育で著しい伸びを見せた子ども達が更にその才能を適切に伸ばすために第二層へと進む構造と

なっている。従って、RTIでは才能児を含むあらゆる子ども達に効果があるような充実したコア・カリキュラムがまずもって必要とされる。言い換えれば、第一層のコア・カリキュラムは通常教育としてのカリキュラムにとどまらず、全ての子ども達を対象とした才能教育カリキュラムとしての役割も有しているのである。

　三つ目は、通常教育の教師に対しての才能教育に関する教員研修の必要性である。RTIでは上述の通り、第一層における全ての子ども達を対象とした拡充教育が第二層以降の個別化された才能教育プログラムの土台としての役割も果たしているが、それは通常教育の一環として専ら通常教育の教師によってなされるものである。また、第二層では、通常教育の教師は才能教育の専門家と連携しながら才能伸長に向けた指導にあたる必要がある。そのため、通常教育の教師には才能児や才能教育に対する理解が求められ、学校側は、一般の教師に対しても、才能児に適切に対処しうる専門性を身に付けさせることが重要となる。

第4節　小括

　本章では、アメリカにおける才能教育の新しい実践的枠組みとして注目されているギフテッド対応型RTIモデルに焦点を当て、その構造上の特徴を明らかにするとともに、包括的学習支援システムとしての機能について考察した。

　我が国において、アメリカのRTIモデルは障害のある子ども達への特別支援の文脈で取り上げられることが多いが、才能児にも対応可能なRTIモデルについて詳細に検討した先行研究はほとんど存在しない。そこで本章ではまず、学習障害児の診断を目的とした従来のRTIモデルの特徴を確認した上で、才能教育への導入の背景として才能教育の理念の転換や才能児の特性に対する理解の深まりなどが影響していることを指摘した。

　続いて第2節では、ギフテッド対応型RTIモデルの構造的特徴をモンタ

ナ州のモデルを基に検討した。そして、最も一般的なギフテッド対応型 RTI モデルの特徴として、ピラミッド型の三層構造をしていること、クラス授業を基本としつつ能力に応じて段階的に個別・集中的な特別指導が実施されること、継続的なモニタリングによって各層の流動性が保たれていることなどを明らかにした。

　また、第 3 節では、ギフテッド対応型 RTI モデルとカリキュラム類型との関係に焦点を当て、「早修」や「拡充」といったカリキュラム類型に分類される従来の才能教育プログラムが RTI の枠組みの中でどのように位置付けられ、実践されているのかという点について検討した。考察の結果、「早修」については階層が上がるごとに才能児に特化したラディカルな早修が行われ、従来の才能教育における様々なプログラムが活用されていることが明らかになった。一方で、「拡充」については、全ての子ども達を対象とした拡充プログラムが第一層の通常教育において行われるとともに、子ども達の才能に応じてより高度な拡充教育が各上位層でなされていた。いずれのプログラムにおいても子ども達の興味・関心や学習のスタイル、学習の進度や理解度に基づく指導の分化・差異化が重視され、カリキュラムに応じて指導形態や指導方略も変化していた。また、カリキュラムモデルとの関係では、子ども達の能力やニーズに応じて指導のレベルや内容が段階的に変化する多層・多段階構造のカリキュラムモデルが、RTI の枠組みに特に親和的であることを示した。

　このように、ギフテッド対応型 RTI モデルは、クラス授業を中心とした通常教育から認定された才能児を対象とした特別な才能教育へと至る過程に各階層を設け、頻繁なモニタリングによって才能の伸長を把握しながら、それぞれの段階で最適な教育支援を実現しようとしている点で、通常教育と才能教育との連続的な繋がりが見られるのである。

　本章では、主に、早修や拡充プログラムの実践によって蓄積してきた才能伸長に関する知見が階層ごとに有効に活用されている点で、ギフテッド対応

型 RTI モデルが才能児に対する効果的な学習支援の枠組みであることを明らかにしたが、それと同時に、優れた才能のみならず、障害や行動面での問題も併せて対処することが可能な包括的な枠組みでもあることを示した。

　なお、こうした動きに関連し、現在、アメリカの障害児教育の領域では、「教育のシステムチェンジ（systems change）」の研究が盛んになっている[71]。これは RTI モデルに基づき、障害児教育と通常教育を統合した新しい教育システムを学校ぐるみで構築しようとする、学校教育システムの改革である。カリフォルニア州ラベンズウッドシティ学校区における「学校全体で取り組むモデル」（School-wide Application Model : SAM）の実践は日本でも紹介されているが[72]、この新しい学校教育システムにおいては、障害のある子ども達に特化されていた指導や支援の方法、ストラテジーが、全ての子ども達の学力向上や社会性の発達を保障するために用いられている。今後は更に才能教育も含めたより包括的な学校教育の改革モデルが開発されていくと予想される。

　また、例えばオハイオ州では、学校内にとどまらず家庭や地域との連携を重視した包括的学習支援システム（Ohio Comprehensive System of Learning Supports）が構築され、才能児を含む全ての子ども達に対する教育支援が地域社会全体で実施されている[73]。

　このように通常教育、才能教育、障害児教育といったこれまで独立していた教育領域を学校現場において統合し、才能や障害の有無にかかわらず RTI を核とした全ての子ども達のための教育支援システムを構築しようとする動きは今後ますます活発になってくると思われる。日本でも共生社会の形成に向け、インクルーシブな教育システムの構築が求められており、こうしたアメリカにおける学校教育システムの改革の動向は引き続き注視する必要があるだろう。

1 但し、本稿でいう「システム」とは、国家レベルでの教育制度一般ではなく、各学校・地域における個別・具体的な教育実践の体系的枠組みを意味し、「モデル」とは、それを実効化するための定型的な仕組みを指すものとする。

2 羽山裕子（2012）「アメリカ合衆国における学習障害児教育の検討―RTI の意義と課題―」『教育方法学研究』第 37 巻, pp.60-61.

3 清水貞夫（2008）「『教育的介入に対する応答（RTI）』と学力底上げ政策」『障害者問題研究』第 36 巻 第 1 号, pp.67-68.

4 齊藤由美子・藤井茂樹（2010）「通常学級へのコンサルテーション―軽度発達障害児及び健常児への教育的効果―」国立特別支援教育総合研究所、平成 19 年度～21 年度科学研究費補助金（基盤研究（B））研究成果報告書, p.16

5 羽山裕子（2012）前掲論文, pp.64-65.

6 羽山裕子（2013）「米国の Response to Intervention における指導の在り方に関する一考察―既存の読み書き介入指導との関係に着目して―」『SNE ジャーナル』第 19 巻 1 号, p.75.

7 羽山裕子（2012）前掲論文, p.66.

8 Karen, R., Chrystyna, V. M., Sneha, S., & Susan, K. J. (2009). RtI Models for Gifted Children. *Gifted Child Today*, 32 (3), p.22.

9 Mary, R., & Claire, E. H. (2009). Meeting the Needs of Gifted Students Within an RtI Framework. *Gifted Child Today*, 32 (3), pp.14-17.

10 深堀聰子(2011)「才能児の教育ニーズへの対応」江原武一・南部広隆『現代教育改革論』放送大学教育振興会, p.67.

11 岩永雅也・松村暢隆編（2010）『才能と教育―個性と才能の新たな地平へ―』放送大学教育振興会, pp.20-21.

12 Susan, K. J.などによれば SEM は RTI の枠組みの中でも容易に適合するとされている。Susan, K. J., Sonia, L. P., & Yara, N. F. (2015). Providing Services for Students with Gifts and Talents Within a response-to-Intervention Framework. *Teaching Exceptional Children,* 47 (4), p.229.

13 深堀聰子(2011) 前掲書, p.53.

14 岩永雅也・松村暢隆編（2010）前掲書, p.93 ; Colangero, N., Assouline, S. G. & Gross, M. U. M. (2004) *A Nation Deceived Ⅰ・Ⅱ*, The University of Iowa.

15 岩永雅也・松村暢隆編（2010）前掲書, pp.188-192.

16 野添絹子（2009）「発達障害と才能を併せ持つ子どものための教育方法の工夫―

2E 教育の新しい支援の在り方 RTI について―」『アメリカ教育学会紀要』第 20 巻,
pp.31-44.

[17] 学業不振の才能児に対するカウンセリング・ガイダンスとして次にものがあ
る。Alexander R. Pagnani (n.d.). *Gifted Underachievement : Root Causes and
Reversal Strategies. A Practical Handbook for Guidance Counselors and
Teachers*. The University of Georgia (http://www.giftedstudy.org/newsletter/
pdf/underachievement_handbook.pdf#search='gifted+Counseling+under
achiever'. 2015 年 10 月 1 日取得)

[18] The Belin-Blank International Center for Gifted Education and Talent
Development の HP 参照。(http://www.education.uiowa.edu/centers/belin
blank/home. 2015 年 10 月 1 日取得)

[19] Rimm, S. B., Siegle D., & Davis, G. A. (2018). *Education of the Gifted and
Talented (7th ed.)*. Upper Saddle River, New Jersey: Pearson Education, Inc.,
pp.347-371.

[20] 「特別な教育的ニーズ」とは、個体要因、環境要因及び両者の相互作用によって
規定される動的な概念であり、それに対する「特別な教育的対応」は複数かつ連続
性を有する。「特別な教育的ニーズ」論は、単に「個人のニーズ」への対応を導く
ものではなく、「ニーズ」が生じている「環境要因」を特定し、子どもの学習環境
を整えようとするための考え方である。
真城知己（2003）『特別な教育的ニーズ論 その基礎と応用』文理閣, pp.50-81.

[21] Montana Office of Public Instruction (2009). *Response to Intervention and
Gifted and talented Education.* (http://opi.mt.gov/pub/RTI/Resources/RTI_
Gifted_ Talented. pdf. 2015 年 10 月 1 日取得)

[22] Utah State Office of Education (n.d.). *Utah gifted and talented handbook.*
(http://schools.utah.gov/CURR/gifttalent/Home/GiftedTalentedHandbook.aspx.
2015 年 10 月 1 日取得)

[23] Colorado Department of Education (n.d.). *Thinking Points Gifted Student
Education in a Response to Interventions Framework.* (http://www.center.k
12.co.us/gt/cde%20gifted%20in%20rti%20framework.pdf#search='Thinking
+Points+Gifted+Student+Education+RTI'. 2015 年 10 月 1 日取得)

[24] 野添絹子（2009）前掲論文, pp.37-38.

[25] Wisconsin Department of Public Instruction (2010). *Wisconsin Response to

Intervention: A Guiding Document. (http://rti.dpi.wi.gov/sites/default/files /imce/ rti/pdf/rtiguidingdoc.pdf#search='Wisconsin+Department+of+Public+Instructio n+%282010%29Wisconsin+Response+to+Intervention+%3A+A+Guiding+ Document'. 2015 年 10 月 1 日取得)

[26] Mary, R., & Claire, E. H. (2009) *op.cit.,* pp.15-17.

[27] 羽山裕子（2013）前掲論文, p.80.

[28] Karen, R., Chrystyna, V. M., Sneha, S., & Susan, K. J. (2009). *op.cit.,* p.22.

[29] 羽山裕子（2012）前掲論文, pp.63-64.

[30] Karen, R., Chrystyna, V. M., Sneha, S., & Susan, K. J. (2009). RtI Models for Gifted Children. *Gifted Child Today*, 32 (3), pp.21-30.

[31] Pereles, D. A., Omdal, S. & Baldwin, L. (2009). Response to Intervention and Twice-Exceptional Learners: A Promising Fit. *Gifted Child Today*, 32 (3), p.40.

[32] Colorado Department of Education. (2008). *Response to Intervention (RtI): A practitioner's guide to implementation.* Denver, CO: Author.

[33] Nichols, L. (2012). *Response to Intervention for Gifted Students: Implementation by Classroom Teachers in Colorado*, D.E. Dissertation, Jones International University.

[34] 質問は、以下の三つであり、全部で 246 の自由記述式による回答を得ている。
   （1）才能児に対し RTI を用いることを、あなたは全体的にどう感じていますか？
   （2）あなたの意見では、才能児に対し RTI を用いることの利点は何ですか？
   （3）あなたの意見では、才能児に対し RTI を用いることの課題は何ですか？

[35] Nichols, L. (2012). *Response to Intervention for Gifted Students: Implementation by Classroom Teachers in Colorado*, Jones International University, D.E. Dissertation, pp.52-54.

[36] *Ibid.*, p.54.

[37] *Ibid.*, pp.54-55.

[38] 清水貞夫（2008）前掲論文, pp.70-71.

[39] Vacca, M. V. (2011). Educating the Gifted Child within an RTI Framework: Development of a Guide for Educators. Pro Quest Dissertations Publishing, pp.42-43.

[40] Susan, K. J., Sonia, L. P., & Yara, N. F. (2015). *op.cit.,* p.226.

[41] National Association for Gifted Children (n.d.). *2012-2013 State of the*

Nation in Gifted Education: Work Yet to Be Done. (http://www.nagc.org/sites/default/files/Advocacy/State%20of%20the%20Nation.pdf. 2018 年 2 月 9 日取得)

[42] その他 26 州が州の政策は存在しないとし、4 州が政策として地方教育行政機関にその決定を委ねていると答えている。また、州の政策として認めていないと答えた州も 1 州存在する。なお、才能児を特に RTI モデルの枠組みで対処することを認めている 10 の州とは、アラバマ州、アリゾナ州、コロラド州、デラウェア州、ジョージア州、イリノイ州、ケンタッキー州、ミネソタ州、テネシー州、ウィスコンシン州を指す。Johnsen, S. K., Parker, S. L., Farah, Y. N. (2015). Providing Services for Students with Gifts and Talents Within a Response-to-Intervention Framework. *Teaching Exceptional Children,* 47 (4), p.226.

[43] 例えばミズーリ州では 1973 年に才能教育が開始され、2001 年度のピーク時には才能教育のプログラム数は 333 にのぼった。しかしその後才能教育に対する財政支援は年間約 2400 万ドルに据え置かれており、また、2007 年以降、才能教育に対する財政支援がその他の教育予算と結びつくことで実質的に削減され、その結果 2013 年度のプログラム数は 2001 年度の約 3 分の 2 の 223 にまで減少している。

Missouri Department of Elementary and Secondary Education (2014). *State Assisted Programs for Gifted Children Growth Chart.* (http://dese.mo.gov/sites/default/files/qs-gifted-growth-chart-2013-2014.pdf.2015 年 10 月 1 日取得)

[44] Ohio Department of Education (2012). *RtI and gifted guidelines: RtI Regional Support Handbook.* (https://deerparkdi.wikispaces.com/file/view/RTI+and+gifted+guidelines+8+2012.pdf#search='Ohio+Department+of+Education+%282012%29+RtI+and+gifted+guidelines+%3A+RtI+Regional+Support+Handbook'. 2015 年 10 月 1 日取得)

[45] *Ibid.,* p.4.

[46] *Ibid.,* p.7, p.10, p.13.

[47] *Ibid.,* p.4.

[48] Utah State Office of Education (2012). *Utah Gifted and Talented Handbook, Revised Edition.* (http://schools.utah.gov/CURR/gifttalent/District-Coordinators/Handbook.aspx. 2016 年 7 月 21 日取得)

[49] 但し, ユタ州の上記ハンドブックでは各層の具体的な人数の割合は不明である。

50 第二層の対象となる生徒について上記ハンドブックでは "many students" としか明記されていないが、その内容から学習障害児など学習面や行動面に問題を抱える場合は障害面の補償を重視した介入指導が優先されると思われる。障害面の介入指導に関しては The Utah Multi-Tiered System of Supports (UMTSS) 参照。(http://utahparentcenter.org/wp-content/uploads/2015/10/UMTSS-Journal-20141.pdf. 2016 年 7 月 26 日取得)

51 質問のメールは 2016 年 7 月 31 日に送信し、同年 8 月 17 日に返信を得た。

52 その他、ユタ州教育省にも問い合わせてみたが明確な回答はなく、ユタ州才能児協会の回答以上のことは分からなかった。

53 階層ごとに分類された指導方略や介入指導の内容についてはモンタナ州のガイドラインに詳しい。Montana Office of Public Instruction (2009). *Ibid.*

54 Johnsen, S. K., Sulak, T. N., & Rollins, K. (2012). *op. cit.,* pp.51-69.

55 岩永雅也・松村暢隆著（2010）前掲書, pp.93-95.

56 Johnsen, S. K., Sulak, T. N., & Rollins, K. (2012). *op.cit.,* pp.71-82.

57 Adams, C.M., Yssel, N., & Anwiler, H. (2013). Twice-Exceptional Learners and RtI: Targeting Both Sides of the Same Coin, In M. R. Coleman, & S. K. Johnsen (Eds.). *op.cit.,* pp.187-206；Pereles, D., Baldwin, L., & Omdal, S. (2011). Addressing the Needs of Students Who Are Twice-Exceptional, In M. R. Coleman, & S. K. Johnsen (Eds.). *op.cit.,* pp.140-143.

58 松村暢隆（2003）前掲書, p.8, p.71.

59 才能教育を、児童生徒の能力や進度に応じた最も効果的な教育を目指す相対的な教育システムの一環として位置付ける考え方。今日のアメリカ才能教育の主流をなす概念とされる。岩永雅也・松村暢隆編（2010）前掲書, p.20.

60 野口晃菜・米田宏樹（2012）「米国における通常カリキュラムの適用を前提とした障害児教育の展開」『特殊教育学研究』第 50 巻第 4 号, pp.413-422.

61 Davis, G. A., Rimm, S. B., & Siegle, D. (2014). *Education of the Gifted and Talented* (6th ed). Essex, England: Pearson Education Limited, pp.177-178.

62 レンズーリ, J.S.（2001）『個性と才能をみつける総合学習モデル：SEM 』（松村暢隆訳）玉川大学出版部［原著 1995 年］；Renzulli, J. S., & Reis, S. M. (1997). *The Schoolwide Enrichment Model: A How-to Guide for Educational Excellence* (2nd ed). Mansfield Center, CT: Creative Learning Press.

63 松村暢隆（2003）前掲書, pp.122-123.

64　岩永雅也・松村暢隆編（2010）前掲書, p.108.

65　岩永雅也・松村暢隆編（2010）同前掲書, pp.109-111.

66　Reis, S. M., Gelbar, N. W., & Renzulli, J. S. (2013). The Schoolwide Enrichment Model: Responding to Talent Within an RtI Framework. In M. R. Coleman, & S. K. Johnsen (Eds.). *op.cit.,* pp. 129-132.

67　Johnsen, S. K., Sulak, T. N., & Rollins, K., *op.cit.,* pp.21-23.

68　Betts, G. T., & Carey, R. (2013). Response to Intervention and the Autonomous Learner Model: Optimizing Potential. In M. R. Coleman, & S. K. Johnsen (Eds.). *op.cit.,* pp.149-168.

69　Tassel-Baska, J. V. (2013). The Integrated Curriculum Model: A Basis for RtI Curriculum Development. In M. R. Coleman, & S. K. Johnsen (Eds.). *op.cit.,* pp.169-186.

70　Coleman, M. R. & Shah-Coltrane, S. (2013). Recognizing and Nurturing Potential Across the Tiers: U-STARS~PLUS. In M. R. Coleman, & S. K. Johnsen (Eds.). *op.cit.,* pp.187-206.

71　齊藤由美子・藤井茂樹（2009）「米国における教育のシステムチェンジの試み―カリフォルニア州ラベンズウッドシティ学校区における『学校全体で取り組むモデル（SAM）』の実践―」『世界の特別支援教育』23 号, p.60.

72　同上論文, pp.61-68.

73　Ohio Department of Education (2007). *A Comprehensive System of Learning Supports Guidelines.*
(http://smhp.psych.ucla.edu/pdfdocs/wheresithappening/ohioLEARNING_SUPPORTS_GUIDELINES_FINAL.pdf#search='Ohio+Department+of+Education+%282007a%29+A+Comprehensive+System+of+Learning+Supports+Guideline'. 2015 年 10 月 1 日取得)

終章　研究の成果と今後の課題

　本研究では、1980 年代以降、アメリカ全土において顕著に見られるようになった才能教育の拡大・一般化の動きを、才能教育の内部構造の変化のみならず、他の教育領域との相互関係にも着目して多面的に分析することで、なぜ、ごく少数の「才能児」を対象とした特別教育として成立・展開してきた才能教育が、「全ての子ども達」を対象としたより開放的な形へと変化したのか、また、そうした変化によって、才能教育という固有の教育領域は、通常教育や障害児教育といった、これまで才能教育と対峙するものと見なされてきた各教育領域にどのような影響を与えているのかを明らかにすることを目的とした。

　本章では、これまでの論考を踏まえ、アメリカの才能教育について総合的に考察し、従来の枠を超えて変容しつつある才能教育の現状と特徴について、本研究が明らかにした成果をまとめるとともに、今後の課題を示すことにする。

第1節　本研究の成果
1．才能教育の拡大・多様化が始まった時期とその要因

　本研究の第一の課題は、才能教育の拡大・多様化が始まった時期やその要因は何かという点を明らかにすることであったが、これについては、主に第1章で考察を行った。

　アメリカの才能教育の歴史を振り返ってみると、その進歩、発展の過程は一様ではなく、主に三つの大きな波やうねりを経た後に、現在まで続く拡大・多様化の動きが起こったことが分かる。

　まず、20 世紀初頭に見られる第一の波は、知能検査の開発による知能指

数を核とした固定的才能概念が確立されたことで起こっている。当時、IQ は遺伝によって決まり、生涯にわたって変化しないという見方が一般的だったため、才能児と通常の子ども達との区別は早期に可能とされ、また固定的なものにならざるを得なかった。そのため、才能教育の対象は、高い IQ 値を持つごく少数の子ども達に限定され、特別学級という閉鎖的な環境の中で、通常よりも早く学ぶだけでなく、特別な教育方法・内容による才能の育成が目指された。

　その後、世界恐慌や第二次世界大戦の影響によって停滞するものの、1950 年代になるとスプートニク・ショックを契機に再び才能教育に目が向けられ、第二の波が起こっている。もっとも米ソ冷戦構造を背景とした国家主導型の才能教育政策は長くは続かず、公民権運動によって公平性が問題とされると再び停滞する。ただ、1970 年代になると連邦法上で才能が定義された他、州レベルでの法整備が進んだことで才能教育は公教育として広く行われるようになり、歴史的に見て最も盛んに才能教育に関する理論や実践研究が行われている。しかし 1980 年代になると、こうした第三の波も、深刻な経済不況と学力の底上げを目指す教育改革の影響によって失われ、それ以降は十分な財政支援を受けることなくその時々の教育政策と苦闘することになる。そうした中で才能教育は、対象となる子ども達の枠を認定された才能児のみならず一般の子ども達にまで広げて拡大・多様化し、国民に受け入れられやすい形へと大きく変化してきた。つまり、才能教育の現代的変容は、才能教育に対する三つの大きなうねりによってその理論的・制度的基盤が形成された後、20 世紀後半になって生じた現象と言えるのである。

　それではこうした才能教育の歴史を踏まえた上で、才能教育の変容をもたらした具体的な要因についてはどのようなことが言えるだろうか。

　まず、知能に関する心理学理論の展開が、形成期における才能教育だけでなく、20 世紀後半の才能教育の拡大・多様化の動きにも大きな影響を与えてきたと考えられる。1980 年代以降、基礎学力の底上げを重視する教育改

革が最優先される中、選抜されたごく少数の才能児への教育資源の集中をもたらす才能教育は、エリート主義的で公平性を欠くとして批判に晒され、従来の閉鎖的な才能教育の見直しが迫られたが、そうした状況の中で、才能の多元性を重視する心理学の進展が才能教育の新たな方向性を決定付けたといって良いだろう。ガードナーのMI理論を基にしたMI実践やレンズーリの「全校拡充モデル」の広がりからも分かるように、公教育としての才能教育は、少数の知的才能児に限定された特別プログラムから、より多くの子ども達にも開放された才能開発型のプログラムへと方向転換を果たし、広く社会のコンセンサスを得ようとしたのである。また、従来の少数の才能児を対象とした才能教育も、才能の領域を知的能力に限らず芸術的才能やリーダーシップ能力なども含めて幅広く捉える心理学理論の影響によって、認定される才能児の数が増加しており、狭義の才能教育においても多様なプログラムが実施されるようになっている。

　そして、心理学理論の進展とともに才能教育の変容に大きな影響を与えたと考えられるのが、1980年代に始まった一連の教育改革の動向である。全ての子ども達の「卓越性」の実現を求めた教育改革は、それまでのごく少数の才能児を対象としたエリート主義的な才能教育のあり方を見直す契機となり、才能教育プログラムは卓越性の均等な達成という教育改革の理念に沿った形に変化し、認定された才能児を含む全ての子ども達、特に社会経済的に弱い立場の子ども達の能力開発が強調されるようになったのである。

　しかし、ここで留意しなければならないのは、基礎学力の底上げを重視する教育改革による才能教育への圧力は、才能教育の単なる量的拡大・一般化を促したのではではなく、心理学理論における才能概念の多元化の動きと相まって、才能教育サービス全体に根本的な変化をもたらした、という点である。新しい才能教育は、才能を個人内の比較的優れた能力と広く捉えることで、子どもを才能児か否かに二分することなく、多様な能力・興味・学習スタイルのプロフィールに基づいて、潜在能力を最大限伸ばそうとした。その

結果、多様な手段によって才能を見出し、才能児も含めた全ての子ども達の学習の個性化を図ろうとする拡充教育型のプログラムが数多く計画・実施されるようになったのである。

　そして最後に、「特別ニーズ教育」「インクルーシブ教育」といった新しい教育理念の影響である。1994年のサラマンカ宣言によって世界的潮流となったこれらの理念は、障害児教育のみならず才能教育の在り方も大きく変え、才能児も通常教育を基本としつつ、その特別な教育的ニーズに応じて段階的・連続的に適切な教育的対応がなされるような教育システムへと変化してきている。言い換えれば、才能も障害も同じ一人の子どもの個性の表れとして捉えることで、才能児か否かを区別することなく全ての子ども達を対象としたインクルーシブな才能教育が実現しつつあると言えるだろう。その意味で、「特別ニーズ教育」「インクルーシブ教育」といった新しい教育理念は、心理学理論の進展や教育改革の影響によって変容する才能教育を、通常教育や障害児教育と一体化させる方向へと推し進める働きをしていると評価し得る。

２．拡大・多様化に伴うカリキュラム類型の変化

　本研究の第二の課題は、才能教育の歴史的展開によって、「早修」と「拡充」という主要なカリキュラム類型にどのような変化が生じたのかを明らかにすることであったが、これについては才能教育の法制度や実施状況を踏まえながら、主に第2章と第3章で考察を行った。

（１）早修制度の拡大と変容

　第2章では、才能教育の主なカリキュラム類型の一つである早修制度を取り上げ、その効果と内在的課題を示した上で、特に才能教育と高大接続との関係を中心に考察した。

　飛び級や飛び入学といった早修は、才能教育における代表的な手法ではあ

るが、一般人のみならず教育関係者の間でもそれに対し抵抗感を覚える人間は少なくない。しかし、適切な配慮の下で実施される場合には心理的・社会的問題はほとんど起こらず、逆に大きな教育的効果を見込めることが数多くの実証研究によって示されており、現在ではオハイオ州のように早修制度の積極的な実施を求める州も見られる。

　また、一口に早修といっても、そのタイプは約 20 種類にも及び、子ども達の年齢や特性によって細かく使い分けがなされている。本論では、特に早修制度に対する教育改革の影響を検討するため、多様な早修制度の類型化を試み、高等教育への早期の接続形態によって「跳躍型」「融合型」「重層型」「部分跳躍型」の大きく四つに類型化出来ることを示した。そしてその上で、1980 年代以降の教育改革の影響に留意しながら接続類型ごとに早修制度の展開を考察し、才能教育におけるアーティキュレーションの中心が、高大間の制度的溝を早期に跳び越える従来の「跳躍型」の接続形態から、「融合型」や「重層型」といった接続面の融合や部分的な重なりを重視するその他の接続形態へと移行してきていることを明らかにした。こうした接続形態の移行は、高等教育への早期の接続に対する抵抗感や精神発達面での問題を解消し、より多くの子ども達の多様な能力や特性に柔軟に対応することを可能にする点で大きな意義が認められる。

　但し、そうした変化の中で、才能の伸長を目的とした早修制度は、学力不足の生徒に対する円滑な教育接続を促進する手段としても認識されている点に留意する必要がある。即ち、大学進学者の増加によって中退率の増加やリメディアル教育の必要性が問題となっており、AP プログラムを中心とした「重層型」の部分早修制度には特にそうした状況を改善する役割が期待されていた。またその反面、選抜性の高い大学では、AP の単位認定を厳格にしたり、新たな選抜基準として AP を用いたりするなど、通常教育との近接・融合化が進む早修制度には、才能の伸長という本来の目的の他に様々な目的や機能が付加される状況になっている。

　このように近年の才能教育は、一連の教育改革の影響によって早修制度の類型ごとに異なる展開を見せているが、全体的に見れば、早修制度の多様化とともに、それを利用する子ども達の数も増加しており、特に、AP プログラムを中心とした高大接続に関する部分早修制度の拡大・一般化の動きは、現代の才能教育の在り方を象徴していると言えるだろう。

　また、こうした動向を「教育の卓越性」というキーワードで紐解けば、次のようにも考えられる。即ち、一連の教育改革も現在の才能教育も共に卓越性の実現を「全ての子ども達の能力を最大限に伸長すること」と捉えている点では共通している。しかし、これまでの教育改革が、低学力層を中心とした子ども達の学年基準の学力達成を具体的な目標とし、スタンダードという画一的な枠組みとテスト評価を偏重したアカウンタビリティシステムによってその実現を図ろうとしてきたのに対し、効率主義から適能教育主義への転換が図られた才能教育は、才能の多元的理解に基づく指導の個別化を重視し、才能児を含む子ども達一人ひとりのレディネスに応じた教育プログラムによって多様な能力の伸長を目指しており[1]、卓越性の実現方法において両者には大きな違いが見られる。その意味では、教育の個性化を前提とした早修制度のこれまでの展開は、「才能ある子ども達の教育的ニーズを無視して」[2]教育の標準化を推し進めるスタンダード教育改革に対する一種のアンチテーゼとして捉えることが出来るのである。

（2）拡充教育の一般化

　それでは、拡充教育においてはどのような変化が見られるだろうか。

　拡充教育は、才能教育の萌芽期において固定的能力観に基づく才能概念の確立に伴い、才能児を対象とした特別クラスにおいて実施され始めたが、1980 年代以降、才能概念の拡張に伴い、通常クラスでも一般の子ども達を対象に盛んに行われるようになっている。

　通常カリキュラムを早期に、通常よりも速いペースで履修していく早修は、

あくまで優れた学習能力を持つ生徒に対応した措置であり、学力がそれほど高くない生徒にまで拡大して適応することが難しいため、才能教育の拡大といった面では限界がある。それに対し、拡充教育は才能児のみならず、全ての子ども達の得意な部分に着目し、それを各生徒の能力に応じて最大限伸長させようとする点で全ての子ども達に対応することが可能であり、才能概念の多元化によって通常教育に広く取り込まれるようになっている。そのため、拡充教育の対象者の拡大は、第2章で検討した早修制度の拡大・多様化の動き以上に、才能教育の現代的変容の具体的な表れと言える。

　本論では、従来の知的才能児を対象とした狭義の才能教育と、多元的能力観に基づき提唱されるようになった「才能開発」という新しい才能教育の枠組みとの概念的相違点を明らかにしながら、「才能開発」概念が拡充教育プログラムを中心とした才能教育の質的転換を図る上での理論的根拠として大きな役割を果たしていることを示した。

　但し、現在の才能教育において、従来のごく少数の知的才能児を対象とする才能教育の枠組みが全く捨て去られてしまったわけではなく、新しい「才能開発」の概念と併存しながら教育領域を拡大させている点に留意すべきであろう。実際の拡充教育プログラムには、本論で示したように様々な種類が存在し、日本の総合学習やクラブ活動と同様な活動内容も多く見られる。しかし、拡充教育には、子ども達の能力に応じて高度な学習機会が提供されるようなカリキュラムモデルが多く利用されており、子ども達の能力に応じた段階的な学習が可能となっている点で、才能の伸長といった面がより強く意識されていると言える。

　こうした拡充教育を中心とした才能教育の対象者の拡大に伴い、学習機会の公平性がより一層重視されるようになっており、特にマイノリティをはじめとする社会経済的に不利な子ども達のアクセス拡大をどのように図っていくのかが大きな課題となっていた。これに関し本論では、近年開発された新しい拡充カリキュラムモデル "U-STARS~PLUS" を取り上げ、アクセス

拡大に向けたカリキュラムモデルの特徴について分析を行った。

"U-STARS~PLUS"は、①ハイエンドな学習機会の提供、②組織的変化のためのインフラ整備、③教師の組織的観察、④直接的な探究活動を重視した理科学習、⑤家庭と学校の連携、の5つを基盤とし、特に5〜9歳までの幼児・児童の潜在能力の発見と育成を目的とするカリキュラムモデルである。本論では"U-STARS~PLUS"の基本構造を明らかにした上で、特に、潜在能力の認識を妨げるバイアスを排除するために開発された TOPS と呼ばれる特別な教師用観察フォームに着目し、その有効性を検討した。その結果、TOPS を用いることで、マイノリティの子ども達に対する教師のバイアスが少なからず取り除かれており、潜在的な能力を公平に認識する上で有効なカリキュラムモデルであることを示した。また、開発者のコールマンらが、RTI モデルとの親和性を意識して"U-STARS~PLUS"を開発していることなどを指摘し、RTI モデルがカリキュラムモデルの開発にも大きな影響を与えていることを明らかにした。

　このように、拡充教育の拡大が、部分早修制度の普及とともに、カリキュラム面での変容の一つの柱となっているが、早修と比べたデメリットとして、個別のプログラムや教材開発の必要性、専門教員の確保といった手間やコストがかかる点が挙げられ、行政側の組織・財政面での負担をどれだけ軽減できるかが課題となっている。

３．障害児教育および通常教育に対する影響

　本研究の第三の課題は、才能教育の現代的変容が、障害児教育や通常教育など才能教育以外の教育領域にどのような影響を及ぼしたのかを明らかにすることであったが、これについては主に第4章と第5章で考察を行った。

（1）障害児教育との関係性

　第4章では、特に才能と軽度の発達障害を併せ持つ、いわゆる 2E の子ど

も達に焦点を当てて、才能教育と障害児教育との関係性の変化を考察した。アメリカの障害児教育は、特別教育として通常教育から分離した状態が続いた後、1970年後半からメインストリーム運動による統合化が図られ、更に1990年代以降はインクルーシブ教育理念に基づき通常教育に包摂されるという歴史的経緯を辿ってきたが、同じ特別教育としてカテゴリー化される才能教育も、障害児教育と同様、通常教育からの分離・独立の状態から、通常教育との近接・融合化の動きへと変化が見られる。

　こうした通常教育に対する近接・融合化の流れによって、特別教育という教育カテゴリー内部において対極にあると考えられてきた才能教育と障害児教育相互の関係性にも、両者を統合した新しい教育領域（2E教育）が生まれるなどの変化が生じている。その大きな理由として、才能児の障害面に対する理解が進み、才能と発達障害が子どもの認知的個性として同レベルで扱われるようになったことが挙げられるだろう。

　2E教育は、LDやASDなどの発達障害を持ちながら特定領域での高い才能も併せ持つ二重に例外的な子ども達への教育であり、近年、学術領域のみならず芸術領域における才能教育でも注目されている。2E教育では、子ども達の認知特性に合わせて、継次処理型の指導（段階性・順序性を重視した、言語を中心とする分析的な指導）や同時処理型の指導（全体性・関連性を重視した、視覚を中心とする統合的な指導）が行われているが、こうした指導の理論的背景には、知能を「単一で汎用の知性」ではなく、相対的に独立したいくつかのモジュールの相互作用と捉え、「弱い能力」を「強い能力」で補おうとするガードナーの多重知能理論の影響が認められる。

　また、教育現場では、正式に才能児と認定される子どもだけでなく、障害を抱えるより多くの子ども達に対しても、その子の得意な部分を活かして障害を補償しようとする長所活用型の指導がなされており、その意味では「全ての」子ども達を対象にした現在の才能教育の方向性を表していると言えるだろう。現状では2E教育を実践している学校は全米でも少数ではあるが、

その重要性は特別教育の領域で広く認識されつつあり、今後ますます研究・実践が進むと思われる。

（2）通常教育との関係性

　第5章では、通常教育と才能教育との近接・融合化の動きを明らかにするため、才能教育の変容に伴い一般教員が才能教育との関係においてどのような役割を果たすようになったのかに着目して考察を行った。

　20世紀初めの才能教育形成期においては、才能の根拠として遺伝的要素を強調する優生学の影響や知能検査の普及によって、人間の一般的能力は知能検査によって客観的に測定することが可能であり、また、その能力は生涯変わることがないという固定的能力観が教育の現場で広く信じられていた。そのため、高いIQ値を示す才能児に対しては通常教育から切り離された特別な教育を行うことが最適であると考えられ、一般教員が才能児の教育に関わることは少なかった。

　しかし1980年代以降、基礎学力の底上げを目指す教育改革によって従来の才能教育がエリート主義的で不公平であると批判され、また、ハワード・ガードナーの多重知能理論など知能の多元性や潜在性に関する心理学理論が進展する中で、才能教育の理念は子ども達の多様な個性を重視した適能教育主義的なものへと変化し、現在、全ての子ども達を対象とした才能教育の一般化が進んでいる。

　こうした動きを踏まえた上で、現在の才能教育における一般教員の役割を検討した結果、チェックリストやポートフォリオによって対象となる子どもの才能の評価を行うなど、才能児の認定に直接関与するだけでなく、才能教育の専門家と協力・連携しながら才能児に対して授業を行うなど、一般の教員も才能教育において重要な役割を担っていることが明らかになった。また、現在の才能教育では、限られた才能児のみならず、全ての子ども達の得意な部分を伸ばすことも重視されており、一般教員は、通常クラスの子ども達を

対象とした様々な拡充プログラムの実施にも深く関わっていた。

　このように、才能教育と通常教育との近接・融合化によって、近年、一般教員の役割が増大していることから、本論では更に、通常クラスにおいて一般教員に求められる指導法についても検討した。そして、トムリンソンの「個に応じた指導法」が注目されている理由として、クラスの一体感を維持しつつ学習方法の多様性を重視することで、才能ある子ども達にも対応可能な指導法となっていることなどを明らかにした。

　こうした一般教員の役割の変化は、才能教育におけるインクルーシブ教育実現の表れとも捉えることが出来るが、その一方で才能教育の質をどう担保していくのかが大きな課題となっている。今回、事例分析を行ったオハイオ州では、その対応策として才能教育に関する教員研修を一般の教員にまで拡大し義務化したが、財政的な問題もあり、こうした措置を取る州は数少ない。今後、一般教員の負担に配慮しつつ才能教育に対する理解を促し、必要な人的資源を確保していくことが、通常教育とのインクルージョンを図る上での大きな課題と言えるだろう。

４．才能教育の新たな実践的枠組み

　本研究の第四の課題は、拡大・多様化が進む現代の才能教育における新たな実践的枠組みを明らかにすることであったが、これについては主に第 6 章において、ギフテッド対応型 RTI モデルに焦点を当てて考察を行った。

　我が国において、RTI モデルは障害のある子ども達への特別支援の文脈で取り上げられることが多いが、アメリカでは 10 年ほど前から才能教育の領域でも取り入れられている。学習障害児の診断を目的とした従来の RTI モデルとギフテッド対応型 RTI モデルとの共通点としては、障害の診断や才能の認定に先立つ早期の介入指導が、子ども達の学習状況に応じて段階的に実施される点が挙げられる。それは、才能も障害もともに子ども達一人ひとりの大事な個性と捉え、不要なラベリングを避けながら出来る限り通常の学

校教育の中で能力に応じた学習支援を行おうとする教育理念の表れであり、才能児を通常の子ども達とは異なる例外的な存在と見なすことで、通常教育から分離した閉鎖的な教育実践を正当化してきた従来の固定的能力観に基づく才能教育の在り方とは全く異なるアプローチといって良いだろう。

　本論では、優れた才能を有する子ども達を対象としたギフテッド対応型RTIモデルの内部構造にも焦点を当て、従来の才能教育プログラムがRTIの枠組みの中でどのように位置付けられ、実践されているのかという点について検討したが、早修措置については、ギフテッド対応型RTIモデルの第一層ではほとんど行われないものの、階層が上がるごとに才能児に特化したラディカルな早修が行われ、従来の才能教育における様々なプログラムが活用されていた。一方で、拡充教育については、全ての子ども達を対象とした拡充プログラムが第一層の通常教育において行われるとともに、子ども達の才能に応じてより高度な拡充教育が各上位層でなされていた。また、いずれのプログラムにおいても子ども達の興味・関心や学習のスタイル、学習の進度や理解度に基づく指導の分化・差異化が重視され、カリキュラムに応じて指導形態や指導方略も変化していた。

　このように、ギフテッド対応型RTIモデルは、通常教育から狭義の才能教育へと至る過程に各階層を設け、頻繁なモニタリングによって才能の伸長を把握しながら、それぞれの段階で最適な教育支援を実現しようとしている。こうした多層指導構造は、結果的に早修と拡充というカリキュラム類型のより精緻な段階的分類と立体的な視覚化・構造化をもたらしたと言えるが、それは才能教育の実践内容に関する体系的な理解につながるものとして評価出来る。

　しかしその一方で、ギフテッド対応型RTIモデルに対し、才能児を含む全ての子ども達の優れた部分を伸ばすことが出来る万能モデルとして過度に期待することは慎むべきだろう。例えば、障害児教育において広く用いられている従来型のRTIモデルに関しては、どの子どもに対しても一律に段

階的な介入指導が行われることから、結果的に特別な指導を必要とする子ども達への指導の開始時期が遅くなるといった懸念が示されている³。また、実際の運用面においても、コストのかかる特別教育の実施を故意に遅らせたり拒否したりするための一つの手段として RTI モデルがしばしば用いられていることが問題となっている⁴。こうした問題点は、ギフテッド対応型 RTI モデルにもパラレルに当てはまるため、才能教育における RTI モデルの活用の仕方によっては、かえって優れた才能児に対する教育支援が遅れたり、才能教育プログラムの実施が意図的に阻害されたりすることも考えられる。

　このように、ギフテッド対応型 RTI モデルは、通常教育との連続性を重視することで全ての子ども達に卓越性と公正性をもたらそうとする優れた学習支援モデルではあるものの、それを効果的に実施するためには乗り超えるべき課題もまた少なくないのである。

第2節　今後の課題

　本研究は、これまで述べてきたように、アメリカにおける才能教育の全体像を把握した上で、その現代的な変容の様相を明らかにしようと試みたものである。しかし、連邦制を採るアメリカの場合、各州に教育に関する権限が委ねられているため、地域によって才能教育の実施状況や政策方針が大きく異なる。そのため、変容する才能教育の様相について、アメリカ全体の動きとして一つに集約・一元化し、その特質を一般論として語ることは非常に難しく、課題の多い論稿となってしまったことは否めない。

　但し、本研究によって、これまであまり明確にされてこなかったアメリカにおける才能教育の拡大と変容の特質、及びその影響についてはある程度明らかになったと考えられる。総括すれば、近年アメリカで見られる才能教育の拡大・多様化の動きは、教育領域や学校段階を問わず、全ての子ども達の教育的ニーズに応じ、それぞれの得意な能力・才能を最大限に伸長させるための教育的措置を、公教育制度の中で包括的に実施しようとする動きと捉え

ることが出来る。それは、ごく少数の知的才能児を対象とした従来の才能教育の枠組みを大きく変えるものではあったが、基本的に才能教育の実践は個々の子ども達の私的かつ個別的な要請に基づいて行われており、特定の社会経済的支配層の地位や価値観の再生産を目的とするエリート教育としての機能を意図的に内在化させようとするものではなかった[5]。

　しかし、その一方で、優れた才能を持つ子ども達に対する教育保障は依然として十分とは言えず、才能教育がより多くの子ども達を対象とすることで、かえって認定された才能児に対する教育保障の重要性が十分に認識されなくなる危険性も有している[6]。才能教育の拡大・多様化によって、コアとなる才能児に焦点が当てられなくなり、その特別な教育的ニーズに対応するサービスや法的保護が蔑ろにされる状況が顕在化するならば、才能教育の現代的変容は、才能教育の本来的意義を失わせる動きとして認識されることになるだろう。

　もっとも、アメリカの才能教育は今なお大きく変容し続けており、現段階ではまだその途中のため、本研究で取り上げた個別論点については継続的に注視し、今後更に考察を深める必要がある。例えば法制面に関しては、近年NCLB 法から ESSA へと初等中等教育法が改正され、才能教育に対する連邦法の役割が増加している。初等中等教育法の改正によって、才能教育の実施状況やマイノリティのアクセス拡大といった公平性をめぐる問題にどのような変化が見られるようになったのかを今後詳しく分析する必要がある。

　また、才能児を含む包括的な支援システムとして広がりつつある RTI モデルに関しても、学校教育内部の支援モデルにとどまらず、MTSS として、家庭・地域社会や外部の専門機関、行政機関との連携を含めたより広い枠組みでの支援が試みられ始めている。RTI モデル拡大の背景となるインクルーシブ教育の理念は、障害児や才能児に限らず通常教育から排除されがちな全ての社会経済的に弱い立場の子ども達を対象とするため、学校内部の対応だけでは限界があり、包括的な支援システムの構築には、教育分野に限らず社

会福祉政策とも大きく関わってくる。そのため、こうした包括的支援システムの特徴を把握するためには実際に RTI モデルを用いて包括的な支援を行っている学校を訪れ、その具体的な仕組みを明らかにするだけでなく、その州や地区の教育・福祉政策についても詳しく調査する必要があるだろう。それ故、RTI モデルを用いた包括的支援システム構築の動きをより正確に把握するためには、今後、ギフテッド対応型 RTI モデルや MTSS を積極的に推進する州や学校区に対する詳細な現地調査は必要不可欠と言える。

　更に、本研究では、多元的能力観に基づく才能教育の拡大・多様化という観点から才能教育の変容を考察したが、国家・社会に役立つ優れた人材育成を重視した効率主義的な教育政策との関連性や、学校自由選択制や教育バウチャー制といった新自由主義的政治思想を背景とした教育政策の影響が才能教育の変容にどのような影響を与えているのか、といった点までは十分な考察がなされていない。しかし、1980 年代以降、適能教育主義へと教育理念の転換が図られ、子ども一人ひとりの教育的ニーズを重視した「特別ニーズ教育」としての側面が強調されるようになったとは言え、国家・社会に役立つ優れた人材育成のための制度的側面が全く失われたわけではなく、実際の才能教育は、その時々の政治思想や社会的背景に大きく影響されながら、それらが複雑に絡み合った状況で実施されている。従って、変容する才能教育の実相を正しく把握するためには、それらの影響を考慮しながらより精緻に分析を行う必要があるだろう。今後は、こうした課題の解明に努めていきたいと考える。

---

[1] Borders, C., Woodly, S., & Moor, E. (2014). Inclusion and Giftedness. In J. P. Bakken, F. E. Obiakor, & A. F. Rotatori (Eds.), *Gifted Education: Current Perspectives and Issues* (pp.127-146). Advances in Special Education vol.26, UK: Emerald Group Publishing Limited.

[2] Jolly, J. L. & Makel, M. C. (2010). No Child Left Behind: The Inadvertent Costs

for High-Achieving and Gifted Students. *Childhood Education,* 87 (1), pp.35-40.

3　Torgesen, J. K. (2009). The Response to Intervention Instructional Model: Some Outcomes from a Large-scale Implementation in Reading First Schools. *Child Development Perspectives,* 3, pp.38-40.

4　Weinfeld, R., Barnes-Robinson, L., Jeweler, S., & Shevitz, B. R. (2013). *Smart Kids with Learning Difficulties: Overcoming Obstacles and Realizing Potential* (2nd ed.). Waco, TX: Prufrock Press, pp.61-66.

5　もっとも、これまでのエリート論の展開を見ると、社会全体が大衆化するにつれ、単一の支配エリート集団から細分化された分野ごとの機能的エリート集団へとエリートの構成は変化し、階層化も生じていることが指摘されている。また、エリートの根拠もその所有する財や家系といった属性から、職務遂行能力や才能・学歴といった業績へと移行しつつあるとされる（岩永雅也（2010）「才能観の系譜」岩永雅也・松村暢隆編著『才能と教育―個性と才能の新たな地平へ―』放送大学教育振興会, pp.38-39）。そのため、エリート教育を制度化し、それを分離した形で維持するのが困難な現代社会においては、才能教育がエリート教育的側面を持つことは不可避であり、また「エリート＝悪」と単純に看做してそれを否定することも妥当ではないだろう。

6　才能児に対する教育保障の範囲に関しては、特にペンシルベニア州のように州が学校区に対し才能教育の実施を義務付けている場合に問題となりやすい。

　例えばペンシルベニア州の最高裁判所が 1988 年のセンテニアル学校区対州教育省訴訟（Centennial School District v. Commonwealth Department of Education, 539 A. 2d 785 (Pa.1988)）において下した判決では、学校区が提供する才能教育の内容について、単に才能児を対象とする特別な拡充教育プログラムを実施しているというだけでは足りず、才能児一人ひとりの教育的ニーズに合わせた個別の対応が必要であるとする一方で、「才能児に対する指導は、個別のプログラムによって生徒の能力を『極限まで高める（maximize）』ことまでを必要とするものではない。・・・学校区は、IQ130 を超える全ての生徒がハーバード大学やプリンストン大学に入れるようにすることまで求められているわけではない」と判示し、学校区に対し、才能児に対する個別の教育的対応を求めつつ、その範囲は通常の学校で提供しうる範囲にとどまり、学校区の義務や責任が無制限ではないことを認めている。

Klupinski, S., Rothenberg B., & Uzl, N. (2014). Legal Issues in Gifted Education. In J. A. Plucker, & C. M. Callahan (Eds.), *Critical Issues and Practices in Gifted*

Education: What the Research Says (2nd ed.) (pp.363-375). Waco, TX: Prufrock Press Inc., p.369. なお、センテニアル学校区訴訟の詳細については、JUSTIA US Law（https://law.html.justia.com/cases/pennsylvania/supreme-court/1988/517-pa-540-1. 2018 年 3 月 15 日取得）を参照のこと。

引用文献一覧

【欧文献】

Assouline, S. G., Colangelo, N., & Tassel-Baska, J. V. (Eds.) (2015). *A Nation Empowered: Evidence Trumps the Excuses Holding Back America's Brightest Students, I・II*. Belin-Blank Center, College of Education, The University of Iowa.

Assouline, S. G., Marron, M., & Colangelo N. (2014). Acceleration: The Fair Equitable Intervention for Highly Able Students. *Critical Issues and Practices in Gifted Education: What the Research Says (2nd ed.)* (pp.15-28). Waco, TX: Prufrock Press Inc.

Assouline, S. G., Lupkowski-Shoplik, A., & Colangelo N. (2018). Evidence Overcomes Excuses: Academic Acceleration Is an Effective Intervention for High Ability Students. In C. M. Callahan, & H. L. Hertberg-Davis (Eds.), *Fundamentals of Gifted Education: Considering Multiple Perspectives (2nd ed.)* (pp.173-186). New York, NY: Routledge.

Barnett, E. et al. (2013). *Ten Key Decisions in Creating Early Colleges: Design Options Based on Research*, National Center for Restructuring Education, Schools and Teaching, Columbia University.

Bakken, J. P., Obiakor, F. E., & Rotatori, A. F. (Eds.) (2014). *Gifted Education: Current Perspectives and Issues (Advances in Special Education vol.26)*. UK: Emerald Group Publishing Limited.

Baldwin, L., Baum, S., Pereles, D., & Hughes, C. (2015). Twice-Exceptional Learners: The Journey Toward a Shared Vision. *Gifted Child Today*, 38 (4), pp.206-214.

Bay, T. (2006). *State Not Required to Give Free College Education to Highly Gifted Student Under 16: Court of Appeal*. Metropolitan News-Enterprise.

Beisser, S. R. (2008). *Unintended Consequences of No Child Left Behind Mandates on Gifted Students,* The Forum on Public Policy.

Borders, C., Woodly, S., & Moor, E. (2014). Inclusion and Giftedness. In J. P. Bakken, F. E. Obiakor, & A. F. Rotatori (Eds.), *Gifted Education: Current Perspectives and Issues* (pp.127-146). Advances in Special Education vol.26, UK: Emerald Group Publishing Limited.

Borland, J. H. (2005). Gifted Education Without Gifted Children: The Case for No Conception of Giftedness. In R. J. Sternberg, & J. E. Davidson (Eds.), *Conceptions of Giftedness (2nd ed.)* (pp.1-19). New York, NY: Cambridge University Press.

Bouck, E. C., & Hunley, M. (2014). Technology and Giftedness. In Bakken, J.P., Obiakor, F. E., & Rotatori, A. F. (Eds.), *Gifted Education: Current Perspectives and Issues* (pp.191-210). Advances in Special Education vol.26, UK: Emerald Group Publishing Limited.

Callahan, C. M., & Hertberg-Davis, H. L. (Eds.) (2018). *Fundamentals of Gifted Education: Considering Multiple Perspectives (2nd ed.).* New York, NY: Routledge.

Callahan, C. M., Moon, T. R., & Oh, S. (2013a). *Status of Elementary Gifted Programs 2013.* National Research Center on the Gifted and Talented, The University of Virginia, Curry School of Education.

Callahan, C. M., Moon, T. R., & Oh, S. (2013b). *Status of Middle School Gifted Programs 2013.* National Research Center on the Gifted and Talented, The University of Virginia, Curry School of Education.

Callahan, C. M., Moon, T. R., & Oh, S. (2013c). *Status of High School Gifted Programs 2013.* National Research Center on the Gifted and Talented, The University of Virginia, Curry School of Education.

Callahan, C. M., Moon, T. R., & Oh, S. (2014). *National Surveys of Gifted Programs: Executive Summary 2014.* National Research Center on the Gifted and Talented, The University of Virginia, Curry School of Education.

Cassidy, L., Keating, K., & Young, V. (2010). *Dual Enrollment: Lessons Learned on School-Level Implementation.* CA: SRI International.

Castellano, J. A., & Matthews, M. S. (2014). Legal Issues in Gifted Education. In J. P. Bakken, F. E. Obiakor, & A. F. Rotatori (Eds.), *Gifted Education:*

Current Perspectives and Issues (pp.1-19). Advances in Special Education vol.26, UK: Emerald Group Publishing Limited.

Chambers, B. A. (2004). Another Look at Cleveland 's Major Work Program. *Gifted Education Press Quarterly,* 18 (2), pp.2-8.

Colangelo, N., Assouline, S. G., & Gross, M.U.M. (2004). *A Nation Deceived: How Schools Hold Back America's Brightest Students, I・II*. The University of Iowa.

Coleman, M. R., & Johnsen, S. K. (Eds.) (2011). *RtI for Gifted Students*. Waco, TX: Prufrock Press Inc.

Coleman, M. R., & Johnsen, S. K. (Eds.) (2013). *Implementing RtI With Gifted Students: Service Models, Trends, and Issues.* Waco, TX: Prufrock Press Inc.

Coleman, M. R., & Shah-Coltrane, S. (2010a). *U-STARS~PLUS Science & Literature Connections.* Arlington, VA: Council for Exceptional Children.

Coleman, M. R., & Shah-Coltrane, S. (2010b). *U-STARS~PLUS Family Science Packets*, Arlington, VA: Council for Exceptional Children.

Dai, D. Y. (2017). A History of Giftedness: A Century of Quest for Identity. In S. I. Pfeiffer, (Chief Ed.), *APA Handbook of Giftedness and Talent* (pp.3-23). Washington, DC: American Psychological Association.

Dai, D. Y., & Chen, F. (2013). Three Paradigms of Gifted Education: In Search of Conceptual Clarity in Research and Practice. *Gifted Child Quarterly,* 57 (3), pp.151-168.

Davis, G. A., Rimm, S. B., & Siegle, D. (2014). *Education of the Gifted and Talented (6th ed.).* Essex, England: Pearson Education Limited.

Davis, J. L. (2018). Dr. Martin D. Jenkins: A Voice to be Heard. In Robinson, A. & Jolly, J. L. (Eds.), *A Century of Contributions to Gifted Education: Illuminating Lives.* (pp.130-143). New York, NY: Routledge.

Davis, J. L., & Robinson, S. A. (2018). Being 3e, A New Look at Culturally Diverse Gifted Learners with Exceptional Conditions: An Examination of the Issues and Solutions for Educators and Families. In Kaufman, S. B. (Ed.), *Twice Exceptional: Supporting and Educating Bright and Creative Students with Learning Difficulties* (pp.278-289). New York, NY: Oxford

University Press.

Farkas, S., Duffet, A., & Loveless, T. (2008). *High-Achieving Students in the Era of No Child Left Behind.* Fordham Institute.

Feldhusen, J. F. (1994). Talent Identification and Development in Education (TIDE). *Gifted Education International*, 10, pp.10-15.

Fincher-Ford, M. (1997). *High School Students Earning College Credit: A Guide to Creating Dual-Credit Programs.* Thousand Oaks, CA: Corwin Press.

Ford, D. Y. (2014). Underrepresentation of African American and Hispanic Students in Gifted Education: Impact of Social Inequality, Elitism, and Colorblindness. In J. P. Bakken, F. E. Obiakor, & A. F. Rotatori (Eds.), *Gifted Education : Current Perspectives and Issues* (pp.101-126). Advances in Special Education vol.26, UK: Emerald Group Publishing Limited.

Fugate, C. M. (2018). Attention Divergent Hyperactive Giftedness: Taking the Deficiency and Discover out of the Gifted / ADHD Label. In Kaufman, S. B. (Ed.), *Twice Exceptional: Supporting and Educating Bright and Creative Students with Learning Difficulties* (pp.191-200). New York, NY: Oxford University Press.

Gagné, F. (1985). Giftedness and Talent: Reexamining a Reexamination of the Definitions. *Gifted Child Quarterly,* 29 (3), pp.103-112.

Gagné, F. (2011). Academic Talent Development and the Equity Issue in Gifted Education. *Talent Development and Excellence*, 3 (1), pp.3-22.

Gardner. H. (2006). *Multiple Intelligences: New Horizons (Rev. ed.).* New York, NY: Basic Books.

Gardner. H. (2011). *Frames of Mind: The Theory of Multiple Intelligences (3rd ed.).* New York, NY: Basic Books.

Goddard, H. H. (1928). *School Training of Gifted Children.* Yonkers-on-Hudson, NY: World Book Company.

Gross, M. U. M. (2018). Highly Gifted Students. In C. M. Callahan, & H. L. Hertberg-Davis (Eds.), *Fundamentals of Gifted Education: Considering Multiple Perspectives (2nd ed.)* (pp.429-440). New York, NY: Routledge.

Guthrie, J. W. (Chief Ed.) (2003). *Encyclopedia of Education (2nd ed.).* New

York, NY: Macmillan Reference USA.

Harradine, C., Coleman, M. R., & Winn, D.M. (2014). Recognizing Academic Potential in Students of Color: Findings of U-STARS~PLUS. *Gifted Child Quarterly*, 58 (1), pp.24-34.

Hertberg-Davis, H. (2014). Leta Hollingworth: A Life in Schools (1886-1939). In A. Robinson, & J. L. Jolly (Eds.), *A century of contributions to gifted education: illuminating lives* (pp.79-100). New York, NY: Routledge.

Holmes, W. H. (1912). *Schools Organization and Individual Child*. Worcester, Mass.: The Davis Press. (Republished by Wentworth Press, 2019)

Hollingworth, L. S. (1926). *Gifted Children: Their Nature and Nurture.* New York, NY: Macmillan.

Horn, C. V. (2018). Serving Low-Income and Underrepresented Students. In P. Olszewski-Kubilius, R. F. Subotnik, & F. C. Worrell (Eds.), *Talent Development As a Framework for Gifted Education: Implications for Best Practices and Applications in Schools* (pp.129-152). Waco, TX: Prufrock Press Inc.

Howley, A., Howley, M. D., Howley, C. B., & Duncan, T. (2013). Early College and Dual Enrollment Challenges: Inroads and Impediments to Access. *Journal of Advanced Academics*, 24 (2), pp.77-107.

Johnsen, S. K., Sulak, T. N., & Rollins, K. (2012). *Serving Gifted Students Within an RtI Framework: A Practical Guide*. Waco, TX: Prufrock Press Inc.

Johnsen, S. K., Parker, S. L., & Farah, Y. N. (2015). Providing Services for Students with Gifts and Talents Within a Response-to-Intervention Framework. *Teaching Exceptional Children,* 47 (4), pp.226-233.

Johnsen, S. K., et al. (2016). *Using the National Gifted Education Standards for Teacher Preparation (2nd ed.)*. Waco, TX: Prufrock Press Inc.

Johnsen, S. K., & Clarenbach, J. (Eds.) (2017). *Using the National Gifted Education Standards for Pre-K-Grade 12 Professional Development (2nd ed.)*. Waco, TX: Prufrock Press Inc.

Jolly, J. L. (2009). A Resuscitation of Gifted Education. *American Educational History Journal*, 36 (1), pp.37-52.

Jolly, J. L. (2018). *A History of American Gifted Education*. New York, NY: Routledge.

Jolly, J. L., & Makel, M. C. (2010). No Child Left Behind: The Inadvertent Costs for High-Achieving and Gifted Students. *Childhood Education*, 87 (1), pp.35-40.

Jolly, J. L., & Robins, J. H. (2014). Paul Witty: A Gentleman Scholar (1898-1976). In A. Robinson, & J. L. Jolly (Eds.), *A Century of Contributions to Gifted Education: Illuminating Lives* (pp.118-129). New York, NY: Routledge.

Jolly, J. L., & Robins, J. H. (2016). After the Marland Report: Four Decades of Progress? *Journal for the Education of the Gifted*, 39 (2), pp.132-150.

Jones, B. M. (2009). Profiles of State-Supported Residential Math and Science Schools. *Journal of Advanced Academics*, 20 (3), pp.472-501.

Karen, R., Chrystyna, V. M., Sneha, S., & Susan, K. J. (2009). RtI Models for Gifted Children. *Gifted Child Today*, 32 (3), pp.21-30.

Kaufman, S. B. (Ed.) (2018). *Twice Exceptional: Supporting and Educating Bright and Creative Students with Learning Difficulties*. New York, NY: Oxford University Press.

Kerr, B. (Ed.) (2014). *Gifted and Talented Education, vol.1~4*. London, U.K., SAGE Publications Ltd.

Klupinski, S., Rothenberg B., & Uzl, N. (2014). Legal Issues in Gifted Education. In J. A. Plucker, & C. M. Callahan (Eds.), *Critical Issues and Practices in Gifted Education: What the Research Says (2nd ed.)* (pp.363-375). Waco, TX: Prufrock Press Inc.

Kraeger, K. A. (2015). *Perspectives on Equity in Gifted Education*. Dissertations. Theses and Capstone Projects. Paper 675, Kennesaw State University.

Makel, M. C., & Plucker, J. A. (2014). School Choice. In J. A. Plucker, & C. M. Callahan (Eds.), *Critical Issues and Practices in Gifted Education: What the Research Says (2nd ed.)* (pp.545-552). Waco, TX: Prufrock Press Inc.

Maker, C. J. (1986). Education of the Gifted: Significant Trends. In R. J. Morris, & B. Blatt (Eds.), *Special Education: Research and Trends* (pp.190-221).

New York, NY: Pergamon Press.

Marken, S., Gray, L., & Lewis, L. (2013). *Dual Enrollment Programs and Courses for High School Students at Postsecondary Institutions: 2010-11*. U.S. Department of Education, National Center for Education Statistics.

Marland, S. P. Jr. (1972). *Education of the Gifted and Talented: Report to the Congress of the United States by the U.S. Commissioner of Education and Background Papers Submitted to the U.S. Office of Education*. Washington, DC: U.S. GPO.

National Association for Gifted Children (2010). *Pre-K-Grade 12 Gifted Education Programming Standards*. Washington, DC: Author.

National Association for Gifted Children (2010). *Redefining giftedness for a new century: Shifting the Paradigm* (Position Statement). Washington, DC: Author.

National Association for Gifted Children (n.d.). *2012-2013 State of the Nation in Gifted Education: Work Yet to Be Done*. Washington, DC: Author.

National Association for Gifted Children & the Council of State Directors of Programs for the Gifted (2009). *2008-2009 State of the States in Gifted Education: Policy and Practice Data*. Washington, DC: Author.

National Association for Gifted Children & the Council of State Directors of Programs for the Gifted (2015). *2014-2015 State of the States in Gifted Education: Policy and Practice Data*. Washington, DC: Author.

National Center for Education Statistics (2010). *The Condition of Education 2010*. Washington, DC: U.S. Department of Education.

National Center for Education Statistics (2013). *Dual Credit and Exam-Based Courses in U.S. Public High Schools : 2010-2011*. Washington, DC: U.S. Department of Education.

National Commission on Excellence in Education (1983). *A Nation at Risk: The Imperative for Educational Reform*. Washington, DC: U.S. GPO.

National Education Association (2006). *The Twice-Exceptional Dilemma*. Washington, DC: Author.

Neihart, M. (2007). The Socioaffective Impact of Acceleration and Ability Grouping: Recommendations for Best Practice. *Gifted Child Quarterly*, 51

(4), pp.330-341.

Nichols, L. (2012). *Response to Intervention for Gifted Students: Implementation by Classroom Teachers in Colorado.* D.E. Dissertation, Jones International University.

Olszewski-Kubilius, P. & Thomson, D. (2012). Gifted Education Programs and Procedures. In Weiner, I. B., Reynolds, W. M., & Miller, G. E. (Eds.), *Educational Psychology* (pp.389-410). Handbook of Psychology *(2nd ed.)*, vol.7, Psychology Press.

Olszewski-Kubilius, P. & Thomson, D. (2015). Talent Development as a Framework for Gifted Education. *Gifted Child Today,* 38 (1), pp.49-59.

Olszewski-Kubilius, P., Subotnik, R. F., & Worrell, F. C. (Eds.) (2018). *Talent Development as a Framework for Gifted Education: Implications for Best Practices and Applications in Schools.* Waco, TX: Prufrock Press Inc.

Pagnani, A. R. (n.d.). *Gifted Underachievement: Root Causes and Reversal Strategies. A Practical Handbook for Guidance Counselors and Teachers.* The University of Georgia.

Payne, A. (2010). *Equitable Access for Underrepresented Students in Gifted Education,* Arlington. VA: The George Washington University Center for Equity and Excellence in Education.

Pendarvis, E. D. (1985). Gifted and Talented Children. In W. H. Berdine, & E. Blackhurst (Eds.), *An Introduction to Special Education (2nd ed.)* (pp.190-221). Boston/Toronto: Little, Brown & Company.

Pereles, D. A., Omdal, S. & Baldwin, L. (2009). Response to Intervention and Twice-Exceptional Learners: A Promising Fit. *Gifted Child Today,* 32 (3), pp.40-51.

Pfeiffer, S. I. (Chief Ed.) (2017). *APA Handbook of Giftedness and Talent.* Washington, DC, American Psychological Association.

Plucker, J. A., & Callahan, C. M. (Eds.) (2014). *Critical Issues and Practices in Gifted Education: What the Research Says (2nd ed.).* Waco, TX: Prufrock Press Inc.

Reis, S. M. (Ed.) (2016). *Reflections on Gifted Education: Critical Works by Joseph S. Renzulli and Colleagues.* Waco, TX: Prufrock Press Inc.

Reis, S. M., Renzulli, J. S., & Burns, D.E. (2008). *Curriculum Compacting: A Guide to Differentiating Curriculum and Instruction Through Enrichment and Acceleration (2nd ed.)*. Waco, TX: Prufrock Press Inc.

Reis, S. M., Gelbar, N. W., & Renzulli, J. S. (2013). The Schoolwide Enrichment Model: Responding to Talent Within an RtI Framework. In M. R. Coleman, & S. K. Johnsen (Eds.), *Implementing RtI With Gifted Students: Service Models, Trends, and Issues* (pp.123-148). Waco, TX: Prufrock Press Inc.

Renzulli, J. S. (1999). What is This Thing Called Giftedness, and How Do We Develop? A Twenty-Five Year Perspective. *Journal for the Education of the Gifted,* 23 (1), pp.3-54.

Renzulli, J. S., Gentry, M., & Reis, S. M. (2014). *Enrichment Clusters: A Practical Plan for Real-World, Student-Driven Learning (2nd ed.)*. Waco, TX: Prufrock Press Inc.

Renzulli, J. S., Reis, S. M. & Smith, L. H. (1981). *The Revolving Door Identification Model.* Mansfield Center, CT: Creative Learning Press.

Renzulli, J. S., & Reis, S. M. (1991). The Reform Movement and the Quiet Crisis in Gifted Education. *Gifted Child Quarterly,* 35 (1), pp.26-35.

Renzulli, J. S., & Reis, S. M. (2008). *Enriching Curriculum for All Students (2nd ed.)*. Thousand Oaks, CA: Corwin Press.

Renzulli, J. S., & Reis, S. M. (2014). *The Schoolwide Enrichment Model: A How-to Guide for Talent Development (3rd ed.)*. Waco, TX: Prufrock Press Inc.

Rimm, S. B., Siegle D., & Davis, G. A. (2018). *Education of the Gifted and Talented (7th ed.)*. Upper Saddle River, New Jersey: Pearson Education, Inc.

Roberts, J. L., Pereira, N., & Knotts, J. D. (2015). State Law and Policy Related to Twice-Exceptional Learners: Implications for Practitioners and Policymakers. *Gifted Child Today,* 38 (4), pp.215-219.

Robins, J. H. (2010). *An Explanatory History of Gifted Education: 1940-1960.* PhD Dissertation, Waco, TX: Baylor University.

Robinson, A., & Jolly, J. L. (Eds.) (2014). *A Century of Contributions to Gifted*

Education: Illuminating Lives. New York, NY: Routledge.

Row, A., Pace, J. F., & Cohen, K. T. (2013). *Creating Effective Programs for Gifted Students with Learning Disabilities.* Waco, TX: Prufrock Press Inc.

Sabatino, C. A., & Wiebe, C. R. (2018). Bridges Academy: A Strengths-Based Model for 2E. In S. B. Kaufman (Ed.), *Twice Exceptional: Supporting and Educating Bright and Creative Students with Learning Difficulties* (pp.301-321). New York, NY: Oxford University Press.

Sadler, P. M., Sonnert, G., Tai, R. H., & Klopfenatein, K. (Eds.) (2010). *AP: A Critical Examination of the Advanced Placement Program.* Cambridge, MA: Harvayd Education Press.

Snyder, T. D., & Dillow, S.A. (2013). *Digest of Education Statistics, 2012.* National Center for Education Statistics, U.S. Department of Education. Washington, DC.

Stecher, B. (2010). *Performance Assessment in an Era of Standards-Based Educational Accountability.* Stanford, CA: Stanford University, Stanford Center for Opportunity Policy in Education.

Stephens, T. M., & Wolf, J. S. (1978). The Gifted Child. In N. G. Haring (Ed.), *Behavior of Exceptional Children: An Introduction to Special Education (2nd ed.)* (pp.387-405). Columbus, OH: Charles E. Merrill Publishing Company, A Bell & Howell Company.

Swassing, R. H. (1988). Gifted and Talented Students. In W. L. Heward & M. D. Orlansky (Eds.), *Exceptional Children: An Introductory Survey of Special Education (3rd ed.)* (pp.405-438). Columbus OH: Merrill Publishing Company, A Bell & Howell Information Company.

Thomas, N., Marken, S., Gray, L., & Lewis, L. (2013). *Dual Credit and Exam-Based Courses in U.S. Public High Schools: 2010-11.* National Center for Education Statistics, U.S. Department of Education. Washington, DC.

Tomlinson, C. A. (2014). Differentiated Instruction. In J. A. Plucker, & C. M. Callahan (Eds.), *Critical Issues and Practices in Gifted Education: What the Research Says (2nd ed.)* (pp.197-210). Waco, TX: Prufrock Press Inc.

Tomlinson, C. A. (2017). *How to Differentiate Instruction in Academically*

Diverse Classroom (3rd ed.). Alexandria, VA: Association for Supervision and Curriculum Development.

Tomlinson, C. A. (2018). Differentiated Instruction. In C. M. Callahan, & H. L. Hertberg-Davis (Eds.), *Fundamentals of Gifted Education: Considering Multiple Perspectives (2nd ed.)* (pp.279-292). New York, NY: Routledge.

Torgesen, J. K. (2009). The Response to Intervention Instructional Model: Some Outcomes from a Large-scale Implementation in Reading First Schools. *Child Development Perspectives,* 3, pp.38-40.

Trail, B. A. (2011). *Twice-Exceptional Gifted Children: Understanding, Teaching, and Counseling Gifted Students.* Waco, TX: Prufrock Press Inc.

Trotter, A. (2006). *Court Says California Not Obligated to Pay Gifted Child's College.* Education Week.

UNESCO (1994). *The Salamanca Statement and Framework for Action on Special Needs Education Adopted by the World Conference on Special Needs Education: Access and Quality.* Salamanca, Spain: UNESCO.

Unger, H. G. (1996). *Encyclopedia of American Education.* New York, NY: Facts on File, Inc.

U. S. Department of Education, Office of Educational Research and Improvement (1993). *National Excellence: A Case for Developing America's Talent.* Washington, DC: U.S. GPO.

U. S. Department of the Interior, Office of Education (1931). *Public School Education of Atypical Children: Bulletin, 1931, No. 10.* Washington, DC: U.S. GPO.

Warne, R. T., Larsen, R., Anderson, B., & Odasso, A. J. (2015). The Impact of Participation in the Advanced Placement Program on Students' College Admissions Test Scores. *The Journal of Educational Research,* 108 (5), pp.400-416.

Waterhouse, L. (2006). Multiple Intelligences, the Mozart Effect, and Emotional Intelligence: A Critical Review. *Educational Psychologist,* 41 (4), pp.207-225.

Weinfeld, R., Barnes-Robinson, L., Jeweler, S., & Shevitz, B. R. (2013). *Smart Kids with Learning Difficulties: Overcoming Obstacles and Realizing*

Potential (2nd ed.). Waco, TX: Prufrock Press.

Zirkel, P. A. (2005). *The Law on Gifted Education (Revised Edition)*. National Research Center on the Gifted and Talented.

【和文献】

合田美保(2010) 「香港におけるギフテッド教育の歴史・政策・課題」『甲南女子大学研究紀要』人間科学編, 46 号, pp.21-32.

赤尾勝己 (1990)「エクセレンスへ向けてのカリキュラム改革の位置」現代アメリカ教育研究会編『特色を求めるアメリカ教育の挑戦―質も均等も』教育開発研究所, pp.63-87.

麻生誠・岩永雅也編著 (1997)『創造的才能教育』玉川大学出版部

石川裕之 (2004)「韓国の才能教育における高大接続に関する考察―科学高等学校と英才学校の大学進学制度を事例に―」『教育制度学研究』第 11 号, pp.259-273.

石川裕之 (2011)『韓国の才能教育制度―その構造と機能―』東信堂

岩永雅也 (2010a)「才能観の系譜」岩永雅也・松村暢隆編著『才能と教育―個性と才能の新たな地平へ―』放送大学教育振興会, pp.24-44.

岩永雅也 (2010b)「才能教育のタイポロジー」岩永雅也・松村暢隆編著『才能と教育―個性と才能の新たな地平へ―』放送大学教育振興会, pp.72-87.

岩永雅也 (2010c)「早修の方法と意義」岩永雅也・松村暢隆編著『才能と教育―個性と才能の新たな地平へ―』放送大学教育振興会, pp.88-102.

岩永雅也・松村暢隆 (2010)「現代社会と才能教育」岩永雅也・松村暢隆編著『才能と教育―個性と才能の新たな地平へ―』放送大学教育振興会, pp.10-23.

岩永雅也・松村暢隆編著 (2010)『才能と教育―個性と才能の新たな地平へ―』放送大学教育振興会

大桃敏行 (2017)「学力格差是正に向けたアメリカ合衆国の取り組み―連邦教育政策の展開とチャータースクールの挑戦―」『比較教育学研究』第 54 号, pp.135-146.

小川佳万・小野寺香 (2009)「アメリカにおける高大接続プログラムの単位認定―ハワイ州の高等教育機関を対象として」『東北大学大学院教育学研究科研究年

報』第 57 集第 2 号, pp.321-342.

小野寺香（2010）「アメリカにおける高大接続プログラムの比較研究―大学の単位認定に着目して」『東北大学大学院教育学研究科研究年報』第 59 集第 1 号, pp.415-433.

ガードナー, H.（2001）『MI：個性を活かす多重知能の理論』（松村暢隆訳）新曜社（原著 Gardner. H. (1999). *Intelligence Reframed: Multiple intelligences for the 21thcentury.* New York, NY: Basic Books）

海津亜希子（2004）「米国での LD 判定にみられる大きな変化―RTI モデルへの期待と課題―」『LD 研究』第 14 巻 3 号, pp.348-357.

海津亜希子（2005）「日本における LD 研究への示唆―米国での LD 判定にみられる変化を受けて―」『LD 研究』第 15 巻 2 号, pp.225-233.

加藤幸次（2010）「指導の個別化・学習の個性化」アメリカ教育学会編『現代アメリカ教育ハンドブック』東信堂, pp.109-110.

河合久（研究代表者）（2010）『米国における高大接続プログラムの実態に関する研究―単位の取得と活用を中心に』国立教育政策研究所、平成 19 年度～21 年度科学研究費補助金（基盤研究 C）研究成果報告書

佐々木元太郎・平川祐弘編（1995）『特別科学組―東京高師附属中学の場合　もう一つの終戦秘話』大修館書店

柴山陽祐（2011）「キー・ラーニング・コミュニティのカリキュラム開発に関する研究」『愛知教育大学　生活科・総合的学習研究』第 9 号, pp.131-140.

清水貞夫（2004）『アメリカの軽度発達障害児教育―「無償の適切な教育」を保障』クリエイツかもがわ

清水貞夫（2008）「『教育的介入に対する応答（RTI)』と学力底上げ政策」『障害者問題研究』第 36 巻　第 1 号, pp. 66-74.

関内偉一郎（2016a）「ギフテッド教育における RTI モデル活用に関する一考察―アメリカ合衆国の教育システム統合の動きに着目して―」『筑波大学教育学系論集』第 40 巻第 2 号, pp.31-44.

関内偉一郎（2016b）「ギフテッド対応型 RTI モデルにおける才能教育の多層的展開―「早修」と「拡充」の新たな実践的枠組みに着目して―」『アメリカ教育学会紀要』第 27 号, pp.44-57.

関内偉一郎（2016c）「才能教育における高大接続に関する一考察―アメリカ合衆国の早修制度に焦点を当てて―」『教育学研究』第 83 巻第 4 号, pp.54-65.

関内偉一郎（2017a）「才能教育カリキュラムモデル U-STARS~PLUS に関する一考察―才能教育におけるマイノリティ・アクセス問題に着目して―」『カリキュラム研究』第 26 号, pp.43-54.

関内偉一郎（2017b）「ASD 才能児を対象とした学習支援に関する研究―2E 教育の理論と実践的応用―」『SNE ジャーナル』第 23 巻, pp.100-118.

関内偉一郎（2018）「アメリカ合衆国における才能教育の拡大と一般教員の役割の変化―オハイオ州コロンバスの事例を中心に―」『筑波大学教育学系論集』第 42 巻第 2 号, pp.111-123.

高橋智（2007）「特別支援教育・特別ニーズ教育のシステム」日本特別ニーズ教育学会編『テキスト 特別ニーズ教育』ミネルヴァ書房, pp.13-24.

田中義郎（2005）「高校から大学への接続プロモーション―アーリーカレッジ・ムーブメントの動向を中心として」荒井克弘・橋本昭彦編著『高校と大学の接続―入試選抜から教育接続へ』玉川大学出版部, pp.214-226.

田中義郎（2012）「アメリカの才能児・生徒教育―伝統的平等主義の今日的理解と今後の課題―」『比較教育学研究』第 45 号, pp.80-96.

千賀愛（2010）「ウスター（Worcester）の公立学校における多様な困難・ニーズのある子どもの特別な教育的配慮と特別学校・学級（1898－1910 年）『北海道教育大学紀要 教育科学編』61 (1), pp75-90.

トムリンソン, C.A.（2017）『ようこそ、一人ひとりをいかす教室へ―「違い」を力に変える学び方・教え方』（山崎敬人・山元隆春・吉田新一郎訳）北大路書房（原著 Tomlinson, C.A. (2014). *The differentiated classroom: Responding to the needs of all learners (2nd ed.).* Alexandria, VA: ASCD）

西美江（2016）「アメリカ合衆国におけるキャリア・パスウェイの開発―地域パートナーシップに着目して―」『関西女子短期大学紀要』第 26 号, pp.23-39.

野添絹子（2005）「マイノリティ教育における才能教育の意義―多様性の中の特別支援教育として―」『アメリカ教育学会紀要』第 16 号, pp.56-65.

野添絹子（2007）「学習障害児のための才能教育に関する考察―メリーランド州モンゴメリー郡公立学校を例に―」『アメリカ教育学会紀要』第 18 号, pp.51-63.

野添絹子（2008）「アメリカにおける才能のある学習困難な子供への学校教育の取り組み」『BERD』11 号，ベネッセ教育研究開発センター，pp.36-41.

野添絹子（2009）「発達障害と才能を併せ持つ子どものための教育方法の工夫―2E 教育の新しい支援の在り方 RTI について―」『アメリカ教育学会紀要』第 20 巻，pp.31-44.

羽山裕子（2012）「アメリカ合衆国における学習障害児教育の検討―RTI の意義と課題―」『教育方法学研究』第 37 巻，pp.59-69.

羽山裕子（2013）「米国の Response to Intervention における指導の在り方に関する一考察―既存の読み書き介入指導との関係に着目して―」『SNE ジャーナル』第 19 巻 1 号，pp.77-86.

深堀聰子（2003）「アメリカ中等学校における才能教育の実施状況」小松郁夫（研究代表者）『知識社会におけるリーダー養成に関する国際比較研究（最終報告）』国立教育政策研究所，pp.59-72.

深堀聰子（2011）「才能児の教育ニーズへの対応」江原武一・南部広隆編著『現代教育改革論』放送大学教育振興会，pp.53-68.

福野裕美（2009）「米国アドバンスト・プレイスメント・プログラムにおけるアクセス拡大に関する一考察―全米レベルの取り組みに焦点をあてて―」筑波大学大学院人間総合科学研究科教育基礎学専攻『教育学論集』第 5 集，pp.153-173.

細谷俊夫・奥田真丈・河野重男編集代表（1978）『教育学大辞典』第一法規出版

本多泰洋（2008）『オーストラリア連邦の個別化才能教育―米国および日本との比較―』学文社

本多泰洋（2010a）「諸外国の才能教育 (1)―法的根拠と政策」岩永雅也・松村暢隆編著『才能と教育―個性と才能の新たな地平へ―』放送大学教育振興会，pp.117-128.

本多泰洋（2010b）「諸外国の才能教育 (2)―教育実践の現状」岩永雅也・松村暢隆編著『才能と教育―個性と才能の新たな地平へ―』放送大学教育振興会，pp.129-139.

本多泰洋（2012）「米国における才能教育の歴史的考察―黎明期から第二次世界大戦まで―」『帝京短期大学紀要』第 17 号，pp.63-75.

松浦良充（1990）「1980 年代アメリカ教育改革論議のゆくえ―「均等なエクセレ

ンスの達成」をめぐって—」現代アメリカ教育研究会編『特色を求めるアメリ
　カ教育の挑戦—質も均等も』教育開発研究所, pp.1-30.

松尾知明（2010）『アメリカの現代教育改革—スタンダードとアカウンタビリティ
　の光と影』東信堂

松村暢隆（2003）『アメリカの才能教育—多様な学習ニーズに応える特別支援』
　東信堂

松村暢隆（2007）「才能のある学習困難児のための教育プログラム—2E 教育の基
　礎固めのために」『関西大学文学論集』57 (3), pp.97-113.

松村暢隆（2010a）「心理学的概念としての才能」岩永雅也・松村暢隆編著『才能
　と教育—個性と才能の新たな地平へ—』放送大学教育振興会, pp.45-57.

松村暢隆（2010b）「才能の発見と評価」岩永雅也・松村暢隆編著『才能と教育—
　個性と才能の新たな地平へ—』放送大学教育振興会, pp.58-71.

松村暢隆（2010c）「拡充の方法とモデル」岩永雅也・松村暢隆編著『才能と教育
　—個性と才能の新たな地平へ—』放送大学教育振興会, pp.103-116.

松村暢隆（2010d）「発達障害と才能」岩永雅也・松村暢隆編著『才能と教育—個
　性と才能の新たな地平へ—』放送大学教育振興会, pp.188-201.

松村暢隆（2013a）「発達障害学生の才能を活かす学習支援—アリゾナ大学ソルト
　センターの実践から—」『関西大学文学論集』63 (1), pp.133-153.

松村暢隆（2013b）「発達障害生徒の才能を活かす高度な特別支援—アメリカの特
　別学校キングズベリ校の実践から—」『関西大学文学論集』63 (2), pp.71-94.

松村暢隆（2015）（「発達障害生徒の才能を活かす大学進学支援の 2E 教育—バン
　クーバー公立中等学校の GOLD プログラム—」『関西大学文学論集』65 (1),
　pp.51-82.

松村暢隆（2016）（「アメリカの 2E 教育の新たな枠組—隠された才能・障害ニー
　ズの識別と支援—」『関西大学文学論集』66 (3), pp.143-171.

宮本健市郎（2005）「アメリカにおける英才教育の出現過程—開放的英才概念か
　ら閉鎖的英才概念へ—」『アメリカ進歩主義教授理論の形成過程』東信堂,
　pp.81-97.

山内乾史（2012）「才能教育について（概説）—日本における状況—」『比較教育
　学研究』第 45 号, pp.3-21.

山内乾史編著（2018）『才能教育の国際比較』東信堂

吉利宗久（2007）『アメリカ合衆国におけるインクルージョンの支援システムと教育的対応』渓水社

吉利宗久（2015）「アメリカ合衆国におけるインクルーシブ教育システムの動向」『上越教育大学特別支援教育実践研究センター紀要』第 21 巻、pp.1-4.

レンズーリ, J. S.（2001）『個性と才能をみつける総合学習モデル』（松村暢隆訳）玉川大学出版部（原著 Renzulli, J. S. (1995). *Building a bridge between gifted education and total school improvement*. Storrs, CT: NRC/GT）

ローラー ミカ（2016）「アメリカ初等中等教育法の改正―教育における連邦の役割」国立国会図書館調査及び立法考査局編『レファレンス』790 号, pp.49-74.

本研究に関連する既発表論文等

【本研究に関連する査読付き投稿論文】

1. 関内偉一郎「ギフテッド教育における RTI モデル活用に関する一考察―アメリカ合衆国の教育システム統合の動きに着目して―」『筑波大学教育学系論集』第 40 巻第 2 号, 筑波大学人間系教育学域, 2016 年 3 月, pp.31-44.

2. 関内偉一郎「ギフテッド対応型 RTI モデルにおける才能教育の多層的展開―「早修」と「拡充」の新たな実践的枠組みに着目して―」『アメリカ教育学会紀要』第 27 号, アメリカ教育学会, 2016 年 10 月, pp.44-57.

3. 関内偉一郎「才能教育における高大接続に関する一考察―アメリカ合衆国の早修制度に焦点を当てて―」『教育学研究』第 83 巻第 4 号, 日本教育学会, 2016 年 12 月, pp.436-447.

4. 関内偉一郎「才能教育カリキュラムモデル U-STARS~PLUS に関する一考察―才能教育におけるマイノリティ・アクセス問題に着目して―」『カリキュラム研究』第 26 号, 日本カリキュラム学会, 2017 年 3 月, pp.43-54.

5. 関内偉一郎「ASD 才能児を対象とした学習支援に関する研究―2E 教育の理論と実践的応用―」『SNE ジャーナル』第 23 巻, 日本特別ニーズ教育学会, 2017 年 10 月, pp.100-118.

6. 関内偉一郎「アメリカ合衆国における才能教育の拡大と一般教員の役割の変化―オハイオ州コロンバスの事例を中心に―」『筑波大学教育学系論集』第 42 巻第 2 号, 筑波大学人間系教育学域, 2018 年 3 月, pp.111-123.

【本研究に関連する口頭発表】

1. 関内偉一郎「アメリカ才能教育における RTI モデル活用の意義と課題」アメリカ教育学会第 28 回大会, 埼玉大学, 2016 年 10 月 22 日.

2. 関内偉一郎「アメリカ合衆国における早修制度の展開―才能教育に対するスタンダード教育改革の影響に着目して―」日本教育制度学会第 24 回大会, 中央大学, 2016 年 11 月 12 日.

3. 関内偉一郎「才能教育の構造変容と教育機会の公平性―アメリカ合衆国のマイノリティ・アクセス問題に焦点を当てて―」日本比較教育学会第 53 回大会, 東

京大学, 2017 年 6 月 24 日.

4. 関内偉一郎「アメリカ合衆国における特別ニーズ教育の展開―才能教育の構造変容に焦点を当てて―」日本教育学会第 76 回大会, 桜美林大学, 2017 年 8 月 27 日.

5. 関内偉一郎「ASD 才能児に対する学習支援の可能性―2E 教育の実践を通して―」日本特別ニーズ教育学会第 23 回大会, 埼玉大学, 2017 年 10 月 15 日.

6. 関内偉一郎「アメリカ才能教育における一般教員の役割の変化―通常教育との近接・融合化の動きに着目して―」日本教育制度学会第 25 回大会, 東北大学, 2017 年 11 月 11 日.

あとがき

　優れた才能を持つ子ども達に関心を寄せるようになってから、かれこれ20年近くが経とうとしている。筆者はこれまで実践的なものも含め才能教育に関するいくつかの研究を行ってきたが、本書はその中でも、アメリカにおける才能教育の現代的変容に焦点を当てた過去5年間の研究成果を一冊の学術書としてまとめたものである。

　近年、「ギフテッド」と呼ばれる優れた才能を持つ子ども達の存在が我が国でも知られるようになってきたが、日本では「ギフテッド」と聞くと、何万人に一人といった天才的な子ども達をイメージする人が多いように思われる。しかし、現在のアメリカにおいて、「ギフテッド」とは決してそのようなごく少数の知的才能児だけを指すのではなく、数十人に一人の割合で認定されるもっと身近な存在であることに留意する必要があるだろう。本書は、才能の概念や優れた才能を持つ子ども達への教育的対応が近年どのように変化してきたのかを明らかにすることで、我が国の才能教育の在り方について、多少なりとも示唆を与えることが出来ればと考えている。

　ところで、筆者は日本の研究者としては珍しく「才能教育」を専門としているが、それはこれまでの筆者の経験によるところが大きい。具体的には、大学卒業後、実家の家業を継ぐ傍ら学習塾を立ち上げ、長年にわたって多くの子ども達に学習支援を行ってきた。少人数・個別指導を専門としていたため、極端な学力不振者や学校にうまく適応出来ない子ども達に接する機会も珍しくはなかったが、その一方で、「学校の授業が退屈なので、どんどん先の内容を教えて欲しい」と希望する生徒も時折見られ、更には、小学校の段階で高校の内容を先取り学習するような特に優れた学習能力を示す子ども達にも出会ってきた。

　しかし、突出して優れた素質や能力を示す子どもの場合、学校生活に何らかの問題を抱えていることが少なくない。なぜなら、こうした才能児は、一般的な子ども達と比較して、学習速度や思考方法などが大きく異なるため、通常の学級における一斉授業では十分な対応が出来ず、学習意欲の低下や学級内での孤立などを招く危険性が高くなるからである。

　また、才能児と思われる子ども達の中には、発達障害と診断された子どもやそうした傾向を示す子どもが少なからず含まれていた。しかし、こうした子ども達の場合、障害によってその優れた才能を見つけることが難しくなるだけでなく、学習のレディネスに応じた適切な教育が受けられないことで障害が深刻化し、いじめや不登校・引きこもりといった新たな問題が引き起こされる恐れもある。そのため、このような子ども達に対しては特に、一人ひとりの認知特性に応じて、得意な領域を伸ばしつつ苦手な部分をサポートする特別な教育的措置が必要不可欠となる。

　筆者は、優れた潜在的能力を持ちながら才能を伸ばす機会が十分に与えられず、学習意欲の喪失や学校不適応を起こしている子ども達と出会う度に、単に子ども達のレディネスに応じた学習指導にとどまらない学校生活全般にわたる包括的支援の必要性を強く感じたが、こうした学習塾での実体験が、その後大学院に進学し、才能教育の研究に本格的に取り組むきっかけとなっている。

　とはいえ、日本では才能教育という教育領域が存在しないため、当初はそれをどこでどのように学んだら良いのか分からず、途方に暮れる日々であった。しかしその後、たまたま放送大学の大学院に『才能と教育』という授業科目があることを知り、科目履修生となったのが大きな転機となった。才能教育に造詣の深い松村暢隆先生（関西大学教授）や岩永雅也先生（放送大学教授・現副学長）の講義を拝聴しながら、「自分が探し求めていたのは正にこれだ」と全身が震えるほどの深い感銘を受けたのを今でもはっきりと覚えている。

正規の学生として放送大学大学院に入学してからは、仕事との両立に苦心しながらも、岩永先生のご指導の下、何とかそれまで細々と続けてきた 2E 教育に関する実践研究を修士論文としてまとめることが出来た。この場を借りて、謹んでお礼を申し上げたい。

　また、その後も才能教育の研究を続けるため、教育学研究の盛んな筑波大学の博士課程に進学したが、若く優秀な院生達に囲まれ、ますます充実した研究生活を送ることが出来た。これも全て指導教員である藤井穂高先生（人間総合科学研究科 教育基礎学専攻長）の親身なご指導のお蔭である。今回もご多忙中のところ序文をご寄稿頂き、深く感謝申し上げる次第である。

　学会発表や投稿論文の執筆を繰り返しながら大学院生としての日々はあっという間に過ぎていったが、40 代の終わりにようやくこれまでの研究成果を一冊の本にまとめることが出来、ささやかな喜びを感じている。もっとも、学術書としては課題の設定の仕方や研究方法の在り方など未熟な点も多く見られ、不満に思う読者もいることだろう。この点は筆者の力量不足の表れであり、今後少しずつ改善していければと思う。

　最後に、本研究にあたっては、指導教員の藤井先生をはじめ、多くの先生方から多大なるご指導ご鞭撻を賜った。心より感謝の意を表したい。今後も特別な教育的ニーズを持つ子ども達のために研究を続け、理論と実践の往還に努めていきたいと考える。

2019 年 11 月

関内 偉一郎

索　引

■著者略歴

関内 偉一郎　（せきうち　いいちろう）

1970年福島県生まれ。早稲田大学法学部を卒業後、個別指導専門の学習塾を主宰する。多くの子ども達に接する中で才能教育や2E教育に関心を抱き、放送大学大学院文化科学研究科に入学。修士課程修了後は筑波大学大学院人間総合科学研究科教育基礎学専攻（博士後期課程）に進み研究を続ける。2017年3月筑波大学学長表彰。現在、会社経営の傍ら、東邦大学や流通経済大学など複数の大学で非常勤講師を務める。

アメリカ合衆国における才能教育の現代的変容
―ギフテッドをめぐるパラダイムシフトの行方―

2020年4月15日　　初 版 発 行

著　者　　**関内　偉一郎**

定価（本体価格2,300円＋税）

発行所　　株 式 会 社 　三 恵 社
〒462-0056 愛知県名古屋市北区中丸町2-24-1
TEL 052 (915) 5211
FAX 052 (915) 5019
URL http://www.sankeisha.com

ISBN978-4-86693-170-8 C3037 ¥2300E